OSHO

Desvendando mistérios

OSHO
Desvendando mistérios

Chacras, kundalini,
os sete corpos e outros
temas esotéricos

Tradução de Leonardo Freire

EDITORA

ALAÚDE

PRODUÇÃO EDITORIAL:
Editora Alaúde

PREPARAÇÃO:
Olga Sérvulo

REVISÃO:
Bia Nunes de Sousa

IMPRESSÃO E ACABAMENTO:
EGB - Editora Gráfica Bernardi

1ª edição, 2006 / 2ª edição, 2011

Dados Internacionais de Catalogação na Publicação (CIP)
(Câmara Brasileira do Livro, SP , Brasil)

Osho, 1931-1990.
     Desvendando mistérios : chacras, kundalini, os sete corpos e outros temas esotéricos / Osho ; [tradução Leonardo Freire]. -- 2. ed. -- São Paulo : Alaúde Editorial, 2011.
     Título original: In search of the miraculous : chakras, kundalini & the seven bodies / Osho

     ISBN 978-85-7881-087-0

     1. Chacras 2. Espiritualidade 3. Kundalini 4. Ocultismo 5. Sete corpos do homem (Ocultismo) I. Título.

11-08059   CDD-299.93

Índices para catálogo sistemático:
1. Esoterismo : Osho : Espiritualidade : Filosofia mística : Religião 299.93
2. Osho : Esoterismo: Espiritualidade : Filosofia mística 299.93

2011
Alaúde Editorial Ltda.
Rua Hildebrando Thomaz de Carvalho, 60
04012-120, São Paulo, SP
Tel.: (11) 5572-9474 e 5579-6757
www.alaude.com.br

Sumário

Prefácio

Osho é um autor diferente. Na verdade, ele nunca escreveu um livro. Todos os livros publicados em seu nome são transcrições de suas falas ao longo de 35 anos, com exceção de dois que são coletâneas de cartas por ele escritas. O que mais impressiona é a sua capacidade de explicar o inexplicável, usando palavras simples, claras e diretas. Ele aborda os assuntos mais variados, do mundano ao divino, revelando uma dimensão sublime nos atos mais simples do nosso cotidiano. Ele nos diz aquilo que parece ser óbvio, mas que não conseguíamos perceber. E diz de uma maneira que nos leva a refletir sobre a forma como temos vivido e estimula nossa coragem e vontade de ir além dos limites que nos cerceiam.

Este livro compreende um conjunto de suas falas em Mumbai, Índia, nas quais Osho desvenda mistérios e decifra enigmas do esoterismo. É uma grata surpresa, já que comumente ele não respondia diretamente a perguntas esotéricas. Geralmente, com sua acurada percepção, ele identificava, por trás de muitas dessas perguntas, os jogos e artifícios das mentes dos questionadores que apenas queriam manter-se ocupados com tais curiosidades, desviando-se do aqui e agora. Suas respostas se voltavam, então, para a descrição do funcionamento da mente humana, este fantástico instrumento que deveria estar a serviço do homem, mas cuja função se inverte, ficando o homem a seu serviço.

A mente está sempre presente na memória do passado ou na projeção do futuro, ela nunca está no aqui e agora. A meditação, por outro lado, nos traz para o momento presente. A meditação é o tema central de toda a obra de Osho. As várias técnicas que ele desenvolveu funcionam como estratégias para aquietarmos a mente e vivermos momentos de profundo silêncio interior. Nesse estado, vislumbres do espaço não mental podem acontecer. Mas é preciso, segundo ele, estarmos sempre alertas quanto aos jogos e às artimanhas da mente, que encontra sempre um "jeitinho" para voltar à sua tagarelice e ao controle.

Aqui, Osho explora muitos aspectos do esoterismo. Todos os que estão em busca da verdade, do discernimento, do autoconhecimento, da superação humana, expõem-se a experimentos, aceitam desafios e procuram romper seus próprios limites. Cada um, em sua trajetória individual, vez por outra se defronta com sensações estranhas, lampejos intuitivos inesperados, percepções até então desconhecidas. Muitas vezes, surgem medos, inseguranças, dúvidas, tropeços e inquietações. O lançamento de *Desvendando mistérios* é, nesse sentido, um presente especial aos buscadores. Arriscaríamos dizer que este é um livro de Osho que faltava ao público de língua portuguesa.

Osho responde a uma sucessão de perguntas interligadas e que vão sendo levantadas com a intenção de aprofundar o tema. Assim, quando ao longo de uma resposta algo suscita dúvidas ou necessidade de mais esclarecimentos, o assunto vira objeto da pergunta que imediatamente se segue. Isso garantiu a intensidade e profundidade nas abordagens do livro.

A riqueza e a intensidade já podem ser percebidas desde a primeira página, quando Osho responde a uma pergunta sobre shaktipat (a transmissão da energia divina por meio de um médium) e a graça divina. Na sequência, ele continua respondendo a perguntas bastante relevantes. Num certo momento, diz:

O ponto final da kundalini é o sahasrara. Essa é a porta onde a graça nos espera; o divino está sempre esperando nessa porta. É você que não está à porta, pois está distante, dentro. Você precisa chegar a ela, já que a união se dará ali, e essa união virá na forma de uma explosão. Ela é chamada de explosão porque, quando acontecer, você desaparecerá imediatamente; você deixará de existir... Deixará de ser o que era atrás da porta fechada.

Em outro trecho do livro, em que ele explica o que ocorre quando se alcança cada um dos sete corpos, diz:

O quarto plano é o corpo mental ou a psique, e o quarto chacra, anahat, está conectado com o quarto corpo. As qualidades naturais desse plano são a imaginação e o sonhar. É isto o que a mente está sempre fazendo: imaginando e sonhando. Ela sonha à noite e, durante o dia, devaneia. Se a imaginação for completamente desenvolvida, ela se tornará determinação, vontade. Se o sonhar se desenvolver completamente, será transformado em visão – visão psíquica. Se uma pessoa desenvolver inteiramente sua capacidade de sonhar, precisará apenas fechar os olhos e poderá perceber coisas. Ela pode ver até através de uma parede. No começo, ela só sonha que vê além da parede;

mais tarde, ela realmente verá além dela. Agora ela pode apenas supor o que você está pensando, mas, após a transformação, ela verá o que você pensa. Visão significa ver e ouvir coisas sem o uso dos órgãos comuns dos sentidos. Para uma pessoa que desenvolve a visão, as limitações do tempo e do espaço deixam de existir.

Da mesma forma que existem sete corpos, também existem sete chacras e cada chacra está conectado a seu corpo correspondente. Cada um dos quatro primeiros corpos tem sempre duas possibilidades: uma natural, que nos é dada pelo nascimento, e outra que é obtida pela meditação. A partir do quinto corpo, só uma possibilidade é dada. Muitos esclarecimentos como esses nos são dados por Osho, que segue discorrendo sobre samádi, a relação mestre-discípulo, o significado da iniciação, os mistérios ocultos dos ídolos e dos templos, e muitos outros temas.

As perguntas formuladas envolvem dúvidas e questionamentos práticos que também estão sendo vividos por muitos de nós que já entramos ou que estamos entrando no caminho da meditação. É o caso, por exemplo, da pergunta que lhe foi dirigida sobre quais os efeitos do shaktipat e do despertar da kundalini em pessoas cujos três primeiros corpos ainda não estão preparados para isto. E como um meditador deve preparar esses seus três corpos: o físico, o etéreo e o astral.

Pela sua abrangência e profundidade, podemos dizer que este é um livro ímpar dentro da obra de Osho. Mas não é por acaso que esta é uma das raras vezes em que ele aborda temas esotéricos com essa clareza. Na verdade, é grande o risco de saciarmos a curiosidade de nossa mente, dar-nos por satisfeitos com essas respostas e estagnarmos o nosso crescimento e a nossa busca. Por isso ele nos diz: "Você deve tentar me entender, deve tentar aprender, mas não deve acumular os meus conhecimentos, não deve acumular as minhas conclusões". A verdadeira busca é uma busca interior e não uma coleta de informações externas, ainda que elas sejam passadas pelo Mestre. Os seus livros nos seduzem, mas, acima disso, devem ser vistos como desafios; afinal, Osho é um constante convite a darmos um salto para a liberdade, para a realização de nossa potencialidade, para o autêntico encontro com o que somos originalmente. Essa é a verdadeira alquimia, o verdadeiro milagre.

Bodhi Champak
Coordenador do Instituto Osho Brasil
www.oshobrasil.com.br

1

Ajuda externa no crescimento
da energia da kundalini*

Questão:

Recentemente, você disse que o significado de shaktipat – transmissão da energia divina – é a descida da energia do divino no meditador. Mais tarde, você disse que há uma diferença entre shaktipat e graça. Essas duas afirmações parecem contraditórias. Por favor, explique.

Há uma pequena diferença e também uma pequena semelhança entre os dois; as duas esferas de atividades se sobrepõem. Shaktipat é a energia do divino. Na verdade, não há outra energia, exceto a do divino. Contudo, no shaktipat, alguém atua como médium. Embora, essencialmente, esse alguém também seja parte do divino, no estágio inicial ele funciona como um veículo.

É como o relâmpago que clareia o céu e a luz elétrica que ilumina a casa: eles são iguais, mas a luz de casa vem por meio de um veículo e, nela, a intervenção humana é evidente.

O relâmpago que lampeja na chuva é a mesma energia do divino, mas não precisa de nenhuma mediação humana. Se o ser humano se extinguir, o relâmpago ainda lampejará no céu, mas a lâmpada elétrica deixará de fun-

---

* Kundalini é a energia geralmente adormecida na região correspondente à base da coluna vertebral. (N. do T.)

cionar. Shaktipat é como a lâmpada elétrica que precisa de uma pessoa como médium; a graça é o relâmpago no céu que vem sem a ajuda de um médium.

Uma pessoa que atingiu esse nível de energia, aquela que está em contato com o divino, pode funcionar como médium porque, para esse acontecimento, ela é um veículo melhor do que você. Ela está familiarizada com a energia e com o seu funcionamento; por meio dela, a energia pode penetrar mais rapidamente em você. Você não tem experiência com ela e é imaturo, enquanto essa pessoa é um veículo bem maduro. Se a energia entrar em você por meio dela, isso acontecerá facilmente porque ela é um veículo eficiente.

Em segundo lugar, essa pessoa é um canal estreito a partir do qual você receberá energia, mas apenas de acordo com a sua capacidade. Você pode se sentar sob a luz elétrica em casa e ler alguma coisa, pois essa é uma luz controlada, mas não pode ler sob o relâmpago no céu, pois ele não segue nenhuma regra.

Assim, se de repente, por acaso, acontecer de uma pessoa estar em um estado no qual a graça possa descer sobre ela ou o shaktipat acontecer a ela sem um médium, haverá toda a possibilidade de ela ficar bastante perturbada ou de ficar insana. A energia que desceu sobre ela pode ser demasiada, e sua capacidade de contê-la pode ser diminuta; portanto, ela pode ser completamente desestruturada. Experiências inusitadas e não familiares de alegria tornam-se dolorosas e insuportáveis.

É como se alguém acostumado por anos a ficar na escuridão fosse repentinamente trazido para a luz do dia; a escuridão se aprofundará ainda mais e, no início, ele não será capaz de suportar a luz do sol. Seus olhos estavam acostumados com a escuridão e, dessa maneira, não podem encarar o brilho da luz e se fecharão.

Algumas vezes, a energia ilimitada da graça pode descer sobre você de maneira inesperada, mas, se você não estiver preparado, seu efeito poderá ser fatal e destrutivo. Você foi pego desprevenido, então o acontecimento pode se transformar em um desastre. Sim, a graça também pode ser danosa e destrutiva.

No caso do shaktipat, as chances de acidente são muito pequenas, praticamente nulas, pois alguém está funcionando como médium, como veículo. Ao passar através de um médium, a energia torna-se meiga e suave, e o médium também pode regular sua intensidade; ele pode deixar que flua em você apenas a quantia de energia que você possa suportar. Lembre-se: o médium é apenas um veículo e não a fonte dessa energia.

Se uma pessoa disser que está *fazendo* shaktipat, que está fazendo a transmissão da energia, estará enganada. Isso seria como se a lâmpada declarasse ser ela que dá a luz. Uma vez que a luz sempre é emitida por meio da lâmpada, a lâmpada pode se iludir, ao achar que é a criadora da luz. Não é assim, ela não é a fonte primária da luz, mas meramente um veículo para a sua manifestação. Assim, alguém que declara poder executar shaktipat está sob a mesma ilusão que a lâmpada.

A energia transmitida sempre é a energia do divino, mas, se houver alguém atuando como veículo, poderemos chamá-la também de shaktipat. Se não houver um veículo e essa energia descer repentinamente, ela poderá ser danosa. Mas, se uma pessoa esperar tempo suficiente, se meditar com infinita paciência, o shaktipat também poderá acontecer na forma de graça; não haverá médium, mas, ao mesmo tempo, não haverá percalço. Sua espera infinita, sua paciência ilimitada, sua devoção imperturbável e sua resolução permanente desenvolvem sua capacidadede acessar o infinito. E isso pode acontecer das duas maneiras: com ou sem uma intermediação. Contudo, na ausência de uma intermediação, a pessoa não a sentirá como shaktipat, mas como graça do além.

Como já disse, há tanto semelhanças como diferenças entre os dois. Sou a favor da graça na medida em que ela for possível; idealmente, não deveria haver um médium. Em certos casos, isso é possível, mas em outros, não. Assim, para evitar a categoria de pessoas vagando por vidas infindáveis, alguém pode ser destinado a ser um veículo, a fim de trazer a energia divina. Contudo, poderá ser veículo apenas alguém que não seja mais um ego individual. Então, o perigo é praticamente nulo, pois esse alguém, como médium, não se torna um guru, já que não há uma personalidade interna para se tornar um guru. Entenda bem essa diferença.

Quando alguém se torna um guru, ele se torna um guru em referência a você; quando alguém se torna um médium, ele assim o faz em relação ao ser universal; então, ele nada tem a ver com você. Você percebe a diferença?

O ego não pode estar presente em nenhuma esfera do relacionamento com você. Dessa maneira, o guru real é aquele que não se torna um guru. A definição de sadguru, do mestre perfeito, é: aquele que não torna um guru. Isso significa que os que chamam a si mesmos de gurus não têm a qualificação para tal. Não há uma desqualificação maior do que a pretensão de ser guru, pois isso mostra a presença do ego em tal pessoa, o que é perigoso.

Se alguém atingir repentinamente o estado de vazio, no qual o ego desaparece completamente, ele poderá tornar-se um médium. Então, o shaktipat poderá acontecer perto dele, em sua presença, e não haverá risco, nem para você nem para o médium por meio do qual a energia flui.

E, ainda assim, basicamente, sou a favor da graça. Quando o ego morrer e a pessoa deixar de ser um indivíduo, quando essas condições estiverem preenchidas, o shaktipat praticamente se tornará graça.

Se o próprio indivíduo não estiver cônscio desse estado, o shaktipat estará muito próximo da graça; só a proximidade dele pode ser suficiente para que aconteça. Para você, ele aparenta ser uma pessoa, mas, em realidade, tornou-se uno com o divino. Seria melhor dizer que ele se tornou a mão do divino estendida em sua direção. Ele está próximo de você... Tal indivíduo é um instrumento completo e, se em tal estado de consciência ele fala na primeira pessoa do singular, tendemos a interpretá-lo erroneamente, pois, quando ele diz "eu", quer dizer o ser supremo. Mas é difícil entendermos sua linguagem.

É por isso que Krishna pôde dizer a Arjuna: "Deixe tudo e renda-se a mim". Por milhares de anos ponderaremos sobre o tipo de pessoa que diz: "Renda-se a mim". Essa afirmação parece confirmar a presença de um ego, mas esse ser pode falar dessa maneira simplesmente por não ser mais um ego. Ora, seu "eu" é a mão estendida de alguém, é esse alguém que está por trás dele dizendo: "Renda-se a mim – o único". Esta expressão, "o único", é inestimável. Krishna diz: "Renda-se a mim, o único". O "eu" nunca é o único – ele é muitos. Krishna está falando a partir de um espaço em que o "eu" é o único, e essa não é a linguagem do ego.

Mas entendemos apenas a linguagem do ego e, portanto, achamos que Krishna, ao dizer a Arjuna para entregar-se a ele, fez uma declaração vinda do ego. Esse é um equívoco. Sempre temos duas maneiras de encarar as coisas: uma é a partir de nosso próprio ponto de vista, invariavelmente iludido, e a outra é a partir do ponto de vista do divino, o qual, é claro, não pode estar iludido. Então, o acontecimento pode se dar por meio de uma pessoa como Krishna, em que o ego pessoal e individual não participa.

Os dois acontecimentos, o shaktipat e a graça, são diferentes no contorno, mas estão muito próximos um do outro no centro. Sou a favor daquele espaço em que é difícil distinguir entre um e outro. Apenas esse espaço é útil, apenas esse espaço é valioso.

Um monge na China estava comemorando o aniversário de seu guru com uma grande celebração. Algumas pessoas lhe perguntaram de quem era o aniversário comemorado, pois ele sempre dissera que não tinha guru e que não havia necessidade de um. Então, por que tudo aquilo? Ele lhes implorou para não lhe perguntarem, mas elas continuaram a insistir: "Hoje é o dia do guru – você tem um guru?"

O monge disse: "Não me coloquem em uma posição difícil; é melhor eu ficar quieto".

Mas, quanto mais ele ficava quieto, mais as pessoas insistiam: "O que há? O que você está celebrando? Pois hoje é o dia de celebração do mestre. Você tem um mestre?"

O monge respondeu: "Se vocês insistem, então devo dizer algo sobre isso. Hoje me lembro do homem que se recusou a ser meu guru, pois, se ele tivesse me acolhido como discípulo, eu teria me perdido. Naquele dia em que ele me recusou, fiquei com muita raiva dele, mas hoje quero reverenciá-lo com grande gratidão. Se ele quisesse, poderia ser meu guru, pois fui eu quem lhe implorou para me aceitar, mas ele não concordou".

Então, as pessoas perguntaram: "E por que você lhe agradece, já que ele o recusou?"

E o monge respondeu: "É suficiente dizer que, ao não se tornar meu guru, esse homem fez por mim o que nenhum guru poderia fazer. Portanto, minha obrigação é dupla. Se ele tivesse sido meu guru, de ambos os lados haveria um dar e um receber. Eu teria tocado seus pés, oferecido minha veneração e respeito, e o assunto estaria encerrado. Mas esse homem não pediu respeito e não se tornou meu guru. Dessa maneira, minha obrigação para com ele é duplicada. A situação foi absolutamente unilateral: ele deu e não pude nem lhe agradecer, pois ele não deu chance para isso".

Ora, em tal situação, não restará nenhuma diferença entre shakti-pat e graça. Quanto maior a diferença, mais você deve manter distância; quanto menor a diferença, melhor. Portanto, enfatizo a graça. No dia em que o shaktipat chegar muito próximo da graça, tão próximo que você não possa distingui-los, saiba que o que tinha que acontecer aconteceu. Quando a eletricidade de sua casa tornar-se como o relâmpago, natural e livre no céu e parte da energia infinita, você deverá saber que, se o shaktipat então acontecer, será equivalente à graça. Não esqueça isso.

Questão:

Você disse que ou a energia se eleva a partir do interior e alcança o divino, ou a energia do divino desce e se funde no interior. Também disse que a primeira é o subir da kundalini e que a segunda é a graça do divino. Então, mais tarde, disse que, quando a energia adormecida interior se encontra com a colossal energia do infinito, dá-se uma explosão, que é o samádi. Para o samádi, é absolutamente necessária a união da graça com a kundalini desperta? Ou a evolução da kundalini até o sahasrara* é semelhante ao acontecimento da graça divina?

Uma explosão nunca se dá com apenas uma energia, pois nasce da união de duas energias. Se a explosão fosse possível com só uma energia, então teria acontecido há muito tempo.

É como se você tivesse uma caixa de fósforos e colocasse um fósforo perto dela: eles podem ficar assim indefinidamente e não surgirá nenhuma chama. Não importa ser tão pequena a distância entre os dois – meio centímetro ou um quarto de centímetro –, nada acontecerá. Para a explosão, é necessária a fricção entre os dois, e somente então o fogo surgirá. O fogo está oculto em ambos, mas não há como produzi-lo com apenas um dos dois.

A explosão acontece quando as duas energias se encontram. Dessa maneira, a energia adormecida dentro do indivíduo deve subir até o sahasrara, e somente então é possível a união, a explosão. Nenhuma união é possível, exceto no sahasrara. É como se suas portas estivessem fechadas e o sol estivesse brilhando lá fora; a luz fica do lado de fora da porta. Você se move dentro da casa até a porta, mas mesmo assim não encontra a luz do sol, pois entrará em contato com ela apenas quando a porta se abrir.

Assim, o ponto final da kundalini é o sahasrara. Essa é a porta onde a graça nos espera; o divino está sempre esperando nessa porta. É você que não está à porta, pois está distante em algum lugar no interior. Você precisa chegar a ela, já que a união se dará ali, e essa união será na forma de uma explosão. Ela é chamada de explosão porque, então, você desaparecerá

---

* Chacras são centros de energia, e sahasrara é o nome do sétimo e último chacra, localizado em uma região correspondente ao topo da cabeça, estendendo-se também acima dela. (N. do T.)

imediatamente; você deixará de existir. O fósforo queimará na explosão, embora a caixa de fósforos continue a existir. O fósforo, que é você, se transformará em cinzas e se fundirá no amorfo.

Com isso, você deixará de existir, ficará perdido, destruído e despedaçado; você deixará de existir, deixará de ser o que era atrás da porta fechada. Tudo o que era seu ficará perdido; só permanecerá aquele que espera do lado de fora da porta, e você se tornará um fragmento. Você não pode desencadear isso sozinho; para essa explosão, é absolutamente necessário alcançar a energia cósmica infinita. A energia interior adormecida precisa ser desperta e levada a se erguer até o sahasrara, onde a energia cósmica espera eternamente. A jornada da kundalini começa a partir de seu centro adormecido e termina no lugar, na fronteira, em que você desaparece.

Há uma fronteira, a física, que tomamos como certa, mas essa não é a maior fronteira. Se minha mão for cortada, isso não fará muita diferença para mim; se meus pés forem cortados, o corpo não sofrerá tanto, pois ainda permanecerei. Em outras palavras, ainda permanecerei apesar das mudanças dentro desses limites. Mesmo se os olhos e os ouvidos não estiverem aí, ainda permanecerei. Dessa maneira, nossa fronteira real não é a do corpo, e sim a do centro sahasrara, além do qual deixamos de existir. Tão logo se ultrapasse essa fronteira, deixamos de existir, não se pode permanecer.

Sua kundalini é sua energia adormecida; suas fronteiras se estendem do centro sexual até o centro no topo da cabeça. É por isso que estamos continuamente conscientes de que podemos ser capazes de nos dissociar de outras partes do corpo, mas não podemos separar nossa identidade da face, da cabeça. É fácil reconhecer que "Posso não ser essa mão", mas é muito difícil ver a própria face no espelho e conceber que "Não sou essa face". A face e a cabeça são os limites; portanto, o ser humano está pronto a perder tudo, exceto seu intelecto.

Certa vez, Sócrates falava sobre contentamento, dizendo que esse era um grande tesouro. Alguém lhe perguntou se ele preferiria ser um Sócrates descontente ou um porco contente, e ele respondeu: "Preferiria ser um Sócrates descontente a um porco contente porque o porco contente não tem ciência de seu contentamento. Um Sócrates descontente estaria pelo menos consciente de seu descontentamento". Esse homem, Sócrates, está dizendo que o ser humano está disposto a perder tudo, exceto seu intelecto, mesmo se for um intelecto descontente.

O intelecto também está muito próximo do centro sahasrara, o sétimo e último chacra. Para ser exato, temos duas fronteiras. Uma é o centro sexual; abaixo desse centro começa o mundo da natureza. No centro sexual não há diferença entre árvores, pássaros, outros animais e nós. Para eles, esse centro é o limite máximo, enquanto, para o ser humano, é o primeiro ponto, a linha inicial. Quando estamos embasados no centro sexual, também somos animais. Nosso outro limite é o intelecto, que está próximo de nossa segunda linha fronteiriça, além da qual está o divino. Além desse ponto, não somos mais nós mesmos; então, somos o divino. Essas são nossas duas linhas fronteiriças, e nossa energia se move entre elas.

Ora, o reservatório onde toda nossa energia repousa adormecida está próximo do centro sexual. Por isso, 99 por cento dos pensamentos, sonhos e atividades humanas acontecem à volta desse reservatório. Não importa quanta cultura possa ser ostentada e sejam quais forem os falsos pretextos que a sociedade possa apresentar, o ser humano vive ali e apenas ali: ele vive à volta do centro sexual. Ao ganhar dinheiro, é para o sexo; ao construir uma casa, é para o sexo; ao ganhar prestígio, assim o faz para o sexo. Na raiz de tudo isso, encontraremos o sexo.

Os que compreenderam isso falaram de dois objetivos: sexo e libertação. Os outros dois objetivos, a riqueza e a religião, são apenas os meios. A riqueza é uma fonte de sexo; portanto, quanto mais sexual a era, mais será orientada para a riqueza. E, quanto mais ávida a busca pela libertação em uma era particular, maior será a sede de religião. A religião é apenas um meio, como a riqueza é um meio. Se você almejar a libertação, a religião se tornará o meio; se você desejar a satisfação sexual, a riqueza será o meio. Assim, há dois objetivos e dois meios, pois temos duas divisas.

Entre esses dois extremos, é interessante que você não possa repousar em lugar nenhum, não possa parar em lugar nenhum. Muitas pessoas enfrentam grande dificuldade, pois não têm nenhum desejo de se libertar, e, ao ficarem antagônicas ao sexo por alguma razão, ficam em uma situação imensamente difícil. Elas começam a se afastar do centro sexual, mas não se aproximam do centro que leva à libertação. Elas caem na dúvida e na incerteza, e isso é muito difícil, muito doloroso e realmente infernal. Passam a viver um tormento interno.

Permanecer no meio não está certo, não é natural e não é significativo. É como se um homem subisse uma escada e parasse no meio. Diríamos a ele: "Faça uma coisa ou outra: suba ou desça, pois a escada não é uma casa e não tem sentido parar no meio". Não pode haver uma pessoa mais inútil do que a que para no meio da escada. Tudo o que ela tiver de fazer, poderá fazê-lo ou no topo ou na base da escada.

Por assim dizer, a espinha dorsal é a escada. Nela, cada vértebra é um degrau. A kundalini começa do ponto mais baixo e chega até o topo. Se ela atingir o ponto mais elevado, a explosão será inevitável; se ela permanecer no ponto mais baixo, é certo que tomará a forma de descarga sexual, de ejaculação. Esses dois pontos deveriam ser bem entendidos.

Ambos são explosões e ambos requerem a participação do outro. Na descarga do sexo, o outro é necessário, mesmo se for um outro imaginário. Mas, aí, sua energia não é inteiramente dissipada, pois esse é apenas o ponto inicial de seu ser. Você é muito mais do que isso e fez bastante progresso a partir daí. O animal está completamente satisfeito nesse ponto e, portanto, não busca a libertação.

Se os animais pudessem se manifestar por escrito, iriam identificar apenas dois objetivos dignos de luta: riqueza e sexo. A riqueza seria nas formas adequadas ao mundo animal. Aquele que tiver mais musculatura, mais força, será o mais rico. Ele ganhará dos outros na competição do sexo, juntará dez fêmeas à sua volta, e isso também é uma forma de riqueza. A gordura extra no corpo é a sua riqueza.

Um ser humano também tem riquezas que podem ser convertidas em "gordura" em algum momento. Um rei pode manter mil rainhas. Houve um tempo em que a riqueza de um homem era medida pelo número de mulheres que possuía. Se um homem fosse pobre, como poderia se dar ao luxo de ter quatro mulheres? O critério atual da educação e da conta bancária é um desenvolvimento muito posterior. Nos tempos antigos, o número de mulheres era o único critério de riqueza. Por isso, para exaltar a importância de nossos heróis antigos, tivemos de aumentar o número de suas mulheres, o que não correspondia à verdade.

Por exemplo: as 16.000 rainhas de Krishna. Na época de Krishna, não havia outra maneira de expressar sua grandeza: "Sendo Krishna um grande homem, então quantas mulhers ele tem?" Tivemos de fazer surgir como por encanto o colossal número de 16.000 – que na época era um número expressivo, embora hoje possa não ser, graças à explosão populacional. Naqueles dias, não havia tantas pessoas. Na África, mesmo agora, há comunidades de apenas três pessoas. Dessa maneira, se lhes dissessem que um homem tinha quatro mulheres, isso nada significaria para eles, pois podem contar só até três.

Na esfera sexual, a presença do outro é requerida. Se a outra pessoa não estiver presente, mesmo imaginá-la produzirá o efeito necessário. Por isso, considerava-se que a explosão poderia se dar mesmo se Deus estivesse presente na imaginação. Dessa maneira, desenvolveu-se a longa tradição de bhakti, o caminho da devoção, no qual a imaginação era usada como meio para a explosão. Sendo a ejaculação possível por meio da imaginação, por que no sahasrara a explosão de energia não pode se dar da mesma maneira? Isso levantou a possibilidade de encontrar Deus na mente, por meio do uso da imaginação, mas esse evento não era realmente possível. A ejaculação é possível na imaginação porque ela foi realmente experimentada; portanto, pode ser imaginada. Mas não tivemos nenhum encontro com Deus; portanto, ele não pode ser imaginado. Podemos imaginar apenas aquilo que foi experimentado por nós.

Se uma pessoa experimentou um certo tipo de prazer, sempre poderá voltar, lembrar-se da experiência e novamente desfrutá-la. Um surdo não pode ouvir em seus sonhos, não importa o quanto tente; ele nem mesmo pode imaginar sons. De maneira semelhante, um cego não pode imaginar a luz. Mas, se alguém perder a visão, sempre poderá sonhar com a luz. Para ser exato, agora ele *só* pode ver a luz em seus sonhos, pois não tem mais olhos para vê-la. Assim, podemos imaginar nossas experiências, mas não há como imaginar o que nunca foi experimentado.

A explosão não é nossa experiência; portanto, a imaginação não funciona aqui. Na verdade, precisaremos ir para dentro a fim de que o acontecimento se dê. Dessa maneira, o chacra sahasrara é sua fronteira final, onde *você* termina.

Como disse anteriormente, o ser humano é uma escada. As palavras de Nietzsche nesse contexto são muito significativas. Ele disse: "O ser humano é uma ponte entre duas eternidades". Há uma eternidade, aquela da natureza, que não tem fim, e aquela do divino, que também é infinita, sem limites. O ser humano é uma ponte balançando entre essas duas. Por esse motivo, o ser humano não é um ponto de descanso. A pessoa ou vai para frente ou para trás, pois não há espaço para construir uma casa sobre essa ponte. Arrepende-se quem tentar se instalar sobre ela, pois uma ponte não é um local para se ter uma casa; ela é feita apenas para se atravessar de um extremo a outro.

Na cidade de Fatehpur Sikri, o rei Akbar tentou construir um templo de todas as religiões. Ele sonhava com uma só religião, a qual chamava

Deen-e-Ilahi – a essência de todas as religiões. Então ele inscreveu uma sentença sobre o portal de entrada, que era um dizer de Jesus Cristo: "Este mundo é apenas um lugar de descanso e não um lar permanente. Você pode parar aqui por algum tempo, mas não para sempre. Este é apenas um local de descanso em sua jornada, um acampamento, um abrigo para os viajantes, onde possam pernoitar e continuar a viagem pela manhã. Detemo-nos aqui apenas para descansar à noite e para recomeçar a jornada ao raiar do dia. Não há outro propósito, não ficamos parados aqui para sempre".

O ser humano é uma escada que precisa ser galgada; portanto, está sempre tenso. Não está correto dizer que uma pessoa é tensa; mais exatamente, o ser humano *é* tensão. Uma ponte é sempre tensa; é uma ponte porque *é* tensa. Ela é o que fica entre dois extremos. O ser humano é uma tensão inevitável; dessa maneira, ele nunca está em paz, nunca está tranquilo. Ele experimenta um pouco de paz apenas quando se comporta como um animal, ou atinge uma paz perfeita quando se torna o divino. A tensão se afrouxa quando ele se torna um animal; ele desceu os degraus da escada para ficar no chão, o ponto com o qual criou familiaridade por milhares de vidas. Ele se aliviou de todos os aborrecimentos da tensão. Assim, o ser humano busca se livrar da tensão no sexo ou em experiências relacionadas com o sexo, como bebidas alcoólicas, drogas e outras, que podem levá-lo à inconsciência temporária. Mas você pode ficar ali apenas por um curto período de tempo; mesmo se quiser, não poderá ficar permanentemente no estado animal. Mesmo uma pessoa da pior qualidade consegue permanecer no estado animal apenas por pouco tempo.

Quem comete um assassinato assim o faz no momento em que se torna um animal. Se ele tivesse esperado um momento mais, talvez não fosse capaz de cometê-lo. De certa maneira, o transformar-se em um animal é como uma pessoa saltando: por um momento ela está no ar e, depois, volta ao chão. O pior dos homens não é ruim para sempre; não pode ser. Ele é assim apenas por um momento; fora isso, ele é normal como qualquer outra pessoa. Por um momento ele consegue um pouco de bem-estar porque volta ao terreno conhecido onde não há nenhuma tensão. É por isso que não encontramos tensões nos animais.

Observe os olhos deles: não há tensão. Os animais nunca enlouquecem ou se suicidam e não têm ataque cardíaco. Mas, para os animais escravizados pelo ser humano, tudo isso se torna possível – quando eles puxam sua carroça ou se tornam domésticos, o que é uma outra coisa. Quando o ser humano tenta empurrar o animal pela ponte, isso gera complicações.

Ora, se um cão vira-lata entrar nesta sala, ele se moverá à vontade, mas, se um cão doméstico entrar, irá se sentar onde lhe for permitido. Esse cão doméstico entrou no mundo do ser humano e deixou para trás seu mundo animal. Fatalmente ele terminará em dificuldades, pois é um animal submetido às tensões de um ser humano. Assim, ele está sempre em dificuldades e espera ansiosamente a ordem de sair da sala.

O ser humano pode cair apenas momentaneamente no estado animal, e por isso dizemos que todas nossas alegrias são curtas. A alegria também pode ser eterna, mas, neste ponto de nossa busca, é apenas um estado transitório. Tentamos encontrar a felicidade no estado animal, e isso pode se dar apenas por um período muito curto de tempo. Não podemos permanecer no estado animal por muito tempo, e é difícil voltar ao nosso estado anterior de existência. Se você quiser voltar ao ontem, poderá fechar os olhos e visualizá-lo – mas por quanto tempo? Quando abrir os olhos, se verá no mesmo lugar.

Você pode tentar voltar, forçando-se a fazer isso por um momento ou outro, mas sempre se arrependerá. Portanto, todos os prazeres momentâneos trazem frustração em seu encadeamento. Você fica com uma sensação de que seus esforços foram em vão, mas, após alguns dias, se esquece de tudo e cai novamente no mesmo engano. A alegria momentânea pode ser atingida no nível animal, mas a alegria eterna é atingida apenas ao se fundir com o divino. Essa jornada precisa ser completada dentro de seu próprio ser; você precisa atravessar de um extremo a outro sua ponte, e somente então o segundo acontecimento se dará.

Dessa maneira, considero equivalentes o sexo e o samádi, e há uma razão para isso. Na verdade, esses são os dois únicos acontecimentos equivalentes. No sexo, estamos em um extremo da ponte, no degrau mais baixo da escada, onde somos unos com a natureza; no samádi, estamos no outro extremo da ponte, no degrau mais alto da escada, onde somos unos com o divino. Ambos são uniões, ambos, de certa maneira, são explosões. Nos dois casos você se perde em um sentido particular: no sexo, você se perde por um momento, e, no samádi, para sempre. Nos dois casos você deixa de existir. O primeiro é uma explosão momentânea, e, depois dela, você volta a seu ser normal, pois onde você foi era um estado inferior em que não podia permanecer. Mas, uma vez unido ao divino, não poderá reaver seu antigo estado de ser.

Esse retorno é tão impossível como o do estado animal; ele é absolutamente impossível. É como esperar que um adulto entre em suas roupas de bebê. Você se unificou com o absoluto, então não poderá reverter para o individual. Agora o eu individual tornou-se um lugar tão estreito e insignificante que você não pode mais entrar ali e nem mesmo imaginar como poderá estar nele. O indivíduo termina aqui.

Para a explosão acontecer, são necessárias as duas coisas: sua jornada interior deve alcançar o ponto do sahasrara, para ali encontrar a graça...

Precisa ser esclarecido o motivo de chamarmos esse centro de sahasrara. Esses nomes não foram dados por acaso, embora a linguagem sempre se desenvolva acidentalmente e pelo uso constante. Usamos a palavra porta, mas qualquer outro nome poderia ter sido facilmente usado para denominar a mesma coisa. Há milhares de línguas no mundo e deve haver milhares de palavras que significam porta e que são capazes de transmitir o mesmo significado. Mas, quando algo não é acidental, ocorre uma semelhança em todas as línguas. Assim, o significado de porta, ou *dwar*, transmite a ideia daquilo por meio do qual entramos e saímos. Em todas as línguas, a palavra usada para porta comunicará esse significado, pois essa é parte de uma experiência e não um arranjo acidental. Por esta palavra, porta, é comunicada a ideia do espaço por meio do qual a entrada e a saída são possíveis.

Da mesma maneira, a palavra sahasrara foi cunhada como resultado de experiências; ela não é acidental. Tão logo você atinge a experiência, sente-se como se mil botões de flores desabrochassem repentinamente dentro de você. Dizemos mil, querendo dizer infinitos, e a comparamos com flores porque a experiência é como um florescimento. Algo dentro se abriu, algo que estava fechado como um botão. A palavra flor é usada no contexto de florescimento, de desabrochamento. E não apenas uma ou duas coisas desabrocharam – um número infinito de coisas desabrochou.

Assim, é natural chamar essa experiência de "a abertura de um lótus de mil pétalas". Você já viu um lótus se abrir sob os raios do sol da manhã? Observe cuidadosamente, aproxime-se de uma lagoa onde haja lótus e observe silenciosamente como o botão de lótus lentamente abre suas pétalas. Então, você poderá visualizar que sentimento haveria se um lótus de mil pétalas se abrisse dessa maneira em sua cabeça.

Há uma outra experiência maravilhosa: a do sexo. Os que entram fundo na experiência do sexo também sentem esse florescimento, mas essa é uma experiência fugaz. Algo dentro desabrocha, mas de novo se fecha quase que imediatamente.

Contudo, há uma diferença entre as duas experiências. Na experiência do sexo, a flor é sentida como pendurada para baixo, enquanto no samádi as pétalas são sentidas desabrochando para cima. Essa diferenciação só pode ser feita ao passar pelas duas experiências. É natural as flores que desabrocham para baixo ligarem você a uma esfera inferior, enquanto as flores que desabrocham para cima o ligam a uma esfera superior. Na verdade, esse desabrochar é uma abertura que o torna vulnerável a uma outra esfera. Trata-se de uma porta que se abre – uma porta por meio da qual algo entra em você para a explosão acontecer.

Por isso, as duas coisas são requeridas. Você subirá até o sahasrara e, lá, alguém sempre espera por você. Não está correto dizer que alguém irá até lá quando você chegar; esse alguém já está lá, esperando o acontecimento se dar em você.

Questão:

A kundalini desenrola-se em direção ao sahasrara apenas pelo shaktipat? A explosão acontece apenas nesse caso? Se for assim, isso significa que o samádi pode ser obtido por meio de outra pessoa?

Isso precisa ser entendido corretamente. Na existência, na vida, não há nenhum acontecimento tão simples a ponto de podermos entendê-lo ao observar apenas um de seus aspectos; ele precisa ser observado a partir de muitos ângulos. Se bato em uma porta com um martelo e a porta se abre, posso dizer que a porta se abriu com o golpe de meu martelo. Isso também está correto no sentido de que, não batendo na porta, ela não seria aberta. Ora, com o mesmo martelo bato em uma outra porta, mas o martelo pode se partir e a porta pode não se abrir. Então, dou-me conta de algo: quando bati na primeira porta e ela se abriu, isso não aconteceu inteiramente por conta do martelo, pois a porta estava inteiramente pronta a se abrir. Ela podia ser velha, podia ser fraca, mas, seja qual for o caso, estava pronta a abrir. Assim, nesse acontecimento, a porta teve a mesma participação que o martelo. Em um caso, o martelo bateu e a porta se abriu; em outro, o martelo se quebrou e a porta não se abriu.

Quando o acontecimento se dá no shaktipat, não é inteiramente devido a ele. Quando o meditador está interiormente preparado e pronto, um pequeno empurrão é suficiente. Se esse empurrão não fosse dado pelo shaktipat, o meditador poderia levar um pouco mais de tempo para atingir o sahasrara. A kundalini não está atingindo o sahasrara apenas por causa do shaktipat; ela apenas encurtou o tempo, e nada mais. O meditador teria chegado lá de qualquer maneira.

Suponha que eu não tivesse martelado na porta, mas ela é velha e está para cair; um simples vento forte pode derrubar a porta. E, mesmo se não houver nenhum vento, com o passar do tempo ela cairá por si mesma. Então, será difícil explicar o motivo e como ela caiu, pois ela estava para cair a qualquer momento. Assim, no máximo, a diferença será de tempo.

Por exemplo: Swami Vivekananda teve um vislumbre do divino quando estava próximo de Ramakrishna. Se apenas Ramakrishna fosse o responsável por isso, poderia ter acontecido com todos os que vieram a ele, e ele tinha centenas de discípulos. Se só Vivekananda fosse o responsável, poderia ter acontecido há muito tempo; antes de chegar a Ramakrishna, ele foi a muitos mestres, mas o acontecimento não se deu. Então, Vivekananda estava pronto por sua própria conta e Ramakrishna era capaz por sua própria conta.

Quando essa prontidão e essa capacidade se encontram em um ponto particular, o espaço de tempo do acontecimento é reduzido. Talvez, se Vivekananda não tivesse encontrado Ramakrishna naquele momento particular, o acontecimento pudesse se dar um ano mais tarde, dois anos mais tarde, talvez no próximo nascimento ou, talvez, após dez nascimentos. O tempo não é importante; se a pessoa está se aprontando, mais cedo ou mais tarde o acontecimento se dará.

O espaço de tempo pode ser encurtado, e é importante entender que o tempo é fictício, como um sonho; daí não ser de muito valor. Você pode dar uma breve cochilada e quase um minuto pode se passar, mas, naquele curto período, pode ter um sonho de sua infância até sua velhice, com todos os seus eventos. Mas, no estado de vigília, será difícil acreditar que um sonho tão longo durou não mais do que um minuto. Na verdade, a dimensão do tempo no estado de sonho é muito diferente. Durante o sonho, muitos e muitos incidentes podem acontecer em um período muito curto de tempo; daí a ilusão.

Ora, há insetos que nascem pela manhã e morrem ao entardecer. Dizemos: "Pobres criaturas!" Mas não sabemos que, naquele período de tempo, tais insetos vivem a vida em sua inteireza e experimentam tudo o que experimentamos em setenta anos. Não há diferença: tal inseto constrói uma casa, encontra uma parceira ou um parceiro, tem filhotes, briga com outros e até chega a ser discípulo – tudo em doze horas. Mas, para eles, a ideia do tempo é diferente. Sentimos pena pelo pouco tempo dado a eles, e eles devem estar sentindo pena de nós por levarmos setenta anos para fazer tudo o que eles podem fazer em um período de doze horas. De acordo com eles, somos muito lerdos!

O tempo depende da mente; ele é uma entidade mental. A duração do tempo varia de acordo com nosso estado mental. Quando estamos felizes, o tempo fica curto; quando estamos em dificuldade ou com dor, o tempo fica muito longo; quando estamos acompanhando a morte de algum parente, a noite parece nunca terminar, dando a impressão de que o sol nunca raiará e que aquela é a última noite do mundo.

O sofrimento prolonga o tempo. No sofrimento, você deseja que o tempo passe depressa. Quanto mais ansioso você estiver, mais ele parecerá arrastar-se, pois essa é uma experiência relativa, embora, na verdade, o tempo esteja se movendo em sua velocidade normal. Quando um amante espera sua amada, sente que ela está demorando demais, enquanto, na verdade, ela está em seu ritmo normal. Ele gostaria que ela tivesse a velocidade de um avião.

Dessa maneira, o tempo parece lento no sofrimento. Quando você está feliz, quando encontra seus amigos ou pessoas queridas, passa a noite conversando e, ao raiar do dia, admira-se de como a noite passou tão rapidamente. Em momentos de felicidade e de sofrimento, a percepção do tempo é diferente.

Mudanças no tempo podem ser ocasionadas ao golpear a mente com um agente externo. Se eu bater em sua cabeça com um bastão, será natural você se machucar. Seu corpo pode ser atingido de fora, e o mesmo pode acontecer com sua mente. Mas *você* não pode ser golpeado por uma força externa, pois você nem é o corpo nem a mente. Contudo, no momento, você acha que é o corpo e a mente, então o corpo e a mente podem ser afetados. E, ao operar em seu corpo e em sua mente, a escala do tempo pode ser alterada de diferentes maneiras; séculos podem ser reduzidos a momentos, e vice-versa.

No momento em que o despertar* lhe acontecer, você ficará maravilhado. Passaram-se 2.000 anos desde Jesus, 5.000 anos desde Krishna e muito tempo se passou desde Zaratustra e Moisés. Mas você ficará surpreso, pois, no momento em que acordar, dirá: "Meu Deus, eles também acabaram de despertar!" O conceito de tempo cessa e esses milhares de anos se transformam em um período de sonho.

Quando alguém acorda, tudo acorda, não havendo nem a diferença de um único momento. Isso é difícil de entender, pois, no momento em que você acorda, torna-se contemporâneo de Buda, de Cristo, de Mahavira, de Krishna. Eles estarão a sua volta como se também tivessem acabado de acordar com você. Não há nem mesmo um momento de diferença, não pode haver. Ora, se fizéssemos um círculo e traçássemos algumas linhas, raios, do centro aos limites da circunferência, acharíamos que, na periferia da circunferência, a distância entre quaisquer duas linhas seria grande. Então, ao percorrermos essas linhas em direção ao centro, a distância entre duas linhas ficaria cada vez menor, até que, no ponto central, não haveria distância entre elas. Nesse ponto, todas as linhas tornam-se uma só. Dessa maneira, quando uma pessoa atinge o centro dessa experiência profunda, desaparecem as distâncias que estavam presentes na circunferência – de 2.000 anos, 5.000 anos. Mas é difícil para tal pessoa explicar sua experiência, pois seus ouvintes estão no contorno da circunferência e a linguagem deles também é aquela dessa periferia. Por isso, há a possibilidade de um profundo mal-entendido.

Um homem veio a mim. Ele era devoto de Jesus e me perguntou: "O que você acha de Jesus?"

Respondi: "Não está certo dar uma opinião sobre si mesmo".

Ele olhou surpreso para mim: "Talvez você não tenha me ouvido. Perguntei sua opinião sobre Jesus".

Eu disse: "Também senti que você não ouviu. Eu falei que não estava certo dar uma opinião sobre si mesmo". Ele parecia perplexo, então lhe expliquei: "Você pode teorizar sobre Jesus quando não o conhece, mas, no momento em que o conhece, não haverá diferença entre você e ele. Como você formará uma opinião?"

Certa vez, um artista foi até Ramakrishna levando consigo uma pintura de Ramakrishna. Ele perguntou a Ramakrishna o que achava da pintura,

---

* "Despertar" no sentido de tornar-se iluminado. (N. do T.)

mas o viu curvar-se e tocar os pés da pintura com a testa. As pessoas presentes acharam que estava havendo algum engano, alguma confusão, pois talvez ele não tivesse percebido que era sua própria figura. Então, o artista comentou que ele estava se curvando diante da própria figura.

"Esqueci-me disso", replicou Ramakrishna. "Esta figura está tão profundamente em samádi... Como ela pode ser minha? Em samádi, não há 'eu' nem 'você'. Então, curvei-me para o samádi. Foi bom você ter me avisado disso, senão, as pessoas dariam risada". Mas as pessoas já tinham rido.

A linguagem no limite da circunferência é diferente da linguagem do centro. Assim, quando Krishna diz "Eu era Rama", e quando Jesus diz "Vim antes e lhes disse", e quando Buda diz "Voltarei", eles falam a linguagem do centro, e é difícil entendermos isso. Os budistas estão esperando a volta de Buda, e a verdade é que ele veio muitas vezes. Mesmo que venha novamente, não será reconhecido, pois não há como voltar na mesma forma. Aquela face era um fenômeno onírico e se perdeu para sempre.

No centro, não há atraso no tempo; portanto, o tempo para o acontecimento da iluminação pode ter a velocidade acelerada ou desacelerada; ela pode ser bastante acelerada, e isso pode ser feito pelo shaktipat.

Na última parte de sua pergunta, você indaga sobre a outra pessoa envolvida no acontecimento do samádi.

A outra parece outra porque você está firmemente apegado à fronteira de seu próprio ego. Assim, Vivekananda achará que o acontecimento se deu devido a Ramakrishna. Se Ramakrishna pensasse dessa maneira, seria tolice. Para ele, isso se deu de uma maneira diferente. É como se a mão direita se machucasse e a esquerda aplicasse o medicamento. Ora, a mão direita poderia pensar que um outro alguém a estivesse tratando e poderia agradecer ou recusar o tratamento. A mão direita poderia dizer: "Não peço ajuda a outro alguém; sou independente". Mas, então, não saberia que a mesma energia que trabalha por meio da mão direita está trabalhando por meio da esquerda. Dessa maneira, quando uma pessoa é ajudada por outra, na verdade não é outra; é sua própria prontidão que evoca a ajuda de outra parte de seu próprio ser.

Há um antigo livro no Egito em que está escrito: "Nunca procure o mestre. Ele aparecerá à sua porta no momento em que você estiver pronto". Também está escrito: "Mesmo se você sair à sua procura, como procurará, como o reconhecerá? Se você tornar-se suficientemente qualificado para reconhecê-lo, então não faltará mais nada em você".

Por esse motivo, é sempre o mestre que reconhece o discípulo; esse jamais pode reconhecer o mestre, não há possibilidade, não há como. Se você não pode reconhecer seu próprio ser interior, como reconhecerá o mestre? No dia em que você estiver pronto, alguma mão, que é na verdade a sua própria, estará presente como seu guia para ajudá-lo. Enquanto você não souber, essa mão será a de um outro, e, no dia em que você souber, nem mesmo esperará para agradecer.

Há um certo costume nos mosteiros zen do Japão: quando um meditador chega ao mosteiro para aprender meditação, traz consigo sua esteira, abre-a no chão e senta-se sobre ela. Ele medita todos os dias sobre ela e a deixa como está. No dia em que sua meditação se completa, ele enrola a esteira e vai embora. Então, o mestre entende que sua meditação está completa e não espera nenhum agradecimento, pois qual é a necessidade? E quem deve agradecer a quem? O meditador não diz uma palavra, e o mestre vê o meditador enrolando sua esteira e entende; chegou o tempo de enrolá-la. Isso é bom, e não há necessidade nem mesmo de observar a formalidade do agradecimento. Quem deve ser grato? E, se o meditador cometer esse engano, o mestre poderá bater nele com seu bastão e lhe ordenar para desenrolar a esteira, já que a meditação ainda não se completou.

A ideia do outro resulta de nossa ignorância; afinal, onde está o outro? Ele é a própria pessoa em uma infinidade de formas, é a própria pessoa em numerosas jornadas, é a própria pessoa em inumeráveis espelhos. Definitivamente, é a própria pessoa que está no espelho, embora o que se perceba seja um outro.

Há uma história sufi: um cachorro se perdeu em um palácio, e as paredes e o teto desse palácio eram feitos de espelhos; então, ele ficou em grande dificuldade. Para onde olhasse, havia cachorros, cachorros e mais cachorros. Ele ficou muito confuso; tantos cães à volta! Ele estava sozinho e, ainda assim, cercado por muitos cães. Não havia como sair, pois as portas também eram de espelhos, e ele via cães também ali. Ele começou a latir, mas todos os cães nos espelhos começaram a latir com ele. E, quando seu latido ecoou no quarto, teve certeza de que seus receios não eram infundados e que sua vida estava em perigo. Ele continuou a latir, e todos os cães latiam ainda mais alto. Ele correu para lá e para cá para lutar com eles, e os cães nos espelhos fizeram o mesmo. Durante toda a noite ele se exauriu a latir e a lutar com os cães nos espelhos, embora estivesse sozinho ali! Pela manhã, os guardas o encontraram morto dentro do palácio; ele morreu correndo, latindo e lutando com seus reflexos, embora estivesse sozinho. Quando ele morreu, todos os sons desapareceram; os espelhos ficaram silenciosos.

Há muitos espelhos, e, quando percebemos o outro, trata-se de nosso próprio reflexo em diferentes espelhos; portanto, o outro é uma falácia. A noção de que estamos ajudando os outros é uma ilusão, e a noção de que estamos recebendo ajuda do outro também é uma ilusão. Na verdade, como tal, o outro é uma ilusão.

Uma vez percebido isso, a vida fica simples. Você nem faz algo para o outro, considerando-o como o outro, nem deixa que o outro faça algo para você, sentindo-o como o outro. Trata-se de você mesmo estendido nas duas extremidades. Se você der uma mão a alguém na rua, terá ajudado seu próprio ser. Se alguém lhe deu uma mão, também ele ajudou somente a si mesmo. Mas isso será nosso entendimento apenas depois da experiência suprema. Antes dela, o outro é definitivamente o outro.

Questão:

Certa vez você mencionou que o shaktipat provou ser prejudicial a Vivekananda.

Não foi o shaktipat que prejudicou Vivekananda, mas o que aconteceu após. Seja como for, a ideia de ganho e de perda também pertence ao estado de sonho; ela não está além dos sonhos.

Vivekananda teve um vislumbre do samádi com a ajuda de Ramakrishna, mas teria alcançado isso com sua própria força interior, porém muito mais tarde. Ora, o que se deu é como se batesse na porta com um martelo e a porta caísse, mas poderia colocá-la novamente no lugar usando pregos e o mesmo martelo. O martelo que derruba a porta pode também consertá-la, mas trata-se do mesmo martelo funcionando em ambos os casos.

Ramakrishna tinha algumas limitações, o que o levou a fazer uso de Vivekananda. Ramakrishna era analfabeto, sem nenhuma instrução e completamente rústico. Sua experiência era profunda, mas não tinha meios de expressá-la, de transmiti-la. Para ele, era necessário usar outra pessoa como veículo, como médium, a fim de tornar sua experiência conhecida pelo mundo. Se não fosse assim, você jamais teria ouvido falar de Ramakrishna. Foi a partir da compaixão que ele tentou transmitir a própria experiência a você por meio de outra pessoa.

Se eu me deparasse com algum tesouro em minha casa e, por ser aleijado, subisse nos ombros de outro homem para levar o tesouro para a sua casa, estaria fazendo uso dos ombros desse homem. Ao me carregar, ele teria algum incômodo e dificuldade, mas minha intenção seria apenas a de entregar o tesouro a você. Contudo, uma vez que sou aleijado e não posso nem sair e dar a notícia, o tesouro pode nunca ser reclamado...

Esse era o problema de Ramakrishna; não foi assim com Buda. Na personalidade de Buda, ambos, Ramakrishna e Vivekananda, estavam igualmente presentes. Buda podia expressar o que sabia; Ramakrishna não podia expressar o que sabia. Ele precisava de outra pessoa que pudesse ser um veículo para sua expressão. Então, ele mostrou a Vivekananda um vislumbre do tesouro interior, mas imediatamente lhe disse que manteria a chave com ele e a daria de volta a Vivekananda apenas três dias antes de sua morte.

Vivekananda começou a chorar e a implorar a Ramakrishna para que não tirasse o que lhe havia dado, mas Ramakrishna lhe disse: "Você tem outro trabalho a fazer. Se você entrar no samádi, estará perdido para sempre e meu trabalho será prejudicado. É bom você não sentir o samádi antes do término de meu trabalho, já que somente será capaz de acompanhá-lo antes de atingir o samádi". Ramakrishna não sabia que as pessoas atuam mesmo depois de atingir o samádi; ele não podia saber disso, pois ele próprio era incapaz de fazer qualquer coisa após o samádi.

Normalmente, somos orientados por nossas próprias experiências. Após sua experiência de samádi, Ramakrishna não pôde fazer nada. Ele não podia falar por muito tempo – o falar era muito difícil para ele. Se alguém dissesse a palavra Ram, ele entrava em transe; alguém poderia passar e saudá-lo com as palavras "Jai Ramji", ele ficaria perdido para o mundo. Era difícil para ele reter a consciência à simples menção de algum nome de Deus, como Ram. Isso imediatamente o lembrava do outro mundo. Alguém diria "Alá!", e ele se desligava. Se ele via uma mesquita, entrava em samádi e não conseguia se afastar dali. Se ouvia uma canção devocional enquanto caminhava pela rua, entrava em transe ali mesmo.

Assim, de acordo com sua própria experiência, ele estava certo ao achar que o mesmo poderia acontecer com Vivekananda. Por isso lhe disse: "Você tem primeiro uma grande tarefa a executar e, depois você pode entrar em samádi". Vivekananda passou toda a vida sem atingir o samádi e sofreu muito com isso.

Mas lembre-se: a dor pertence ao mundo do sonho; era como um homem tendo um sonho ruim. Três dias antes de sua morte, foi-lhe dada a chave, mas, até lá, houve grande sofrimento. As cartas que ele escreveu cinco a sete dias antes de morrer estavam repletas de sofrimento e angústia, e a agonia aumentava mais e mais com o seu inquietante anseio de obter aquilo de que tivera apenas um vislumbre.

O anseio que você tem ainda não é tão forte, pois você não tem ideia do que é o samádi. Um momento de vislumbre, e o anseio começará. Pode-se entender isso desta maneira: você está no escuro com pedras comuns nas mãos e achando que elas são preciosas. Você está muito feliz, mas acontece o lampejo de um relâmpago e você descobre que há minas de diamante à sua frente, enquanto você está segurando pedras comuns em suas mãos. Então, o lampejo se vai, mas ele deixa uma mensagem por trás, a de que você deve informar aos que seguram pedras comuns que um tesouro incalculável os aguarda. A luz não voltará a você, mas você terá de cumprir a tarefa de contar às pessoas sobre o tesouro que está adiante. Dessa maneira, Vivekananda teve de concluir uma tarefa particular, que Ramakrishna podia executar apenas por meio de outra pessoa.

Isso acontece muitas vezes. Se uma única pessoa for incapaz de executar uma tarefa particular, são requeridas três ou quatro pessoas. Às vezes, mesmo cinco a dez pessoas são requeridas para ajudar a difundir a mensagem de uma única pessoa. Ramakrishna fez isso por compaixão, mas isso criou alguma dificuldade para Vivekananda.

Então, digo para evitar o shaktipat o máximo possível e, tanto quanto possível, empenhar-se para obter a graça. O shaktipat só será tão útil quanto a graça quando não tiver condições associadas a ele, como a declaração: "Manterei a chave por um certo período".

O shaktipat deveria acontecer sem o médium nem mesmo perguntar o que ocorreu. Se você quiser lhe agradecer, não deveria nem saber onde encontrá-lo; então, será fácil para você. Mas, às vezes, quando alguém como Ramakrishna precisa da ajuda de outra pessoa, não há outra maneira de obtê-la a não ser essa; não fosse assim, a experiência de Ramakrishna teria sido perdida, não teria sido comunicada. Ele precisava de um veículo para expressá-la, e Vivekananda preencheu isso.

Por esse motivo, Vivekananda sempre dizia que tudo o que ele falava não lhe pertencia. Quando ele foi homenageado nos Estados Unidos, disse que estava muito sentido, pois a honra pertencia a alguém que eles nem tinham ideia. E, quando alguém o chamou de um grande homem, ele disse: "Nem mesmo mereço estar na poeira dos pés do grande homem que é o meu mestre". Mas o fato é que, se Ramakrishna tivesse ido aos Estados Unidos, teria sido internado em um hospício, teria recebido tratamento psiquiátrico. Ninguém o teria ouvido; pelo contrário, definitivamente ele teria sido declarado louco.

Ainda não somos capazes de diferenciar entre a loucura mundana e a loucura divina; assim, nos Estados Unidos, os dois tipos são colocados no hospício. Ramakrishna teria recebido tratamento, enquanto Vivekananda receberia todas as honras, pois o que ele dizia era inteligível. Ele próprio não estava no estado de loucura divina; era simplesmente um mensageiro, um carteiro que carregou a carta de Ramakrishna e a leu para pessoas do exterior. Mas ele a podia ler muito bem.

Mulla Nasruddin era a única pessoa com instrução na vila onde morava, e, nesse caso, você pode imaginar o quanto ele era instruído. Então, todos da vila o procuravam para escrever cartas. Um homem foi a ele com esse objetivo, e Nasruddin disse que não poderia escrever porque seu pé estava doendo. O homem disse: "O que seu pé tem a ver com escrever uma carta? Você não escreve com a mão?"

Nasruddin respondeu: "Você não sabe. Quando escrevo uma carta, só eu a entendo. Então, preciso ir até a outra vila para que seja lida. Posso escrever a carta, mas quem a lerá? Meu pé está doendo muito, e, como não posso andar, não escreverei nenhuma carta".

Assim, quando pessoas como Ramakrishna escrevem uma carta, só elas podem lê-la, pois se esqueceram de sua linguagem, e a linguagem que falam não faz sentido para você. Chamaríamos tais pessoas de loucas; elas precisam procurar e escolher um mensageiro entre nós que possa escrever em nossa língua. Tal pessoa nada mais é do que um tradutor. Portanto, tenha cuidado com Vivekananda; ele não tem experiência própria, e o que ele descreve é a experiência de outra pessoa. Ele é competente nessa arte, é um perito em usar palavras, mas aquela não é sua própria experiência.

É por essa razão que encontramos um excesso de confiança nos dizeres de Vivekananda. Ele exagera suas colocações mais do que o requerido, e isso é para disfarçar suas deficiências. Está ciente do fato de que não é sua experiência o que ele transmite. O sábio, contudo, sempre hesita; ele receia, pois pode não ser capaz de expressar sua experiência tão claramente como a sente. Antes de falar, contemplará mil e uma maneiras em sua mente e, mesmo assim, ficará preocupado, pois o que ele diz pode não ser exatamente o que gostaria de expressar. Quem não sabe segue em frente e diz o que tem a dizer. Ele não hesita, pois sabe exatamente tudo o que tem a dizer.

Mas isso era muito difícil para um iluminado como Buda. Ele não respondia a certas perguntas e costumava justificar: "É difícil responder a essas perguntas". E as pessoas poderiam replicar: "Em nossa vila há pessoas melhores do que você que respondem a todas as nossas perguntas. Elas são mais sábias do que Buda; perguntamos a elas se Deus existe e elas respondem sim ou não com confiança. Buda não responde porque não sabe".

Mas, para Buda, era muito difícil responder sim ou não, então ele hesitava e dizia: "Pergunte uma outra coisa, não isso". Era natural para as pessoas dizerem que ele não sabia e que devia admitir sua ignorância. Mas Buda também não podia dizer isso, pois ele *sabia*. Na verdade, Buda falava uma língua diferente de nós, e aí estava a dificuldade.

Muitas pessoas como Ramakrishna deixaram o mundo sem passar a sua mensagem. Elas não podiam, pois é uma combinação muito rara uma pessoa saber e ser capaz de transmitir sua sabedoria. Quando essa rara combinação se dá, chamamos tal pessoa de tirthankara, um avatar, um profeta ou algo assim. Dessa maneira, o número de iluminados não está restrito apenas àqueles que falaram. Houve muitos outros que não puderam transmitir sua mensagem.

Alguém perguntou a Buda: "Você tem 10.000 monges aqui e, nos últimos quarenta anos, tem ensinado muita gente. Quantas chegaram ao estado de consciência em que você está?"

Buda respondeu: "Muitas".

A pessoa perguntou: "Então, por que não podemos reconhecê-las como o reconhecemos?"

Buda disse: "Você não pode reconhecê-las porque posso falar e elas não. Se eu também permanecesse em silêncio, você não me conheceria. Você reconhece somente palavras e não pode reconhecer iluminação. É apenas uma coincidência eu saber e poder também falar a respeito".

Houve alguma dificuldade para Vivekananda, que ele deveria retificar em suas vidas seguintes. Mas essa dificuldade era inevitável, e Ramakrishna, por pura necessidade, fez com que ele a vivenciasse. Vivekananda sentiu-se prejudicado, mas seu prejuízo pertence ao mundo dos sonhos. Contudo, por que alguém deveria aguentar um prejuízo mesmo em um estado oní-rico? Se necessitamos de um sonho, então por que não ter um bom sonho?

Há uma fábula de Esopo:

Certa vez, um gato estava sonhando sob uma árvore, e um cão se aproximou e também descansou sob a árvore. Parecia que o gato estava tendo um sonho adorá-vel, e o cão ficou curioso para descobrir que sonho era aquele.

Quando o gato acordou, o cão lhe perguntou o que ele havia sonhado, e o gato respondeu: "Oh, foi um sonho adorável, estava chovendo ratos!".

O cão olhou com desdém e disse: "Seu tolo! Nunca chove ratos; também so-nhamos, e sempre vemos ossos caindo – e nossas escrituras também dizem que sempre chove ossos. Ratos nunca caem como chuva, seu gato estúpido! Se você tem de sonhar, sonhe com ossos!"

Para o cão, ossos são significativos, então por que deveria sonhar com ratos? Mas, para o gato, ossos são inúteis.

Assim, digo-lhe: se você tiver de sonhar, por que ter um sonho ruim? E, se você tiver de acordar, faça o máximo uso de sua própria capacidade, de sua própria força, de sua própria resolução – e não espere a ajuda de uma outra pessoa. A ajuda virá, mas essa é uma outra pergunta. Você não deve aguardar ou esperar ajuda porque, quanto mais espera, mais fraca fica sua resolução. Deixe de pensar dessa maneira, não espere nenhuma ajuda e faça um esforço total, lembrando-se de que você está sozinho. A ajuda virá de muitas fontes, mas essa é uma outra pergunta.

Portanto, minha ênfase está em sua própria força de vontade, de tal modo que nenhum outro obstáculo seja criado para você. E, quando você conseguir algo de alguém, isso não deveria ser pedido e esperado por você, mas deveria vir e desvanecer-se como o vento.

Por esse motivo eu disse que Vivekananda se prejudicou e, enquanto viveu, estava bastante consciente disso. Seus ouvintes ficavam encantados e até tinham um vislumbre do que ele dizia, mas o próprio Vivekananda sabia que aquilo não estava acontecendo com ele. Eu ficaria muito mal se falasse sobre alguma coisa saborosa, mas não tivesse experiência de seu sabor. Posso tê-la provado certa vez, mas em um sonho que se desfez. Ima-gine se depois tivessem me dito: "Agora você não sonhará mais com isso, mas vá e conte aos outros a respeito". Foi assim com Vivekananda, ele teve seu próprio trabalho incômodo, mas era um homem forte e foi capaz de suportar esse sofrimento. Isso é parte da compaixão, o que não quer dizer que você também deva passar por isso.

Questão:

Vivekananda teve uma experiência de samádi por meio do contato com Ramakrishna. Essa foi uma experiência autêntica?

Seria bom chamá-la de uma experiência preliminar. Aqui, a questão de sua autenticidade não é importante. Foi uma experiência preliminar em que ele teve apenas um vislumbre. Tal vislumbre não pode ser muito profundo ou espiritual; esse acontecimento se dá na fronteira onde a mente termina e a alma começa. Nessa profundidade, trata-se apenas de uma experiência psíquica e, por isso, o vislumbre foi perdido. Mas, no caso de Vivekananda, não lhe foi permitido ir muito fundo porque Ramakrishna tinha receio. Ele não permitiu que a experiência fosse muito funda; do contrário, esse homem não teria utilidade para ele. Ramakrishna estava tão profundamente envolvido com sua visão que nunca lhe ocorreu que não era 100 por cento correto seu conceito de que a experiência de samádi deixa a pessoa inútil para o mundo.

Buda falou por quarenta anos após a sua iluminação; a situação foi semelhante com Jesus e Mahavira. Eles não tinham dificuldades, mas com Ramakrishna foi diferente. Ele tinha essa dificuldade, e ela sempre esteve em sua mente. Por isso, ele deu a Vivekananda apenas um vislumbre fugaz. Foi autêntico, porém superficial. Ele não foi fundo o suficiente; do contrário, de acordo com Ramakrishna, Vivekananda teria dificuldade de voltar.

Questão:

Pode haver uma experiência parcial do samádi?

Não parcial, mas preliminar. Há uma diferença entre as duas. A experiência de samádi não pode ser parcial, mas pode haver um vislumbre mental do samádi. A experiência é espiritual, o vislumbre é mental. Se eu ficar sobre uma montanha e observar o mar, definitivamente verei o mar, mas à distância. Não ficarei na praia, não tocarei nem provarei suas águas, não mergulharei nem me banharei nelas e apenas verei o mar do topo da montanha. Você chamará essa experiência de parcial?

Não. Apesar do fato de nem mesmo ter tocado uma gota do oceano, minha experiência não pode ser chamada de não autêntica. Vi o oceano do topo de uma montanha, muito embora não tenha me unificado a ele. Da mesma maneira, você pode perceber a alma do cume mais elevado de seu corpo.

O corpo também tem o seu cume – suas experiências máximas. Se você tiver uma experiência muito profunda do corpo, poderá ter um vislumbre da alma nele. Se você for perfeitamente saudável e tiver uma sensação de bem-estar, se o corpo estiver transbordando saúde, você poderá atingir uma dimensão do corpo a partir da qual poderá ter um vislumbre da alma. Você sentirá que não é o corpo e que é algo mais. Você não saberá o que é a alma, mas atingirá a dimensão suprema do corpo.

A mente também tem suas alturas, por exemplo, quando você está amando profundamente – não no sexo, pois essa é uma possibilidade apenas do corpo. Mesmo no sexo, se você atingir o auge da experiência sexual, terá um vislumbre da alma. Contudo, será um vislumbre distante, um vislumbre do ponto mais distante. Mas, se você tiver uma experiência profunda de amor, se você se sentar perto de seu amado ou amada sem nenhuma palavra para quebrar o silêncio, com apenas amor se movendo entre vocês dois, sem nenhum ato ou desejo, mas apenas ondas de amor se movendo de um para o outro, nesse momento auge de amor você atingirá o ponto a partir do qual terá um vislumbre da alma. Dessa maneira, os que amam também têm um vislumbre da alma.

Um artista pinta um quadro; ele está tão envolvido em fazê-lo que, por um momento, torna-se Deus, o criador, pois experimenta as mesmas emoções que Deus deve ter sentido quando criou o mundo. Mas essa altura é da mente. Durante o momento do vislumbre, esse homem sente-se como o criador. Muitas vezes, tal pessoa comete o engano de achar que essa experiência é suficiente. Essa experiência pode ser obtida da música, da poesia, da beleza natural e de outras coisas assim, mas todos esses são cumes distantes. Quando você estiver totalmente dissolvido no samádi, acontecerá a realização, e, de fora, há muitos cumes a partir dos quais você pode ter um vislumbre da alma.

Assim, essa experiência de Vivekananda aconteceu no nível da mente, pois, como lhe disse, o outro pode penetrar em você até o cume da mente e pode elevá-lo até esse ponto.

Veja o seguinte: coloco uma pequena criança sobre meus ombros e ela olha em volta. Então a ponho no chão – pois meus ombros não podem ser os dela. Suas próprias pernas ainda são pequenas e levará muito tempo para a criança crescer até minha altura, mas, elevada em meus ombros, ela viu algo e agora pode ir aos outros e dizer o que viu. As pessoas podem não acreditar nela, podem dizer que isso não é possível com a altura dela, mas é possível subir nos ombros de outra pessoa e dar uma olhada. Tudo isso é uma possibilidade da mente; portanto, não é algo espiritual.

Ao mesmo tempo, não se trata de algo não autêntico; é elementar. A experiência elementar pode se dar ou no corpo ou na mente, e não é parcial; ela é completa, mas está confinada à esfera mental. Ela não é da alma porque, na experiência da alma, não há retorno. Nesse nível, ninguém pode guardar a sua chave, ninguém pode dizer que, quando lhe devolver a chave, somente então acontecerá. Nesse nível, ninguém mais tem voz ativa. Se alguma tarefa especial for esperada de um médium, ele precisará ser interrompido antes do ponto da transcendência; senão, haverá problemas.

Assim, a experiência de Vivekananda foi autêntica, mas sua autenticidade é psíquica, e não espiritual. Contudo, esse também não é um acontecimento insignificante; ele não acontece com todos e requer uma mente muito poderosa e madura.

Questão:

Poderíamos dizer que Ramakrishna explorou Vivekananda?

Isso poderia ser dito, mas não deveria ser dito porque a palavra transmite uma ideia de condenação. Ele não o explorou para obter algo egoísta para si mesmo; sua ideia era a de que, por meio de Vivekananda, outros se beneficiassem. Ele o explorou apenas no sentido de que fez uso dele, e há uma grande diferença entre exploração e utilização. Quando estou lidando com algo ou usando algo para o benefício de meu ego, isso se torna exploração. Mas, quando estou fazendo para o mundo, para o universo, para todos, não se trata de exploração.

Além disso, qual é a certeza de que, se Ramakrishna não tivesse lhe mostrado o vislumbre, Vivekananda o obteria por si mesmo naquela vida? Essa questão pode ser decidida apenas pelos iluminados. Sinto que esse era o caso, mas, nesses assuntos, não podemos oferecer nenhuma prova. Quando Ramakrishna disse a Vivekananda que lhe daria a chave três dias antes de sua morte, isso podia apenas significar que, de acordo com Ramakrishna, Vivekananda alcançaria o samádi três dias antes de morrer como resultado de seus próprios esforços. Ora, em relação a devolver a chave, Ramakrishna já estava morto, mas a chave foi devolvida exatamente como ele disse que aconteceria.

Isso é possível porque você não conhece sua própria personalidade tanto quanto a pessoa que penetrou fundo no ser. De sua própria profundidade, ela pode conhecer o seu potencial, pode até dizer quando você chegará caminhando em seu próprio ritmo.

Digamos que você começou uma jornada e que há uma montanha em seu caminho. Ora, conheço o caminho, os ritmos da marcha, quanto tempo leva para atravessá-la e que dificuldades você encontrará. Vejo você subindo a montanha e posso dizer que você levará, por exemplo, três meses para atravessá-la; pela velocidade de seu caminhar e pela maneira como você está viajando, posso dizer que levará tal tempo. Se eu fosse encontrá-lo no caminho e lhe desse um vislumbre do topo e novamente o deixasse onde você estava, prometendo-lhe que em três meses você atingiria o objetivo, isso não poderia ser considerado como fazer uso de você. Tudo no íntimo é tão sutil e complexo que você não pode conhecê-lo de fora.

Por exemplo: uma amiga foi embora ontem e alguém lhe disse que ela morreria aos 53 anos. Ora, dei-lhe garantia de que ela não morreria aos 53, e não sou eu quem executará a garantia; ela se cumprirá por si mesma. Dessa maneira, se ela não morrer aos 53 anos, atribuirá isso a mim.

Vivekananda diria que a chave lhe foi devolvida três dias antes de sua morte, mas quem estava ali para devolvê-la?

Questão:

Será que Ramakrishna sabia que Vivekananda tinha de passar por períodos muito difíceis em seu esforço espiritual, com fracassos e sofrimentos, e assim, por compaixão, deu-lhe um vislumbre para manter-lhe a esperança?

Nunca pense nestes termos – "será que..." – porque isso não tem fim e não tem sentido. Desse modo, você prosseguirá pensando de maneira irrelevante. É suficiente pensar em termos do que exatamente é possível, e não mais do que isso, porque, de outra maneira, esses são caminhos sem sentido que podem levá-lo a se perder. Esse padrão de pensamento o prejudicará, já que estará perdendo aquilo que é.

Assim, sempre observe um fato como ele é e, para isso, elimine todos os "será que..." Se você não conhecer os fatos exatos, então admita que não conhece, mas não tente encobrir sua ignorância com sábias suposições de "será que..." É assim que encobrimos muitas de nossas deficiências, e é melhor se abster disso.

2
Amadurecimento do meditador no caminho

Questão:

Em um de seus discursos anteriores, você disse que um descenso repentino e direto da graça poderia, algumas vezes, tornar-se um desastre; a pessoa poderia ser prejudicada, enlouquecer ou até morrer. Naturalmente, surge uma pergunta: a graça não é sempre benéfica? A graça não mantém seu próprio equilíbrio? O infortúnio também poderia ser devido ao fato de o recipiente ser inadequado? E, nesse caso, como a graça pode descer sobre uma pessoa não qualificada?

Deus não é uma pessoa, mas uma energia. Isso implica que a energia não tem consideração por indivíduos; tudo o que acontece com cada indivíduo acontece imparcialmente.

Por exemplo: a árvore na margem de um rio recebe sua nutrição do fluxo que passa; ela dará flores e frutos e crescerá alta e forte. Mas a árvore que cai na correnteza será levada para longe pela veloz corrente de água. Ora, o rio nada tem a ver com nenhuma dessas árvores. Ele não está interessado em alimentar a primeira nem em destruir a segunda. O rio simplesmente flui, é uma energia fluente, e não uma pessoa.

Sempre cometemos o engano de considerar Deus como uma pessoa. Portanto, todo o nosso pensar sobre Deus o considera como se ele fosse uma pessoa. Dizemos que ele é muito bom, que é misericordioso, que sempre nos abençoa... Essas são nossas expectativas e nossos desejos, que impomos a Deus. Embora possamos impor nossas expectativas a uma pessoa e, se elas não forem cumpridas, fazer com que ela seja responsável por isso, não podemos fazer o mesmo com a energia. Assim, sempre que lidarmos com energia como se ela for uma pessoa, fatalmente nos extraviaremos, pois então nos perderemos em sonhos. Se lidarmos com a energia, os resultados serão inteiramente diferentes.

Por exemplo, a força da gravidade: somos capazes de andar sobre a Terra por causa dessa força, mas ela não se destina especialmente a fazer com que você caminhe. Não pense, erroneamente, que, se você não andar, a gravidade não existirá. Ela existia quando você não estava na Terra e existirá mesmo depois de você não existir. Se você caminhar incorretamente, poderá cair e quebrar as pernas, e isso também será devido à gravidade, mas você não será capaz de processar ninguém em função disso, pois não há ninguém para culpar. A gravidade é uma corrente de energia, e, se você quiser lidar com ela, precisará ser cuidadoso a respeito de suas leis de funcionamento, mas ela simplesmente não pensa em como lidar com você.

A energia de Deus não funciona a partir da consideração por alguém. Na verdade, não está correto dizer "a energia de Deus"; em vez disso, deveríamos dizer: "Deus é energia". Deus não pensa sobre como se comportar com você; ele tem sua própria lei eterna, e essa lei eterna é a religião. Religião significa as leis do comportamento da energia que é Deus.

Se você se comportar com discernimento, compreensão e em conformidade com essa energia, ela se tornará graça para você – não por causa dela, mas por sua causa. Se você fizer o oposto, se for contra as leis da energia, ela não produzirá nenhuma graça. Nesse caso, Deus não é descortês; acontece assim por sua causa.

Dessa maneira, será um erro considerar Deus como uma pessoa. Deus não é uma pessoa, mas uma energia; portanto, a prece e a adoração não têm nenhum significado; não faz sentido ter expectativas em relação a Deus. Se você desejar que essa energia divina se torne uma bênção, uma graça para você, terá de fazer algo por conta própria; daí a prática espiritual ter significado e a prece não, a meditação ter significado e a adoração não. Compreenda claramente a diferença.

Na prece, você está fazendo algo com Deus: você suplica, insiste, espera, demanda. Na meditação, você está trabalhando sobre seu próprio ser. Na adoração, você está fazendo algo com Deus; no empenho espiritual, você está fazendo algo em relação a si mesmo. O esforço para o crescimento espiritual significa que você está se transformando de tal maneira a não ficar em desacordo com a existência, com a religião. Quando o rio flui, você não é varrido pela correnteza e, ao contrário, fica na margem onde as águas do rio fortalecem suas raízes em vez de arrastá-las. No momento em que você percebe Deus como energia, toda a estrutura da religião muda.

Por isso eu disse que, se a graça descer repentina e diretamente, ela algumas vezes poderá tornar-se um desastre.

Você perguntou uma outra coisa: "Uma pessoa desajustada pode ser recipiente da graça?"

Não, a graça nunca desce sobre uma pessoa não qualificada para ela, mas sempre desce sobre uma pessoa que está preparada para ela. Porém, às vezes, uma pessoa inapta, de repente, desenvolve as qualificações necessárias sem estar ciente disso. O acontecimento sempre se dá sob as corretas condições, da mesma maneira que a luz é visível apenas para quem tem olhos, e não para o cego. Mas, se os médicos restaurarem a vista de um cego e ele sair do hospital à luz do sol, será seriamente prejudicado. Ele terá de colocar óculos escuros por um ou dois meses e esperar.

Se uma pessoa não receptiva, de repente, tornar-se receptiva, fatalmente haverá um infortúnio. O sol não pode ser culpado no caso do cego; ele precisa esperar a adaptação de seus olhos para suportar a luz do sol, ou haverá um perigo que poderá deixá-lo totalmente cego. A primeira cegueira era curável, mas seria difícil curar uma segunda cegueira.

Entenda bem isto: a experiência vem apenas para os que merecem, mas, às vezes, uma pessoa que não merece pode repentinamente desenvolver as necessárias qualificações graças a circunstâncias de que ela própria não está ciente. Então, sempre há o medo do desastre, porque a energia desce de repente e a pessoa não está em condições de suportá-la.

Por exemplo: um homem ganha repentinamente uma grande quantia em dinheiro. Normalmente, isso não seria prejudicial, mas, se isso acontecer repentinamente, poderá ser perigoso. Uma felicidade repentina também pode levar a um acidente, pois precisamos de uma certa capacidade que nos permita suportá-la. Seremos capazes de suportar a felicidade se ela nos vier gradualmente; se a bem-aventurança vier aos poucos, somente então poderemos nos preparar para ela.

Essa preparação, a capacidade de suportar, depende de muitos fatores. Os neurônios no cérebro, a adequação física, a capacidade mental da pessoa – tudo tem as suas limitações, e a energia da qual estamos falando é ilimitada. É como o oceano caindo em uma gota d'água: se a gota não estiver preparada de alguma maneira para receber o oceano, ela simplesmente morrerá, será destruída e não atingirá coisa alguma.

Para ser exato, para o crescimento espiritual há uma linha dupla de ação necessária. Precisamos nos colocar a caminho e nos sintonizarmos com ele, mas, antes disso, precisamos desenvolver nossa capacidade de absorvê-lo; essas são as duas tarefas a serem cumpridas por um buscador. Por um lado, precisamos abrir a porta e melhorar nossa visão; e, por outro, precisamos esperar mesmo depois de a vista ter melhorado, a fim de que os olhos sejam capazes de suportar a claridade. Demasiada luz aprofunda a escuridão. Essa é uma ação unilateral – a luz nada tem a ver com isso. A responsabilidade é inteiramente nossa e não podemos culpar ninguém por isso.

A jornada da vida humana está espalhada por muitas vidas, e o ser humano faz muitas coisas em cada vida. Muitas vezes, acontece de ele morrer quando estava para ser capaz de receber a graça. Com essa morte, ele perde todas as memórias dessa vida. Ao trabalhar sobre si mesmo através de muitas vidas, você pode ter alcançado 99 graus de crescimento; ao morrer, você se esquecerá de todas as suas conquistas, mas os elementos existenciais de seu crescimento interior serão transportados para a próxima vida.

Uma pessoa próxima a você pode ter alcançado apenas um grau de crescimento na vida passada, e ela também se esqueceu de tudo. Vocês dois estão meditando, e ambos pertencem a um nível totalmente diferente de crescimento. Ora, se aconteceu um grau de crescimento, a outra pessoa atingirá apenas o segundo grau e a graça não descerá sobre ela. Porém, com mais um grau de crescimento, *você* alcançará o ponto de 100 graus e, de repente, a graça descerá sobre você. Isso será repentino para você porque você não tinha ideia de que estava nos 99 graus. E, assim, o paraíso poderá verter sobre você de repente, e uma preparação adequada teria sido necessária para isso.

Quando chamo isso de infortúnio, estou apenas me referindo a um acontecimento para o qual você não estava preparado. Infortúnio não significa necessariamente um evento ruim ou doloroso; ele só significa a ocorrência de um evento para o qual ainda não estávamos preparados. Ora, se uma pessoa ganha um milhão de dólares na loteria, esse não é um acontecimento ruim, mas ela pode morrer. Um milhão de dólares! Isso pode parar seu coração. Assim, infortúnio significa a ocorrência de um evento para o qual não estamos preparados.

O oposto também pode se dar. Se uma pessoa estiver preparada para a morte e ela vier, não será necessariamente um evento ruim. Quando um homem como Sócrates está preparado para encontrar a morte e lhe dá boas-vindas com os braços abertos, então, para tal pessoa a morte torna-se samádi. Ela aceita a morte com tal amor e alegria que perceberá aquela realidade que nunca morre.

Abordamos a morte com tamanha aflição que ficamos inconscientes diante dela; não a experimentamos conscientemente. Embora tenhamos morrido muitas vezes, não estamos cientes do processo. Uma vez que você saiba o que é a morte, jamais surgirá a ideia de que você poderá morrer; então, a morte acontecerá e você ficará ao lado, observando-a. Mas isso precisa acontecer com plena consciência.

Dessa maneira, a morte pode significar sorte para uma pessoa, e a graça pode ser um azar para outra. O crescimento espiritual é dual: precisamos chamar, invocar, buscar e nos mover e, ao mesmo tempo, precisamos nos preparar para o evento, de tal modo que, quando a luz chegar à nossa porta, não nos cegue. Se você se lembrar do que lhe disse no começo, não haverá dificuldade. Se você tomar Deus como uma pessoa, ficará em grande dificuldade; se você tomá-lo como uma energia, não haverá nenhuma dificuldade.

Esse conceito de Deus como pessoa causou muitos problemas. A mente deseja que ele seja uma pessoa, de tal modo que possamos transferir toda a responsabilidade para ele e, tornando-o responsável, começamos a sobrecarregá-lo com qualquer coisa. Ao conseguir um emprego, a pessoa agradece a Deus; ao perder o emprego, fica com raiva de Deus; ao ficar com pústulas, a pessoa suspeita que Deus as causou; ao se curar, agradece a Deus. Nunca consideramos como estamos usando Deus, nem pensamos como é egocêntrica essa atitude de esperar que Deus se preocupe até mesmo com nossas pústulas.

Se perdermos uma moeda na rua e acontecer de a encontrarmos, diremos: "Graças a Deus a encontrei". Queremos que Deus mantenha nossas contas até os últimos centavos. Essa ideia satisfaz nossa mente, porque assim podemos ficar no centro do mundo. Nossa conduta com Deus é semelhante àquela entre o empregado e o patrão. Esperamos que ele fique de guarda em nossa porta e cuide de nossas posses até a última moeda. A vantagem de considerar Deus como uma pessoa é que a responsabilidade pode ser facilmente colocada sobre ele.

Mas um buscador toma responsabilidade sobre si mesmo. Na verdade, ser um buscador significa não considerar ninguém, exceto a si mesmo, como o responsável por tudo. Se houver sofrimento em minha vida, serei o responsável; se houver felicidade em minha vida, serei o responsável; se estiver tranquilo, serei eu o responsável; se estiver inquieto, esse será o meu próprio fazer. Exceto eu mesmo, não há ninguém responsável pelo estado em que estou. Ao cair e quebrar a perna, trata-se de minha própria falta e não posso culpar a força da gravidade. Se essa for sua atitude mental, terá entendido corretamente e o significado de um infortúnio será diferente.

Por essa razão, digo que a graça é benéfica e uma bênção para uma pessoa bem preparada para ela. Na verdade, há um tempo para tudo, há um momento especial para cada acontecimento, e perder esse momento é uma grande tragédia.

Questão:

Em uma de suas falas, você disse que o efeito do shaktipat diminui gradualmente; assim, o buscador precisa manter um contato regular com o médium. Isso não significa dependência em relação a alguém na forma de um guru?

Isso pode tornar-se uma dependência. Se alguém estiver ávido para ser um guru e se outro alguém estiver ávido para ter um guru, esse estado de dependência poderá acontecer. Não cometa o engano de se tornar um discípulo ou de tornar alguém seu guru. Mas, se não houver guru ou discípulo, não haverá medo da dependência. A pessoa de quem você está recebendo ajuda é simplesmente uma parte de seu próprio ser que viajou à frente no caminho. Quem é o guru e quem é o discípulo?

Frequentemente conto a história que Buda relatou sobre uma de suas vidas passadas. Ele disse:

Eu era uma pessoa ignorante em minha vida passada, e um sábio atingiu a iluminação; então, fui vê-lo. Curvei-me para tocar seus pés em reverência, mas, logo que me levantei, para minha surpresa o velho se abaixou para tocar os meus pés.

Exclamei: "O que você está fazendo? Eu tocar os seus pés está certo e adequado, mas não tem nada a ver você tocar os meus".

O velho disse: "Se você tocasse os meus pés e eu não tocasse os seus, esse seria um grande erro, pois nada mais sou do que uma parte sua alguns passos à frente. E, quando me curvo a seus pés, lembro-lhe que você fez bem em tocar os meus. Mas não se engane, achando que eu e você somos dois. Também, não cometa o engano de achar que sou sábio e que você é ignorante. É uma questão de tempo; um pouco mais de tempo, e você também se iluminará. Quando o meu pé direito vai para frente, o esquerdo permanece atrás para segui-lo; na verdade, o pé esquerdo permanece atrás para que o direito possa ir para frente".

O relacionamento entre o guru e o discípulo é prejudicial. Contudo, o contato não relacional entre um guru e o discípulo é muito benéfico. Não relacional significa que não há dois; relacionamento ocorre quando há dois. Podemos entender se um discípulo sentir o guru como uma entidade separada dele, porque o discípulo é ignorante. Mas, se o guru também sentir o mesmo, isso é demais; então, isso significa que o cego está levando o cego – e o cego que está levando é mais perigoso, já que o segundo cego tem total confiança nele.

Não há significado espiritual entre um relacionamento guru-discípulo. Na verdade, todos os relacionamentos são esferas de poder; todos eles estão enraizados no poder político. Alguém é um pai, alguém é um filho; se esse fosse um relacionamento de amor, seria um assunto diferente. Então, o pai não estaria consciente de ser o pai, nem o filho de ser um filho; o filho seria a forma seguinte do pai, e o pai seria a forma anterior do filho – e essa é a verdade.

Semeamos uma semente e uma árvore cresce, e depois essa árvore dá milhares de sementes. Qual é o relacionamento entre essas sementes e a primeira semente? Uma veio primeiro e as outras surgiram mais tarde. Trata-se da jornada da mesma semente que caiu na terra, brotou e se dissolveu no solo. O pai é o primeiro elo, e o filho é o segundo na mesma corrente. Mas então há uma corrente, e não pessoas individuais. Se o filho tocar os pés do pai, estará demonstrando seu respeito pelo elo anterior, estará demonstrando sua reverência pelo que está se manifestando, porque, sem o pai, ele não poderia ter vindo ao mundo. Ele veio à existência por meio dele.

E, ao educar o filho, alimentá-lo e vesti-lo, o pai não está se esforçando por uma outra pessoa; ele está nutrindo sua própria extensão. Se disséssemos que o pai ficou jovem mais uma vez por meio do filho, não estaríamos errados. Então, a questão não é de relacionamento, mas de uma outra coisa; trata-se de amor, e não de um relacionamento.

Geralmente, percebemos o relacionamento entre pai e filho como um relacionamento político. O pai é forte e o filho é fraco, e o pai domina o filho, tenta fazê-lo sentir: "Você não é nada; sou tudo". Mas ele não percebe que logo virá um tempo em que o filho será o forte. Então, ele dominará o pai da mesma maneira.

Esses relacionamentos entre mestre e discípulo, mulher e marido, são perversões... Por que deveria haver algum relacionamento entre um marido e uma mulher? Duas pessoas sentem uma unidade entre si e ficam juntas. Mas não, não é assim. O marido domina a mulher da sua maneira; a mulher domina o marido da sua maneira. Ambos estão recorrendo às próprias forças para praticar poder político sobre o outro.

O mesmo é o caso entre o guru e o discípulo. O guru oprime o discípulo, e esse espera que o guru morra para que possa se tornar o guru. Se o guru demorar a morrer, haverá intrigas e conspirações contra ele. Dessa maneira, é difícil encontrar um guru cujos discípulos não se rebelem contra ele ou não se tornem seus inimigos. O discípulo chefe fatalmente será inimigo do guru. Deve-se ser cuidadoso ao escolher o discípulo chefe, já que isso é praticamente inevitável, pois a pressão do poder sempre se encontra com a rebelião. Mas a espiritualidade nada tem a ver com isso.

Posso entender um pai pressionando o filho: trata-se de um caso de duas pessoas ignorantes, e elas podem ser perdoadas. Isso não é bom, mas pode ser perdoado. O marido oprimindo a mulher e vice-versa é usual – não é bom, mas muito comum. Mas, quando o guru sufoca seu discípulo, fica difícil. Pelo menos essa área deveria estar livre de qualquer disputa do tipo "Eu sei e você não".

O que é esse relacionamento entre um guru e um discípulo? Um é o mandante e diz: "Eu sei, você não sabe. Você é ignorante, eu sou sábio. O ignorante deve se curvar para o sábio". Mas que tipo de sábio é esse que diz: "Você deve se curvar em reverência"? Ele é a pessoa mais ignorante; ele conhece alguns segredos herdados, estudou algumas escrituras e pode recitá-las de memória, porém não há mais nada nele além disso.

Talvez você não tenha ouvido esta história:

Era uma vez um gato que se tornou sabe-tudo; ele ficou famoso entre os gatos, tanto assim que passou a ser considerado como um tirthankara. A razão de ter se tornado sabe-tudo foi ter descoberto uma maneira de entrar sorrateiramente em uma biblioteca. Ele conhecia tudo sobre essa biblioteca, e por "tudo" quero dizer a entrada e a saída, quais eram as pilhas de livros mais confortáveis para se recostar, quais livros davam mais calor no inverno e quais eram frios no verão, e assim por diante.

Então, espalhou-se a notícia entre os gatos de que, se alguém quisesse algum conhecimento sobre a biblioteca, o gato que sabia de tudo poderia dar a resposta. Naturalmente, ninguém duvidava que era onisciente alguém que sabia tudo sobre a biblioteca. Esse gato até tinha discípulos, mas o fato era que ele nada sabia. Tudo o que ele sabia sobre livros era se ele podia sentar-se confortavelmente atrás deles, quais livros tinham encadernação de pano, eram quentes, e quais não eram. Mais do que isso ele nada sabia, e não tinha a mínima ideia do que havia dentro dos livros. E como um gato poderia saber o que há dentro de um livro?

Há tais gatos que tudo sabem também entre os homens, que sabem como se abrigar com livros. Você os ataca e eles imediatamente se refugiam no Ramayana e tentam estrangular você com os seus versos. Ou eles dizem: "Está escrito no Gita..."

Ora, quem vai brigar com o Gita? Se eu disser: "Eu digo isso", você poderá debater comigo. Mas, se eu mencionar o Gita, estarei a salvo, refugiando-me atrás dele. O Gita dá calor no frio, ele me dá uma ocupação e se torna um escudo protetor contra inimigos. Ele até se torna um ornamento com o qual se pode brincar, mas uma pessoa que assim age sabe tanto do Gita quanto o gato da biblioteca; ela não sabe mais do que o gato.

Pode ser possível que, por uma longa associação, o gato possa vir a saber o que está dentro dos livros, mas esses gurus eruditos absolutamente não saberão. Quanto mais eles decoram o livro, menos necessidade haverá de o saberem; eles ficarão sob a ilusão de que sabem tudo o que há para saber.

Sempre que uma pessoa reivindica a autoridade de saber, saiba que isso é apenas ignorância que se tornou eloquente, porque a alegação é ignorância. Mas, quando uma pessoa hesita mesmo ao mencionar que sabe, saiba que ela começou a ter um vislumbre, um raio de sabedoria. Contudo, tal pessoa não se tornará um guru nem mesmo sonhará em se tornar um, pois, ao se tornar um guru, vem a autoridade do conhecimento. Guru significa "aquele que sabe"; ele está certo que sabe, e agora você não precisa saber, pois ele pode emprestar seu conhecimento a você.

Essas pretensões de autoridade matam o sentimento de investigação e de indagação nos outros. A autoridade não pode existir sem a supressão pois, aquele que exerce autoridade, está sempre com medo que o outro encontre a verdade. Então, o que seria de seu poder? Dessa maneira, ele impedirá a descoberta. Ele juntará seguidores e discípulos à sua volta e, entre os discípulos, também haverá uma hierarquia que vai do discípulo chefe até os mais inferiores. Essa é novamente uma rede política e nada tem a ver com espiritualidade.

Quando digo que um acontecimento como o shaktipat– que é a descida da energia do divino – ocorre facilmente na presença de uma pessoa específica, não quero dizer que você deveria apegar-se a essa pessoa nem que deveria ser dependente dela ou transformá-la em um guru; também não digo que você deveria interromper a sua busca. Pelo contrário, sempre que esse evento se dá por meio de um médium, você sente que, se essa experiência por meio de uma fonte indireta pôde trazer tanta alegria, muito mais bem-aventurança haveria ao entrar em contato com uma descida direta da energia divina! Afinal, quando algo vem por meio de alguém, perde um pouco de seu frescor e fica um pouco deteriorado.

Vou ao jardim e sou preenchido pela fragrância das flores; depois, você vem me ver e sente a fragrância das flores por meu intermédio. Você perceberá que ela estará misturada com o odor de meu corpo e se enfraqueceu.

Assim, quando digo que inicialmente shaktipat é muito benéfico, o que quero dizer é que primeiro você deveria receber a notícia de que há um jardim e de que há flores, de tal modo que, talvez, se encoraje para planejar sua jornada. Mas, se arranjar um guru, você estagnará; assim, não estacione nesse marco, sob essa placa. As placas nos dizem muito mais do que aqueles a quem chamamos de gurus; elas nos dizem exatamente quantos quilômetros faltam para o destino, e nenhum guru pode dar uma informação tão precisa. E não veneramos placas nem nos sentamos próximos a elas. Se assim o fizermos, provaremos ser menos do que placas, pois elas estão ali para indicar quanto ainda falta da jornada, e não para interrompê-la.

Se uma placa pudesse falar, também gritaria: "Onde você está indo? Eu lhe dei a informação necessária; você viajou 10 quilômetros e ainda tem 20 pela frente. Agora você sabe e não precisa seguir em frente. Seja meu discípulo, siga-me". Mas a placa não pode falar, então não pode tornar-se um guru.

O ser humano fala; dessa maneira, ele se torna um guru e diz: "Mostrei-lhe tanto; seja grato a mim. Você precisa mostrar sua gratidão, sua dívida para comigo". Lembre-se: aquele que exige gratidão nada tem a lhe dar; ele está meramente lhe dando um pedaço de informação, como uma placa. Uma placa nada sabe sobre a jornada; há apenas uma informação inscrita nela, que serve a todos que passam por ela.

Da mesma maneira, se exigirem e esperarem gratidão de você, cuidado. Não fique estagnado; mova-se além da individualidade em direção ao amorfo, ao eterno, ao infinito. É possível, sem dúvida, um vislumbre por meio de uma pessoa que é apenas um veículo, pois, em última instância, o indivíduo também pertence ao divino. Assim como o oceano pode ser conhecido por meio do poço, o infinito pode ser conhecido por meio do indivíduo. Se você vier a ter um vislumbre, a realização também poderá ocorrer. Mas não dependa de ninguém nem seja escravizado por nada.

Todos os relacionamentos são confinantes, seja do marido com a mulher, do pai com o filho ou do guru com o discípulo. Onde há relacionamento, há escravidão. Assim, o buscador espiritual não deve formar relacionamentos. Se ele mantiver o relacionamento marido-mulher, não haverá mal nisso; esse não é um obstáculo, pois esse relacionamento é irrelevante. Mas a ironia repousa no fato de que alguns renunciam ou abandonam relacionamentos marido-mulher e pai-filho para formar um novo relacionamento guru-discípulo. Isso é muito perigoso.

A ideia de um relacionamento espiritual não tem sentido; todos os relacionamentos pertencem ao mundano. Como tal, todo relacionamento é mundano. Se dissermos que relacionamento é o mundo, isso não estaria errado. Você é sozinho, não associado, e essa não é uma afirmação egoísta, porque os outros também são sozinhos e não associados. Alguém está dois passos à sua frente; se você ouviu as passadas, então já sabe a direção de sua jornada. E há alguns que estão dois passos atrás de você, e outros viajando a seu lado. Assim, um número infinito de almas está viajando no caminho. Nessa jornada, somos todos companheiros de viagem; a única diferença é que alguns estão um pouco à frente e outros um pouco atrás. Tire o máximo de vantagem daqueles à sua frente, mas não transforme isso em uma espécie de escravidão.

Afaste-se da dependência e dos relacionamentos, especialmente, dos ditos "espirituais" – sempre. Relacionamentos mundanos não são perigosos, porque, como tal, mundo é relacionamento, e esse não é um problema. Receba a mensagem e as indicações sempre que estiverem disponíveis, e não digo que você não deva ser grato a elas.

Isso não deve gerar nenhuma confusão em sua mente. O que estou dizendo é que, se a gratidão for exigida, isso estará errado, mas, se você não for grato, isso estará igualmente errado. Também devemos agradecer à placa por nos dar informação, e não importa se ela escuta ou não.

Quando dizemos que o guru não deve pedir ou esperar gratidão, isso ilude o ouvinte e alimenta o seu ego. Ele pensa: "Isso está absolutamente correto. Não há necessidade de lhe agradecer!" Cometemos um engano aí, pois tomamos a afirmação em seu extremo oposto. Não estou dizendo que você não deva ser grato. O que quero dizer é que o guru não deve exigir gratidão. Da mesma forma, se você não for grato, isso será igualmente errado de sua parte. Você deve ser grato, mas essa gratidão não o prenderá, pois aquilo que nunca é solicitado nunca prende. Ao agradecer sem que isso tenha sido pedido, não há aprisionamento. Mas, se lhe exigirem gratidão, e se você agradecer ou não, ficará comprometido e isso criará problemas.

Aproveite a sugestão ou o vislumbre de onde vier. Ele não pode ser permanente, pois vem de uma outra pessoa. Apenas o que é seu durará.

Você terá de passar repetidamente pelo shaktipat. Se estiver com medo de perder sua liberdade, busque a própria experiência. Não faz sentido ficar com medo da escravidão, pois, se me prender a você, isso será escravidão, e, se fugir de você com medo de ser aprisionado, também estarei ligado e, portanto, confinado a você.

Assim, aceite silenciosamente o que você obteve, seja grato e siga em frente. E, se você sentir que algo veio e foi perdido, busque a fonte dentro de você, de onde ele nunca poderá se perder. Não há perigo em perder algo, pois seu próprio tesouro é infinito. Mas aquilo cuja fonte está em outra pessoa sempre pode ser perdido.

Não seja um mendigo que fica importunando os outros. O que você recebe de um outro deveria iniciar você em sua própria jornada, e isso é possível somente quando você não fica estagnado em um relacionamento. Receba, ofereça seus agradecimentos e siga em frente.

Questão:

Você disse que Deus é uma energia imparcial e pura, que ele não está especialmente interessado na vida humana e que não tem nenhuma obrigação em relação à vida humana. No Upanixade, há um sutra que diz: "Deus vem para encontrar aquele de quem ele gosta". Quais são as bases e as razões para essa preferência?

Na verdade, não disse que Deus não está interessado em você; se ele não estivesse, você não existiria. Também não disse que ele é indiferente em relação a você; ele não pode ser, porque você não está separado dele; você é uma extensão dele. O que disse foi que ele não tem nenhum interesse *especial* em você. Há uma diferença entre essas afirmações.

A energia que é Deus não tem nenhum interesse especial em você no sentido de que não violará suas leis por sua causa. Se você bater a cabeça em uma pedra, fatalmente você sangrará. A natureza não tomará nenhum cuidado especial com você, embora, quando você bate a cabeça e o sangue começa a jorrar, ele jorre porque Deus está envolvido no acontecimento. Quando você se afunda no rio, a natureza também está desempenhando sua parte – a de afogar você. Mas se você se salvar, não houve aí nenhum interesse especial dela, já que sua lei era a de afogá-lo. A lei é a de que, se você cair do telhado, terá uma fratura; a natureza não tem nenhum interesse especial em que você não tenha uma fratura.

Os que acreditam que Deus é uma pessoa construíram muitas histórias de favores divinos. Por exemplo, a história de que Pralad não se queimou pelo fogo nem se machucou quando foi jogado de uma montanha. Essas histórias são crenças baseadas em desejos e não em fatos; desejamos que seja assim, desejamos que Deus tenha um interesse especial em nós, que nos tivesse como o centro de sua atenção.

Os funcionamentos da energia estão sempre de acordo com a lei. O interesse humano pode ser especial; o ser humano pode ser parcial. Mas a energia sempre é imparcial; a imparcialidade é seu único interesse; portanto, ela fará o que estiver dentro de sua lei e nunca fugirá disso. Da parte de Deus, não existem milagres.

Agora, sobre o sutra do Upanixade – seu significado é muito diferente. Ele diz: "Ele encontra apenas aqueles de sua escolha, com quem está feliz e de quem gosta". Naturalmente você dirá que isso significa que ele tem um interesse especial em relação a algumas pessoas, mas não é assim. Na verdade, há uma grande dificuldade em explicar tais coisas, pois, quando uma verdade precisa ser explicada, devem ser considerados seus múltiplos aspectos.

Os que atingiram Deus invariavelmente disseram: "Quem somos nós e que valor têm nossos esforços? Somos simplesmente ninguém e nosso valor nem mesmo é igual a uma partícula de poeira; mesmo assim, o atingimos. E, se meditamos por um tempo, que valor tem isso, comparado com o tesouro inestimável que atingimos? Não há comparação entre nossos esforços e nosso ganho". Assim, os que atingiram a iluminação sustentam que ela não foi o resultado de seus esforços. Eles sempre perguntam: "Não fosse a sua graça, sua vontade de nos abençoar, poderíamos tê-lo encontrado?"

Essa é a afirmação de uma pessoa sem ego, que percebe a magnificência e a magnitude do que alcançou. Por outro lado, se isso se tornar a maneira de pensar daqueles que ainda não atingiram Deus, não será bom. Quando vem dos que o atingiram, essa afirmação é adequada e se distingue pelo seu refinamento de visão.

Tais pessoas sustentam: "Quem somos nós para alcançá-lo? Qual foi nossa força, nossa capacidade, nosso direito? Que reivindicação tínhamos em relação a ele? Mesmo assim, graças a sua compaixão, ele nos abençoou com sua presença". Para os que alcançaram Deus, essa afirmação é adequada. O que eles querem dizer é que não consideram o que alcançaram como resultado direto de seus esforços. Não se trata de uma aquisição do ego, mas de uma dádiva, de uma graça.

O que eles dizem está certo, mas, ao ler o Upanixade, você ficará confuso. Há uma dificuldade intrínseca à leitura de qualquer escritura, pois elas são as afirmações daqueles que sabem lidas por aqueles que não sabem. Esses últimos a tomam de acordo com sua compreensão e dizem: "Tudo bem. Se Deus encontrar apenas aquele que ele quiser encontrar, de acordo com o seu próprio gostar, por que deveríamos nos preocupar, por que deveríamos fazer alguma coisa?" Então, a declaração da pessoa sem ego serve como desculpa à nossa letargia.

Há uma vasta diferença entre as duas – como entre o céu e a terra. As afirmações humildes e não egoístas dos iluminados justificam nossa apatia e preguiça. Dizemos: "Bem, Deus vai ao encontro apenas de quem deseja encontrar e não vai ao encontro de quem não deseja encontrar".

Santo Agostinho disse algo semelhante: "Aqueles que Deus quis que fossem bons, Ele os fez bons, e aqueles que quis que fossem maus, os fez maus". Essa parece ser uma afirmação muito perigosa. Se fosse assim – que Deus faz alguns maus e alguns bons conforme lhe dá na veneta –, as coisas seriam malucas e ele seria um Deus insano!

Quando você lê isso, pode atribuir um sentido muito negativo. Mas o que Santo Agostinho quer dizer é totalmente diferente. Ele diz à pessoa boa: "Não fique convencido por você ser bom, pois Deus faz bons aqueles que ele deseja". E, para a pessoa má, ele diz: "Não fique aflito, não se preocupe. Deus faz maus aqueles que ele deseja".

Ele está tirando o orgulho do ego da pessoa boa e está tirando o tormento do remorso da pessoa má. Essa afirmação vem daquele que sabe, mas a pessoa má a escuta e diz: "Se for assim, não tenho participação nisso, pois são maus aqueles que Deus deseja que sejam maus". A jornada da pessoa boa também se afrouxa; ela diz: "O que há para fazer? Os que Deus escolhe para serem bons, Ele os faz bons; e aqueles que Ele não escolhe, não são bons", sua vida fica sem sentido e estagnada.

É isso o que as escrituras têm feito ao mundo. As escrituras são as palavras dos iluminados. Contudo, os que sabem não precisam lê-las, enquanto os que não sabem as leem, e a diferença de entendimento é como polos opostos. O significado que damos a suas palavras é o nosso significado, e não o sentido verdadeiro.

Sinto que deveria haver dois tipos de escrituras – as palavras dos iluminados e as escrituras preparadas especialmente para os não iluminados, e ambas deveriam ser mantidas separadas. As escrituras com as palavras dos iluminados deveriam ser totalmente ocultas dos ignorantes, pois eles fatalmente deturpam seus significados e tudo fica desvirtuado e distorcido. Dessa maneira, toda nossa sabedoria ficou distorcida. Você entende o que estou dizendo?

Questão:

Você disse que o shaktipat, a transmissão da energia vital, se dá por intermédio de uma pessoa sem ego; que aquele que diz "Posso fazer shaktipat" com certeza é um charlatão e que o shaktipat não acontecerá por meio dele. Mas conheço muitas dessas pessoas que praticam o shaktipat, e a energia da kundalini começa a se mover e a crescer como dizem as escrituras. Esses processos são falsos? Se for assim, como e por quê?

Esse também é um ponto importante a ser entendido. Na verdade, não há nada neste mundo que não tenha uma contraparte falsa; há moedas falsas em todas as dimensões da vida. E a moeda falsificada é sempre mais resplandecente na aparência do que a genuína. Ela precisa ser, já que é a resplandecência que a fará atraente, embora seja inútil em sua realidade. Uma moeda verdadeira funciona mesmo se não for lustrosa. Uma moeda falsa chama atenção, pois precisa compensar, e a sua falta de valor significa que está facilmente disponível.

Todas as aquisições espirituais têm suas falsas contrapartes, e não há experiência sem uma contraparte falsificada. Se houver uma kundalini real, também haverá uma falsa; se houver chacras genuínos, também haverá os falsos; se houver métodos verdadeiros de ioga, também haverá os falsos. A diferença entre os dois é que as experiências genuínas ocorrem no plano espiritual, enquanto as falsas ocorrem no plano psíquico, mental.

Por exemplo: se uma pessoa entrar em profunda meditação e se aproximar de seu ser, começará a passar por muitas coisas. Ela pode sentir fragrâncias que nunca conheceu antes, pode ouvir músicas que não são deste mundo, pode ver cores não vistas sobre a terra, mas todas essas experiências podem facilmente ser criadas pela hipnose. Cores podem ser produzidas, melodias podem ser produzidas, sabores e fragrâncias podem ser produzidos, e para tudo isso não há necessidade de passar por uma meditação profunda e uma transformação interior. Tudo o que você precisa é ficar inconsciente por meio da hipnose; então, tudo o que for sugerido de fora pode acontecer dentro. Essas experiências são moedas falsas.

Tudo o que acontece na meditação também pode acontecer por meio da hipnose, mas isso não será espiritual. Trata-se de um estado induzido, como um sonho. Se você amar uma mulher em seu estado de vigília, também poderá amá-la em seus sonhos – e a mulher no sonho será mais bela. Se o homem não acordar e continuar a sonhar, nunca saberá se a mulher sonhada é real ou ilusória. Como ele saberia? Ele saberá que era um sonho somente quando acordar.

Há métodos pelos quais todos os tipos de sonho podem ser criados em você. Um sonho da kundalini pode ser criado; sonhos de chacras podem ser criados; muitas experiências podem ser criadas. Você adorará se deleitar nesses sonhos; eles são tão prazerosos que seu desejo será que não terminem. É difícil chamá-los de sonhos, pois acontecem enquanto você está acordado, enquanto está ativo; eles são devaneios. Eles são evocados e você pode passar toda a sua vida neles, mas, no final, descobrirá que não chegou a lugar nenhum; você esteve assistindo a um longo sonho. Há meios e métodos para criar esses sonhos. Uma outra pessoa pode induzi-los em você, e você jamais será capaz de distinguir entre o falso e o verdadeiro, pois não tem nenhuma ideia da experiência real.

Se uma pessoa nunca viu uma moeda real e sempre lidou com moedas falsas, como saberá que suas moedas são falsas? Para conhecer a falsa, a genuína deve ser conhecida. Dessa maneira, a pessoa descobrirá até que ponto estão distantes as duas experiências apenas no momento em que a kundalini se desenrolar. A kundalini real é uma experiência totalmente diferente.

Lembre-se: muitas das descrições da kundalini nas escrituras são falsas, e há razões para isso. Eu lhe direi agora um segredo das escrituras. Todos os sábios e videntes que viveram na terra deliberadamente deixaram alguns erros básicos em cada escritura com o propósito de julgar o progresso e a autenticidade do discípulo. Por exemplo: de fora desta casa posso lhe dizer que ela tem cinco quartos, mas sei que são seis. Um dia você poderá vir e dizer: "Vi a casa por dentro e há cinco quartos, conforme você disse". Então saberei que você viu algum outro lugar – ilusório – e não a casa de que falei.

Dessa maneira, um quarto sempre foi deixado de fora; isso confirma se sua experiência é genuína ou não. Se suas experiências correspondem totalmente às escrituras, então trata-se de uma moeda falsa, pois algo sempre foi deixado de fora delas; é necessário que seja assim.

Se suas experiências correspondem ao que está nos livros, saiba que o conhecimento do livro foi projetado. No momento em que suas experiências acontecem de uma maneira diferente, de uma maneira que pode coincidir com as escrituras em algum aspecto, e não em outros, saiba que você está no rumo certo – que as coisas estão acontecendo autenticamente e que você não está meramente projetando as descrições que leu nas escrituras.

Quando a kundalini despertar autenticamente, você saberá onde nas escrituras as coisas foram planejadas para determinar a autenticidade das experiências dos meditadores. Mas, antes disso, você não pode saber. Toda escritura deve necessariamente omitir alguma informação; do contrário, seria difícil julgar a autenticidade das experiências.

Eu tinha um professor na universidade que, toda vez que eu mencionava um livro, ele dizia que o havia lido. Um dia mencionei um livro que não existia e o nome de seu autor e perguntei: Você leu tal livro? É um belo livro!

Ele respondeu: "Sim, eu li".

Eu lhe disse: "Ou você editou esse livro ou são nulas todas as suas afirmações anteriores de ter lido tais e tais livros. Não existe tal livro nem tal autor!"

Ele ficou surpreso e perguntou: "O que você quer dizer? Não existe tal livro?"

"Não!", respondi. "Não havia outra maneira de conferir a autenticidade de suas afirmações."

Aqueles que sabem descobrirão imediatamente. Se as suas experiências forem exatamente como as formuladas nas escrituras, você será pego, pois há lacunas deixadas nelas; algo falso foi adicionado, algo verdadeiro foi deixado de fora, e tudo isso é absolutamente necessário, porque, de outra maneira, seria difícil dizer o que está acontecendo com alguém.

As experiências descritas nas escrituras podem ser criadas; tudo pode ser criado, pois a capacidade da mente humana é enorme. E, antes que a pessoa penetre no âmago mais profundo do ser, a mente a engana de mil e uma maneiras. E, se você também quiser se enganar, então será muito fácil.

Assim, digo que não são pontos significativos descrever o que está nas escrituras ou alguém afirmar que faz shaktipat ou que pratica técnicas que criam falsas experiências; o ponto essencial da questão é algo diferente. Há muitas outras maneiras de determinar a autenticidade de sua experiência.

Uma pessoa bebe água de dia e sua sede é saciada; ela bebe água em um sonho, mas sua sede não é saciada. Pela manhã, ela se dá conta de que a garganta está ressecada e que os lábios estão secos, pois beber água em um sonho não pode saciar a sede. É a água real que sacia a sede. Pela sua sede pode-se deduzir se a água era real ou irreal – se ela é saciada ou não.

Aqueles sobre quem você está falando, que afirmam despertar a kundalini das pessoas ou que dizem que pelo menos a sua kundalini foi despertada, esses ainda estão buscando. Eles afirmam que entraram em contato com muitas coisas, e, ainda assim, a busca deles continua. Eles sustentam que encontraram água e, ainda assim, não têm nenhuma ideia do lago!

Anteontem, um amigo me disse que alcançou o estado de ausência de pensamentos e veio pedir um método de meditação. Ora, o que dizer a tal pessoa? Um homem diz que sua kundalini despertou, mas sua mente está inquieta; um outro diz que a kundalini está desperta, mas ele ainda é torturado pelo sexo! Há estratégias intermediárias para descobrir a autenticidade da experiência.

Se a experiência for real, a busca se encerrará. Então, mesmo se Deus vier e oferecer tranquilidade ou bem-aventurança, a pessoa educadamente recusará e pedirá que ele a mantenha para si mesmo; ela não precisa mais disso. Assim, para assegurar a autenticidade da experiência, procure fundo na personalidade da pessoa algum outro sintoma de transformação.

Um homem diz que entrou em samádi, na superconsciência. Ele se enterra por seis dias e sai vivo, mas, se você deixar dinheiro a mão, esse homem o roubará; se ele tiver oportunidade, será indulgente e ingerirá bebidas alcoólicas. Se você nada soubesse sobre sua pretensão a respeito do samádi, não encontraria nada de valor nele. Não há nenhuma fragrância, nenhuma radiância, nenhuma graça em sua personalidade; ele é apenas um ser humano comum.

Não, ele não entra em samádi; ele aprendeu o truque do falso samádi, dominou o truque de permanecer sob a terra por seis dias por meio do pranaiama, do controle da respiração, de tal modo que possa usar a mínima quantidade de oxigênio no pequeno espaço em que se encontra. Por isso, ele pôde ficar sob a terra por seis dias. Ele está praticamente no mesmo estado dos ursos da Sibéria, que hibernam sob a neve por seis meses; ele não está em nenhum tipo de samádi. Ao final da estação das chuvas, os sapos ficam debaixo da terra por oito meses; eles não estão em samádi. Esse homem aprendeu a mesma coisa, e nada mais.

Ora, se você enterrar alguém que atingiu o autêntico estado de samádi, provavelmente ele morrerá, já que samádi nada tem a ver com ser enterrado. Se Mahavira e Buda fossem forçados a ficar sob a terra dessa maneira, haveria pouca possibilidade de saírem vivos. Mas esse homem sairá vivo porque sua façanha nada tem a ver com o samádi. O samádi é algo totalmente diferente, mas esse homem atrairá as massas. Se Mahavira fracassar e esse homem for bem-sucedido, ele aparentará ser um tirthankara real e Mahavira aparentará ser falso.

Essas falsas moedas metapsíquicas têm suas próprias falsas asserções, e alguns métodos foram desenvolvidos para torná-las convincentes. Assim, um mundo separado foi criado à volta delas, e nada tem a ver com a realidade. Os que lidam com moedas falsas perderam o caminho genuíno de onde vem a transformação real. Ficar seis dias ou mesmo seis meses sob a terra nada tem a ver com a autorrealização. Mas quais são as qualidades interiores de tal homem? Quanta paz e silêncio ele tem dentro de si? É bem-aventurado interiormente? Se ele perder uma moeda, não dormirá à noite, mas pode ficar confortavelmente enterrado por seis dias. Tudo isso precisa ser considerado e o significado real por trás disso precisa ser encontrado.

Dessa maneira, os que afirmam ter a capacidade de fazer o shaktipat podem desencadeá-lo, mas não se trata do autêntico shaktipat; intrinsecamente ele é um tipo de hipnose. No fundo, eles de algum modo aprenderam as habilidades de jogar com forças magnéticas, mas é certo que não conhecem a ciência completa desse assunto. Eles nem conhecem a ciência desse processo nem estão cientes da falsidade de suas alegações. Estão em uma grande confusão.

Você vê um mágico de rua na Índia mostrando seus truques. Ele estende um lençol, diz a um menino para se deitar sobre ele e coloca uma bijuteria sobre o seu peito. Depois, pergunta ao menino quanto dinheiro tem no bolso de um observador, e o menino acerta. "Que horas está marcando o relógio daquela pessoa ali?" E o menino diz a hora precisa. "Como se chama esse homem?" E o menino diz o nome. Todos os espectadores se convencem do poder mágico da bijuteria.

Então, ele tira a bijuteria do peito do menino e repete as perguntas, e o menino fica em silêncio; ele não pode responder. Em seguida, o mágico coloca à venda as bijuterias – uma rupia cada! Você leva uma para casa e pode colocá-la sobre seu peito pelo resto de sua vida, mas nada acontecerá. Não que o mágico tenha orientado o menino a falar quando a bijuteria estivesse sobre o peito e a ficar quieto quando ela fosse removida, e também não há nenhuma qualidade especial na bijuteria. O truque é mais sutil e você ficará surpreso ao aprendê-lo.

Esse processo é chamado de sugestão pós-hipnótica. Uma pessoa é colocada inconsciente pela hipnose e, no estado do transe hipnótico, lhe é dito para dar uma boa olhada na bijuteria; também lhe é dito que, tão logo essa bijuteria for colocada sobre seu peito, ela deverá ficar inconsciente. Então, nesse estado de inconsciência, pode-se fazer com que ela leia a quantidade de notas de dinheiro ou que diga a hora do relógio, e não há nada falso nisso. Tão logo o menino se deita sobre o lençol e a bijuteria é colocada sobre o seu peito, ele entra em um transe hipnótico. Agora ele pode dizer a quantidade de moedas se o mágico lhe perguntar isso, mas nem o menino nem o mágico sabem exatamente o que está acontecendo.

O mágico aprendeu um truque, que funciona perfeitamente – o mágico sabe só esse tanto. Nem o mágico nem o menino conhecem o mecanismo interno, a dinâmica do fenômeno de energia. Se eles soubessem, não estariam fazendo truques na rua. Conhecer a dinâmica do processo é um assunto profundo, embora seja apenas um fenômeno psíquico. Mesmo Freud e Jung não o conheciam, e, mesmo hoje, os melhores psicólogos do mundo não conhecem inteiramente a dinâmica da energia do corpo. Mas, de alguma maneira, o mágico se deparou com um truque que ele utiliza para ganhar a vida.

Para ligar um interruptor elétrico não é necessário que você conheça a eletricidade, que saiba como ela é produzida e qual a engenharia elétrica envolvida. Você simplesmente aperta um botão e a eletricidade começa a fluir. Qualquer um pode apertar o botão.

O mágico de rua aprendeu a arte da sugestão pós-hipnótica e a está usando para vender suas bijuterias. Você compra uma, leva-a para casa, mas ela será inútil para você. A bijuteria funcionou apenas como parte de um certo processo de sugestão pós-hipnótica. Você a coloca sobre o peito e nada acontece; então, sente que algo está errado com você, pois *viu* a bijuteria funcionar.

Muitas experiências falsas podem ser criadas. Elas são falsas não no sentido de que não existem, mas no sentido de que não são espirituais; são apenas processos psíquicos. Toda experiência espiritual tem seu paralelo psíquico. Portanto, a contraparte psíquica pode ser criada por pessoas que não são espirituais, embora exaltem suas capacidades psíquicas. Mas isso não é nada, comparado com a autêntica experiência espiritual.

A pessoa autenticamente espiritualizada não alega nada, não diz "Estou fazendo shaktipat; estou fazendo isso e aquilo, e, quando acontecer, você ficará envolvido e ligado a mim". Ela tornou-se um ninguém, um nada, e apenas por estar perto dela, algo começa a acontecer a você, mas ela não tem intenção de *fazê-lo*.

Há uma antiga história romana sobre um grande sábio. A fragrância de seu ser e os raios de sua sabedoria se espalharam para tão longe que alcançaram os deuses no céu. Eles vieram a ele e disseram: "Peça um favor, estamos preparados para garantir-lhe tudo o que quiser".

O santo replicou: "O que era para acontecer aconteceu; não há mais nada para desejar. Por favor, não me coloquem em dificuldade ao me pedirem para desejar algo, não me embaracem com a sua oferta. Será indelicado se eu não pedir nada, mas o fato é que não sobrou nada para eu pedir. Tudo me aconteceu, mesmo o que nunca havia imaginado".

Os deuses ficaram ainda mais impressionados com suas palavras, pois sua fragrância ficou mais forte com o fato de ele estar além do desejo. "Você deve pedir alguma coisa", insistiram os deuses. "Não partiremos sem lhe conferir um favor."

O santo ficou em um dilema. "O que eu deveria pedir? Não posso pensar em nada", disse aos deuses. "Vocês me deem o que quiserem e eu aceitarei."

Eles lhe disseram: "Nós lhe daremos um poder. Seu toque dará vida ao morto e saúde ao enfermo".

"Isso é bom, uma grande ajuda", ele disse, "mas e eu? Eu estarei em grande dificuldade, pois posso ter a ideia de que estou curando o enfermo, de que estou dando vida ao morto. Se meu ego voltar pela porta dos fundos, estarei acabado, estarei perdido na escuridão. Por favor, salvem-me, tenham compaixão de mim. Façam algo para que eu não saiba desses milagres."

Então os deuses concordaram e disseram: "Onde sua sombra repousar, ela trará a vida de volta ao morto".

"Assim está bem", disse o sábio. "Agora me façam um último favor. Garantam que meu pescoço ficará rígido, para que eu não olhe para trás para ver o efeito de minha sombra."

O favor foi garantido e o pescoço do sábio ficou rígido. Ele ia de cidade em cidade e, quando sua sombra repousava em flores secas, elas começavam a florescer, mas, quando isso acontecia, ele já estava à frente e seu pescoço não lhe permitia olhar para trás. Ele nunca veio a saber. Ao morrer, perguntou aos deuses se sua dádiva fora frutífera ou não, pois nunca veio a saber sobre ela.

Acho essa história adorável. Quando o shaktipat acontece, ele acontece dessa maneira. A sombra cai e o pescoço está rígido. O médium por meio de quem a energia divina flui precisa ser um vazio completo, ou sua cabeça pode voltar-se. Se houver um traço de ego, haverá a ânsia de olhar para trás e ver se o acontecimento se deu ou não. Se aconteceu, então vem a sensação de que "fui eu que fiz"; será difícil evitar essa sensação.

Sempre que uma pessoa fica vazia e silenciosa, o shaktipat acontece com grande facilidade à sua volta, da mesma forma como o sol se levanta e as flores se abrem, ou como os rios fluem e as árvores crescem. O rio nunca alega que aguou tantas árvores e que muitas árvores estão florescendo por sua causa. O rio nem mesmo sabe de tudo isso. Quando as flores desabrocham, a água que nutriu as árvores terá chegado ao oceano. Como teria tempo de esperar e ver? Não há como olhar para trás. Quando o acontecimento se dá em tais condições, ele tem um valor espiritual, mas, quando há o ego, quando há aquele que faz, quando alguém diz "sou o agente", então trata-se de um fenômeno parapsíquico, e ele nada mais é do que hipnose.

Questão:

Não há a possibilidade de haver hipnose e ilusão em seu método Meditação Dinâmica* ? Com muitos participantes, nada acontece; eles não estão no caminho certo? Há outros em que muitos processos estão acontecendo; eles estão no caminho certo? Alguns deles poderiam estar apenas representando?

Há dois ou três pontos que devem ser adequadamente entendidos. A hipnose é uma ciência e pode ser facilmente usada para criar ilusões. Contudo, ela também pode ser usada para ajudá-lo. A ciência sempre é uma faca de dois gumes.

A energia atômica pode produzir trigo nos campos e também pode varrer toda a humanidade em um só golpe; as duas possibilidades existem. A corrente elétrica que gira os ventiladores em casa também pode matá-lo, mas você não atribuirá essa responsabilidade à eletricidade. Se uma pessoa egoísta fizer uso da hipnose, assim fará para suprimir, para destruir, para enganar o outro, mas o oposto também é possível.

A hipnose é uma energia neutra. Ela é uma ciência e pode ser usada para quebrar sonhos que continuam acontecendo dentro de você; suas ilusões profundamente enraizadas também podem ser erradicadas por ela.

Em sua fase inicial, o método que estou usando é hipnose, mas a ela está acoplado um elemento fundamental, que o protegerá de ser hipnotizado – o testemunhar. Essa é a única diferença entre hipnose e meditação, mas é uma grande diferença. Quando você é hipnotizado, fica rendido inconsciente, e somente então ela funciona. Contudo, digo que a hipnose é útil na meditação, mas apenas quando você se torna o observador. Então você está desperto e alerta e sabe o tempo todo o que está acontecendo. Nada pode ser feito contra sua vontade; você está sempre presente. Na hipnose, podem ser feitas sugestões para deixá-lo inconsciente e, inversamente, para acordá-lo.

Assim, os passos iniciais do que chamo de meditação são todos hipnóticos, e é inevitável que o sejam, pois qualquer jornada em direção ao ser

---

* Meditação Dinâmica é a técnica de meditação mais famosa criada por Osho. Trata-se de uma técnica ativa, com duração de uma hora e cinco estágios. No site www.osho.com pode-se obter explicações, assistir a um vídeo demonstrativo e fazer *download* das músicas de seus diferentes estágios. (N. do T)

só começa a partir da mente, e é assim porque você vive na mente; esse é o lugar onde você está, e a jornada começa daí. Ela pode ser de dois tipos: ou pode levá-lo a uma rota circular dentro da mente, na qual seguirá dando voltas e mais voltas, como um boi em um moinho do qual nunca é capaz de sair, ou pode levá-lo para a margem da mente, de onde você pode saltar para fora. Nos dois casos, os passos iniciais precisarão ser tomados dentro da mente.

A forma final da hipnose é diferente e o seu objetivo também. E, em ambos os processos, um elemento básico é diferente. A hipnose requer inconsciência, sono; portanto, todas as suas sugestões começam com o sono, com o entorpecimento, e então o descanso segue. Na meditação, a sugestão começa com a vigilância e, mais tarde, a ênfase recai no testemunhar. A testemunha em você é desperta, então nenhuma influência externa pode afetá-lo. E lembre-se também de que você está completamente consciente de tudo o que está lhe acontecendo.

Ora, qual é a diferença entre aqueles a quem coisas estão acontecendo e aqueles a quem nada está acontecendo? As pessoas a quem nada está acontecendo têm uma força de vontade mais fraca. Elas estão amedrontadas, estão até mesmo com receio do que possa acontecer! Como é estranho o ser humano! Essas pessoas vieram para meditar, vieram para a meditação acontecer, mas agora estão com medo de que ela possa realmente acontecer. E, quando percebem coisas acontecendo aos outros, ficam se perguntando se aquilo não é tudo encenação. Essas são as suas estratégias de defesa; elas dizem: "Não somos tão fracas a ponto de sermos afetadas. Essas são pessoas fracas". Dessa maneira, elas satisfazem o ego sem saber que esse processo não pode acontecer com uma pessoa fraca. Elas também não sabem que isso acontece apenas com pessoas inteligentes, e não com as não inteligentes.

Um idiota não pode ser hipnotizado nem ser levado à meditação; é impossível. De uma maneira semelhante, uma pessoa insana não pode ser trabalhada. Quanto mais uma pessoa for talentosa, mais rapidamente poderá ser hipnotizada, e, quanto menos talentosa, mais tempo demorará a ser hipnotizada.

Como as pessoas racionalizam a falta de inteligência, de vontade e de talento? Elas dizem em sua defesa: "Parece que essas pessoas estão meramente representando; elas são tolas e estão sendo influenciadas".

Recentemente, em Amritsar, um homem veio me ver. Era um médico aposentado bastante culto e veio falar comigo no terceiro dia do experimento de meditação, dizendo: "Vim lhe pedir desculpas por um pensamento pecaminoso que ocorreu em minha mente".

Eu lhe perguntei: "O que aconteceu?"

Ele respondeu: "No primeiro dia em que vim para a meditação, achei que você organizou seu pessoal para encenar e fingir esse show e que havia alguns tolos que os estavam seguindo cegamente. Então eu disse: 'Deixe-me verificar uma segunda vez'. No segundo dia, vi dois ou três de meus amigos, também médicos, participando com inteireza da meditação; então, fui visitá-los para indagar: 'Vocês não podem ter sido preparados para isso! Estavam fingindo ou realmente estava lhes acontecendo?' Eles responderam: 'Qual a necessidade de fingir? Até ontem também pensávamos o mesmo, mas hoje aconteceu conosco'.

Então, no terceiro dia, quando lhe aconteceu, ele veio pedir desculpas. Ele disse: "Hoje aconteceu comigo, e agora todas as minhas dúvidas se foram. Também suspeitei de meus amigos médicos; hoje em dia, nunca se sabe o que uma pessoa é capaz de fazer. Talvez eles tivessem um contrato de representação com você! Eu os conheço, mas quem poderia garantir? Eles poderiam estar vindo sob seu encantamento hipnótico. Mas hoje aconteceu comigo; hoje, quando cheguei em casa, meu irmão mais jovem, que também é médico, perguntou-me: 'Como foi o show? Alguma coisa aconteceu com você?'. Eu lhe disse: 'Perdoe-me, irmão, não posso mais chamar aquilo de show. Por dois dias eu também fiz chacota de todo o experimento, mas hoje aconteceu comigo. Mas não estou com raiva de você, pois até ontem eu mesmo era crítico como você'".

E novamente esse homem pediu o meu perdão por seus pensamentos negativos.

Essas são nossas estratégias de defesa. Os que percebem que nada está lhes acontecendo procurarão maneiras e meios de proteger o ego. Mas há apenas uma distância muito pequena entre aquele a quem acontece e aquele a quem não acontece, há apenas a falta de um pouco mais de decisão. Se a pessoa juntar coragem, tomar uma forte resolução e abandonar todas as inibições, o acontecimento se dará.

Uma mulher veio a mim hoje e relatou que um amigo lhe telefonou e disse: "Nesses experimentos, algumas pessoas ficam nuas, outras fazem coisas estranhas. Como moças de famílias decentes tomam parte nisso?"

Algumas pessoas têm a ilusão de que pertencem a famílias "decentes", e algumas outras que pertencem a famílias "não virtuosas", e essas são todas estratégias de defesa. A mulher que acha que pertence a uma família decente perderá esse experimento e se fechará em sua casa. Se ela for perturbada por uma outra pessoa nua, então não será de uma família decente. O que ela tem a ver com a outra?

Nossa mente cria estranhas desculpas; ela diz: "Tudo isso é uma farsa e uma confusão, e não pode acontecer comigo. Não sou uma pessoa fraca, tenho uma mente poderosa". Se fosse assim, se você fosse uma pessoa poderosa e inteligente, o acontecimento se daria.

O sinal de uma pessoa inteligente é que ela não toma decisões antes de tentar. Ela não dirá que a outra pessoa está fazendo algo falso, mas sim, "Quem sou eu para comentar sobre ela?" Não está certo rotular alguém de falso. Quem é você para julgar se outra pessoa está errada? Tais julgamentos causaram já muitos problemas.

Muita gente não acreditou que algo especial aconteceu com Jesus; do contrário, não o teriam crucificado. As pessoas disseram: "Esse homem é maluco e perigoso; ele diz coisas absurdas!" As pessoas não teriam jogado pedras em Mahavira se não achassem que ele estava causando perturbação ao ficar sem roupa. Elas não acreditaram que algo acontecera com ele.

Com que autoridade podemos julgar o que está acontecendo no interior de outra pessoa? Este é um traço de uma pessoa inteligente: ela não expressa uma opinião até conhecer por si mesma. Se nada acontecer comigo, devo descobrir se estou seguindo inteiramente as instruções do experimento. Se não o estiver fazendo corretamente, como algo acontecerá?

Recentemente, no retiro de meditação* de Porbander, eu disse que se uma pessoa não se empenhar 100 por cento, mesmo se seu esforço for 99 por cento, ela fracassará.

Um amigo veio a mim e disse: "Eu estava seguindo em frente sossegadamente, achando que iria demorar um pouco mais de tempo para acontecer. Mas hoje percebi que, dessa maneira, jamais acontecerá. Então, hoje me empenhei completamente, e aconteceu".

Se for para você ir devagar no experimento, por que fazê-lo? É como se desejássemos navegar em dois barcos ao mesmo tempo. Mas quem coloca cada pé em um barco diferente fica numa situação difícil. Apenas um barco pode nos levar; então, mesmo se ele for para o inferno, pelo menos você está

---

* Retiro de meditação é um termo usado por Osho para o encontro em que meditadores se reúnem para fazer uma maratona de meditação por um ou mais dias. Ele mesmo dirigiu muitos retiros de meditação, e neles dava discursos e orientava pessoalmente os participantes em várias técnicas. (N. do T.)

em um só barco. Mas somos pessoas estranhas; colocamos um pé no barco que vai para o paraíso e outro pé no que vai para o inferno!

Na verdade, a mente fica confusa sobre aonde ir. Ela está com medo e indecisa se será feliz no paraíso ou no inferno. Ao colocar cada um dos pés em um barco diferente, você não chegará a lugar nenhum; você morrerá sem chegar a lugar nenhum. Tal é o funcionamento da mente o tempo todo, ela é esquizofrênica; fazemos um esforço para ir e também nos bloqueamos, e isso é muito prejudicial.

Faça o experimento com entrega total e não forme nenhuma opinião sobre os outros. Se alguém passar por todo o experimento, coisas certamente acontecerão. Estou falando sobre coisas muito científicas, e não sobre algo que pertença a superstições religiosas.

É um fato científico que, com esforço total, haverá resultado. Não há outra maneira, já que Deus é energia, e essa energia é imparcial. Aqui, são irrelevantes orações e adorações ou o fato de ter nascido em uma família de classe alta ou na imundície da Índia. Essa é umaexperiência puramente científica. Se uma pessoa passar por ela com sinceridade, mesmo Deus não poderá evitar que ela seja bem-sucedida. E, mesmo se não houver Deus, isso não importa. Coloque sua energia total no experimento de meditação e sempre tome decisões de acordo com suas experiências interiores, e não de acordo com as aparências exteriores dos eventos; do contrário, você tomará o caminho errado.

3

O caminho da kundalini:
autenticidade e liberdade

Questão:

Na fala de ontem, você disse que falsas experiências da kundalini podem ser proje-
tadas e que você não as considera como espirituais, e sim psíquicas. Contudo, em
sua fala inicial, você disse que a kundalini é somente psíquica. De acordo com isso,
significa que há dois estados da kundalini – psíquico e espiritual? Por favor, explique.

Para que você entenda isso, a estrutura dos vários corpos sutis precisa
ser mais completamente elaborada.

O indivíduo pode ser dividido em sete corpos. O primeiro corpo é o
físico, o que todos conhecem; o segundo é o etéreo; o terceiro – que está
além do segundo – é o astral; o quarto – que está além daquele – é o mental ou psíquico; o quinto – que novamente está além desse último – é o
espiritual; o sexto está além do quinto e é chamado de cósmico; o sétimo
e último é o nirvana sharir, ou corpo nirvânico, o corpo sem corpo. Um
pouco mais de informação sobre esses sete corpos tornará possível a você
entender completamente a kundalini.

Nos primeiros sete anos de vida, apenas o sthul sharir – o corpo físico – é
formado, e os outros corpos estão na forma de semente. Eles têm um potencial de crescimento, mas ficam dormentes no começo da vida. Assim, os
primeiros sete anos são anos de limitação. Não há crescimento do intelecto,
da emoção ou do desejo durante esses anos, pois apenas o corpo físico se de-

senvolve nesse período. Algumas pessoas nunca crescem além dos sete anos; ficam estagnadas nesse estágio e nada mais são do que animais. Os animais desenvolvem apenas o corpo físico; os outros corpos permanecem intocados dentro deles. Nos sete anos seguintes – isto é, dos 7 aos 14 anos de idade – o bhawa sharir, o corpo etéreo, se desenvolve. Esses sete anos são anos de crescimento emocional para o indivíduo. Por isso, a maturidade sexual, que é a forma mais intensa de emoção, é alcançada na idade de 14 anos. Algumas pessoas ficam estagnadas nesse estágio; o corpo físico cresce, mas elas ficam estagnadas nos primeiros dois corpos.

No terceiro período de sete anos, entre as idades de 14 e 21 anos, o sukshma sharir, o corpo astral, se desenvolve. No segundo corpo, a emoção é desenvolvida; no terceiro, é a vez da razão, do pensamento e do intelecto se desenvolverem. É por isso que nenhum tribunal acusa uma criança como responsável por suas ações até os 7 anos de idade, pois ela só tem o corpo físico. Tratamos a criança da mesma maneira que tratamos um animal; não podemos apontá-la como responsável. Mesmo se uma criança cometer um crime, assume-se que ela o cometeu sob a orientação de alguém – que o criminoso verdadeiro é uma outra pessoa.

Após o desenvolvimento do segundo corpo, a pessoa alcança o estado adulto no que diz respeito ao sexo. O trabalho da natureza está completo com esse desenvolvimento, e é por isso que a natureza dá sua inteira cooperação até esse estágio. Mas, nesse estágio, o ser humano não é ser humano no sentido completo da palavra. O terceiro corpo, em que se desenvolvem os poderes da razão, do intelecto e do pensar, é resultado da educação, da civilização e da cultura. É por isso que o direito ao voto é garantido à pessoa que tem mais de 21 anos de idade*. Embora isso seja prevalente em todo o mundo, alguns países estão debatendo se permitem o direito de voto a uma pessoa de 18 anos. Isso é natural porque, à medida que o ser humano fica mais e mais evoluído, diminui o período usual de sete anos para o crescimento de cada corpo.

Por todo o mundo, as meninas chegam à puberdade aos 13 ou 14 anos. Nos últimos trinta anos, no entanto, isso tem acontecido cada vez mais cedo. Muitas meninas entram na puberdade aos 11 anos. Dar o direito ao voto a pessoas com 18 anos é uma indicação de que o ser humano comple-

* Essa era a regra eleitoral na Índia, na época em que Osho deu esse discurso. (N. do T.)

ta agora o trabalho de 21 anos em um tempo menor, dezoito anos. Contudo, normalmente, 21 anos são requeridos para o crescimento do terceiro corpo, e a maioria das pessoas não se desenvolve além daí; o crescimento delas para com o desenvolvimento do terceiro corpo, e não há mais crescimento para o resto de sua vida.

O que chamo de psíquico é o quarto corpo – manas sharir. Esse corpo tem suas próprias experiências maravilhosas. Uma pessoa cujo intelecto não está desenvolvido pode não ser capaz de ter interesse ou de gostar de matemática, por exemplo. A matemática tem seu próprio charme, e Einstein podia achá-la tão absorvente como um compositor acha sua música ou um pintor acha suas cores. Para Einstein, a matemática era uma diversão, e não um trabalho, mas o intelecto precisa atingir esse pico de desenvolvimento para transformar a matemática em diversão.

Infinitas possibilidades se abrem diante de nós com cada corpo que se desenvolve. Aquele cujo corpo etéreo não se desenvolve, que fica estagnado após os primeiros sete anos de desenvolvimento, não tem nenhum interesse na vida além de comer e beber. Assim, as culturas das civilizações em que a maioria das pessoas se desenvolveu apenas até o primeiro corpo giram em torno apenas de suas papilas gustativas. A civilização em que a maioria das pessoas estagnou no segundo corpo está centrada no sexo. Sua personalidade, literatura, músicas, filmes, livros, poesias e pinturas, mesmo suas casas e veículos, estarão todos centrados no sexo; todas essas coisas estarão completamente voltadas para o sexo, para a sexualidade.

Na civilização em que o terceiro corpo se desenvolve inteiramente, as pessoas serão intelectuais e contemplativas. Sempre que o desenvolvimento do terceiro corpo se torna muito importante em uma sociedade ou em uma nação, acontecem muitas revoluções intelectuais. Em Bihar, no tempo de Buda e Mahavira, a maioria das pessoas era desse calibre. Foi por isso que oito pessoas da estatura de Buda e Mahavira nasceram na pequena província de Bihar. Além desses, naquela época havia milhares de outros que eram gênios. Tal era a condição na Grécia na época de Sócrates e Platão; tal também era a condição da China na época de Lao Tzu e Confúcio. O que é mais maravilhoso de se notar é o fato de que todos esses seres luminosos existiram em um período de quinhentos anos. Nesses quinhentos anos, o desenvolvimento do terceiro corpo no ser humano alcançou o seu apogeu. O ser humano geralmente estaciona no terceiro corpo; a maioria das pessoas não se desenvolve após os 21 anos.

Há experiências pouco usuais relativas ao quarto corpo. O hipnotismo, a telepatia e a clarividência são todos potenciais do quarto corpo. As pessoas podem ter contato umas com as outras sem os obstáculos de tempo ou de espaço; elas podem ler os pensamentos de alguém sem pedir licença, ou projetar pensamentos em uma outra pessoa. Sem nenhuma ajuda externa, uma pessoa pode implantar uma semente de pensamento em outra. Uma pessoa pode viajar para fora do corpo, pode fazer projeção astral e se perceber separada do corpo físico.

Há grandes possibilidades no quarto corpo, mas normalmente não o desenvolvemos, pois há muitos perigos e também muitas ilusões. Quando as coisas começam a ficar mais e mais sutis, aumentam as possibilidades de ilusão. Ora, é difícil descobrir se uma pessoa realmente saiu ou não de seu corpo físico. Ela pode ter sonhado que saiu e também pode realmente ter saído, e em ambos os casos não há outra testemunha além dela mesma. Então, há toda a possibilidade de uma ilusão.

O mundo do quarto corpo é subjetivo, enquanto o mundo antes desse é objetivo. Se eu tiver uma rupia em minha mão, poderei vê-la, você poderá vê-la, cinquenta outras pessoas também poderão vê-la. Essa é uma realidade comum, na qual todos podemos tomar parte e qualquer um pode verificar se a rupia está ou não ali. Mas, no reino de meus pensamentos, você não pode ser um parceiro, nem eu posso ser um parceiro no reino de seus pensamentos. A partir daqui, o mundo pessoal começa com todos os seus riscos; nenhuma de nossas regras externas de validade pode ser usada aqui. Assim, o mundo da ilusão começa a partir do quarto corpo. Todas as ilusões dos três anteriores podem ser constatadas.

O maior perigo é que aquele que engana não está necessariamente ciente de que está enganando. Ele pode enganar sem saber – a si mesmo e aos outros. As coisas são tão sutis, raras e pessoais nesse plano que ele não tem meios de conferir a validade de suas experiências. Então, ele não pode dizer se está imaginando coisas ou se elas estão realmente lhe acontecendo.

Sempre tentamos livrar a humanidade do quarto corpo, e os que fizeram uso dele sempre foram condenados e caluniados. Na Europa, centenas de mulheres foram estigmatizadas como bruxas e queimadas, pois usavam as faculdades do quarto corpo. Centenas de pessoas que praticavam o tantra foram mortas na Índia por causa do quarto corpo; elas conheciam alguns segredos que pareciam perigosos aos seres humanos. Elas sabiam o que estava se passando na mente dos outros, sabiam onde determinados objetos estavam guardados na casa de alguém sem jamais terem entrado lá. Dessa maneira, o reino do quarto corpo foi considerado como uma arte nefasta por todo o mundo, já que ninguém sabia o que poderia acontecer. Sempre fizemos o possível para interromper o progresso para além do terceiro corpo, pois o quarto sempre pareceu muito perigoso.

Há perigos, mas, ao mesmo tempo, há ganhos maravilhosos. Assim, em vez de barrar, são necessárias pesquisas para descobrir maneiras de testar a validade de nossas experiências. Agora existem instrumentos científicos, e o poder humano de compreensão também cresceu. Podem ser encontradas maneiras para isso, como no caso de muitas outras novas descobertas da ciência.

Não se sabia se animais sonhavam ou não. Como isso pode ser apurado, a menos que um animal fale? Sabemos o que sonhamos porque acordamos pela manhã e dizemos que sonhamos. Após muita perseverança e esforço, foi encontrada a maneira. Um homem pesquisou durante anos os macacos, a fim de descobrir algo a respeito, e vale a pena entender os métodos usados nesse experimento. Ele começou mostrando um filme aos macacos, e, tão logo o filme começava, o macaco sob experiência recebia um choque elétrico. Havia um botão na cadeira, e lhe foi ensinado apertá-lo sempre que sentisse o choque, a fim de desligá-lo. Assim, todos os dias ele era colocado na cadeira e, quando o filme começava, ele levava um choque e apertava o botão para desligá-lo.

Isso foi feito durante alguns dias; depois, faziam com que ele dormisse naquela cadeira. Quando ele começava a sonhar, começava a se sentir mal, pois, para ele, o filme na tela e seu sonho eram a mesma coisa, e ele imediatamente apertava o botão. Repetidas vezes ele apertou o botão, e isso provou que ele estava sonhando. Dessa maneira, o ser humano é agora capaz de penetrar no mundo interior dos sonhos de animais. Os meditadores também descobriram maneiras de testar de fora as experiências do quarto corpo, e agora pode ser provado se o que acontece é verdadeiro ou falso. As experiências da kundalini no quarto corpo podem ser psíquicas, mas isso não as torna falsas. Há estados psíquicos autênticos e estados psíquicos falsos. Quando digo que a kundalini pode ser apenas uma experiência mental, isso não significa necessariamente que essa seja uma experiência falsa. As experiências mentais podem ser tanto falsas como autênticas.

Você tem um sonho à noite. Ora, esse sonho é um fato, pois aconteceu. Mas, ao acordar pela manhã, poderá recordar alguns sonhos que você não sonhou realmente; mesmo assim, você pode insistir que teve tais sonhos, embora isso não seja verdade. Uma pessoa pode se levantar pela manhã e dizer que nunca sonha; muitas pessoas acreditam que nunca sonham. Elas sonham, sonham durante toda a noite, e isso foi provado cientificamente. Mas, pela manhã, elas afirmam que nunca sonham. Então, o que elas dizem é absolutamente falso, embora não estejam cientes disso. Na verdade, elas não se lembram dos sonhos. O oposto também se dá: você se lembra de sonhos que jamais teve, e isso também será falso.

Os sonhos não são falsos; eles têm sua realidade própria, mas sonhos podem ser tanto reais como irreais. Sonhos reais são os que foram verdadeiramente sonhados. O problema também é que você não pode narrar precisamente os seus sonhos após acordar. Por essa razão, nos tempos antigos, era muito admirada toda pessoa capaz de narrar clara e precisamente seus sonhos. É muito difícil relatar corretamente um sonho. Quando você sonha, a sequência do sonho é uma, e é justamente a oposta quando você o recorda. É como um filme: quando você o assiste, a história desenrola-se a partir do começo. De maneira semelhante, no sono, o "carretel" do drama rola em uma direção e começa a desenrolar-se na direção oposta no estado de vigília; então, nos lembramos primeiro da última parte do sonho e voltamos na recordação; o que sonhamos primeiro torna-se o fim da recordação. Isso seria como alguém que tentasse ler um livro a partir do final; as palavras invertidas causariam confusão semelhante. Dessa maneira, é uma grande arte recordar um sonho e dar uma correta representação dele. Geralmente, quando recordamos um sonho, nos lembramos de acontecimentos que nunca sonhamos. Nós nos esquecemos de uma boa parte do sonho real e, mais tarde, da maior parte dele.

Sonhos são acontecimentos do quarto corpo, e o quarto corpo tem um grande potencial. Todos os siddhis* mencionados na ioga atingiram esse corpo. A ioga sempre alertou o meditador a não entrar nele, pois há um grande perigo de se perder. Mesmo que você entre em um estado psíquico, ele não terá valor espiritual.

Assim, quando disse que a kundalini é psíquica, quis dizer que, na verdade, ela é um acontecimento do quarto corpo. É por isso que os fisiologistas não podem encontrar a kundalini dentro do corpo huma-

---

* Na ioga, siddhis são pessoas que atingiram um alto nível de elevação da consciência. (N. do T.)

no. Portanto, é natural que neguem sua existência e também a dos chacras, chamando-os de imaginários. Eles são fenômenos do quarto corpo, que existe, mas é muito sutil e não podemos tocá-lo. Apenas o corpo físico pode ser tocado, mas há pontos correspondentes entre o primeiro e o quarto corpo.

Se forem colocadas sete folhas de papel uma sobre a outra e for feito um furo nelas com um alfinete, de tal modo que todos os papéis fiquem furados, mesmo que desapareça o furo da primeira folha, ainda ficará uma marca que corresponde aos furos do restante dos papéis. Embora a primeira folha não tenha o furo, terá a marca que corresponderá diretamente aos pequenos furos das outras folhas, quando colocada sobre elas. Assim, os chacras, a kundalini, entre outros elementos, como tais não pertencem ao primeiro corpo, mas têm pontos correspondentes no primeiro corpo. Um fisiologista não está errado se os negar, pois os chacras e a kundalini estão em outros corpos, mas no corpo físico podem ser encontrados pontos correspondentes a eles.

A kundalini é um fenômeno do quarto corpo e é psíquica. E, quando digo que esse fenômeno psíquico é de dois tipos – um verdadeiro e um falso –, você é capaz de entender o que quero dizer. Será falso quando for um produto de sua imaginação, pois a imaginação também é uma característica do quarto corpo. Os animais não têm o poder da imaginação, então têm pouquíssima memória do passado e nenhuma noção sobre o futuro. Os animais estão livres da ansiedade, já que ela sempre se refere ao futuro. Eles veem muitas mortes acontecendo, mas nunca imaginam que também podem morrer; portanto, não têm medo da morte. Entre os seres humanos também há os que nunca se preocupam com a morte; tais pessoas sempre associam a morte com os outros e não consigo mesmas. A razão é que o poder da imaginação no quarto corpo não se desenvolveu suficientemente para vislumbrar o futuro.

Isso significa que a imaginação também pode ser verdadeira ou falsa. A imaginação verdadeira significa que somos capazes de perceber adiante, que podemos visualizar o que ainda não veio a acontecer. Mas é uma imaginação falsa imaginar que algo vai acontecer sem ser aquilo possível, sem aquilo existir. Quando a imaginação é usada em sua correta perspectiva, ela se torna ciência; a ciência é primariamente só imaginação.

Por milhares de anos o ser humano sonhou em voar. As pessoas que assim sonharam devem ter sido muito imaginativas. Se o ser humano nunca tivesse sonhado voar, teria sido impossível para os irmãos Wright[*] construírem o primeiro avião; eles tornaram realidade o desejo humano de voar. Esse desejo gradualmente tomou forma; então, experimentos foram feitos e o ser humano finalmente conseguiu voar.

Também por milhares de anos o ser humano quis chegar à Lua. Primeiro o desejo estava apenas na imaginação; muito lentamente ele ganhou corpo e, finalmente, foi realizado. Ora, essas imaginações foram autênticas, isto é, não estavam em um caminho errado, mas no caminho de uma realidade que poderia ser descoberta em uma data posterior. Um cientista imagina, e um louco também.

Digo que a ciência é imaginação e que a loucura também o é, mas não pensem que elas são a mesma coisa. Um louco imagina coisas que não existem e que não têm relação com o mundo físico. O cientista também imagina, mas imagina coisas que estão diretamente relacionadas com o mundo físico. E, se a princípio não parece assim, há uma possibilidade real de ser assim no futuro.

Entre as possibilidades do quarto corpo, há sempre uma chance de errar, e aí começa o mundo falso. Por isso, é melhor não alimentarmos nenhuma expectativa antes de entrarmos nesse corpo. Esse quarto corpo é o psíquico. Por exemplo: se eu quiser ir até o térreo desta casa, precisarei procurar uma escada ou um elevador. Mas, se desejar descer em meus pensamentos, não haverá necessidade de uma escada ou de um elevador. Posso me sentar aqui mesmo e descer.

O perigo da imaginação e dos pensamentos é que a pessoa não precisa fazer nada, exceto imaginar ou pensar, e qualquer um pode fazer isso. Além do mais, se alguém entrar nesse reino com ideias preconcebidas e expectativas, imediatamente começará a pô-las em prática, porque então a mente estará bastante desejosa de cooperar. Ela dirá: "Você quer despertar a kundalini? Tudo bem! Ela está se erguendo... ela se ergueu". Você começará a imaginar a kundalini se erguendo e a mente o encorajará nessa falsa sensação, até que, no final, você sentirá que ela está completamente desperta e que os chacras estão completamente ativados. Mas há uma maneira de testar a validade disso. Com a abertura de cada chacra, haverá

---

[*] Embora existam registros que apontem o brasileiro Santos Dumont como o "pai da aviação", em livros de história de outros países o mérito é atribuído aos irmãos Wright. (N. do T.)

uma mudança diferente em sua personalidade. Você não pode imaginar ou preconceber essa mudança, pois ela acontece no mundo da matéria.

Por exemplo: com o despertar da kundalini, você não pode ingerir tóxicos; é impossível. O corpo mental fica influenciado muito rapidamente pelo álcool, pois é muito delicado. É por isso que – e você ficará surpreso ao saber –, quando uma mulher consome álcool, ela fica mais perigosa do que um homem que o consome. Isso ocorre porque seu corpo mental é mais delicado e é afetado tão rapidamente que ela perde o controle. E, por causa disso, as mulheres se protegeram desse perigo ao observarem certas regras na sociedade. Essa é uma área em que as mulheres não buscaram igualdade com os homens, embora, infelizmente, nos últimos tempos venham tentando. No dia em que elas tiverem igualdade nessa área e tentarem sobrepujar os homens nela, causarão tal mal a si mesmas como nunca foi causado por nenhuma ação do homem.

No quarto corpo, o despertar da kundalini não pode ser provado pela descrição da experiência, pois, como disse anteriormente, você também pode imaginar falsamente o despertar e a experiência da kundalini. Isso pode ser julgado apenas pelos seus traços físicos: se alguma transformação radical se deu em sua personalidade. Logo que a energia desperta, há sinais imediatos de mudança em você. Por isso, sempre digo que o comportamento é o padrão de julgamento exterior e não a causa interior; ele é um critério de avaliação do que aconteceu dentro. Com cada tentativa, inevitavelmente algumas coisas começam a acontecer. Quando a energia desperta, torna-se impossível para o meditador tomar qualquer tóxico. Se ele se entregar às drogas e ao álcool, saiba que suas experiências são todas imaginárias, pois isso é absolutamente impossível.

Após o despertar da kundalini, desaparece completamente a tendência de agressividade. Não apenas o meditador deixa de ser agressivo, mas não tem nenhuma sensação de agressividade dentro de si. A ânsia de ser violento, de prejudicar os outros, só pode existir quando a energia vital está dormente. No momento em que ela desperta, o outro deixa de ser o outro, e assim você não pode desejar prejudicá-lo. Você não terá de reprimir a agressividade, pois não terá condições ser agressivo.

Se você achar que tem de reprimir a agressividade, saiba que a kundalini não despertou. Se com os olhos abertos você ainda percorre seu caminho com um cajado, saiba que os olhos ainda não podem ver, não importa o quanto você afirme o contrário – porque você ainda não desistiu de seu cajado. Suas ações revelarão para alguém de fora se você pode ver ou não. Seu cajado, seu tropeçar e seu caminhar instável provam que os olhos ainda não se abriram.

Com o despertar, haverá uma mudança radical em seu comportamento e todos os votos religiosos, como os do mahavrata – celibato, plena atenção, renúncia da violência, da ganância e das posses mundanas –, se tornarão naturais e fáceis para você. Então, saiba que sua experiência é autêntica. Ela é psíquica, mas autêntica da mesma forma. Agora você pode ir além, pode seguir em frente se o seu caminho for autêntico, mas não de outra maneira. Você não pode ficar para sempre no quarto corpo, pois ele não é o objetivo. Ainda há outros corpos que precisam ser atravessados.

Como eu disse, descobrimos que muito poucos são capazes de desenvolver o quarto corpo. É por isso que hoje em dia há realizadores de milagres pelo mundo. Se o quarto corpo fosse desenvolvido em todos, os milagres desapareceriam imediatamente do mundo. Se houvesse uma sociedade de pessoas cujo desenvolvimento se estagnasse após os 14 anos de idade, aquele que se desenvolvesse um pouco mais, que pudesse somar e diminuir, seria considerado um milagreiro.

Mil anos atrás, quando uma pessoa previa a data do eclipse do Sol, isso era considerado um milagre que apenas os muito sábios poderiam fazer. Hoje sabemos que até uma máquina pode nos dar essa informação. É uma questão de cálculo e não requer um astrônomo, um profeta ou uma pessoa muito instruída. Um computador pode dar a informação, e não de um eclipse, mas de milhões deles. Ele pode até prever o dia em que o Sol esfriará, pois se trata apenas de cálculos. A máquina pode calcular, a partir de uma determinada data, que a quantidade de energia que o Sol emite por dia dividida por sua energia dá o número de anos em que ele durará.

Mas agora, tudo isso não nos parece milagre, porque agora somos todos desenvolvidos até o terceiro corpo. Mil anos atrás, era um grande milagre se uma pessoa profetizasse que no próximo ano, em tal mês, em tal noite, haveria um eclipse lunar. Ela era considerada sobre-humana. Os "milagres" que acontecem hoje em dia – encantamentos mágicos, cinzas que aparecem do nada – são todos acontecimentos comuns do quarto corpo. Mas, como não sabemos, trata-se de um milagre para nós.

É como se você estivesse diante de uma árvore e eu estivesse sentado em um galho dela e estivéssemos conversando. Então, vejo uma carroça vindo à distância e lhe digo que em uma hora chegará uma carroça e passará por ali. Você dirá: "Você é um profeta? Não há nenhuma carroça em nenhum lugar à volta. Não acredito no que você diz". Mas, passado aquele tempo, chega a carroça à árvore, e, forçosamente, você terá de tocar os meus pés e dizer: "Amado mestre, meus respeitos. Você é um profeta". A diferença foi apenas esta: eu estava sentado em um nível um pouco mais elevado do que você – em cima da árvore – e de lá podia ver a carroça uma hora antes de você a ver. Eu não estava falando do futuro; eu estava falando no presente. Mas há uma distância de uma hora entre a sua visão e a minha, pois estou em um nível mais alto. Para você, será o presente após uma hora, mas para mim é presente agora.

Quanto mais fundo uma pessoa entrar em seu ser interior, maior será o milagre para os que ainda estão nas camadas superficiais. Tudo o que ela fizer se tornará milagroso para nós, pois, sem saber as leis do quarto corpo, não temos como estimar esses acontecimentos. É assim que se dão as mágicas e os milagres: as pessoas envolvidas têm um ligeiro crescimento do quarto corpo. Dessa maneira, se desejarmos que milagres deixem de existir neste mundo, isso não acontecerá ao orar para as massas. Assim como demos educação do terceiro corpo ao ser humano e o fizemos entender línguas e matemática, devemos agora lhe dar treinamento para o quarto corpo. Cada pessoa precisa ser qualificada adequadamente, porque apenas então os milagres cessarão. Do contrário, uma ou outra pessoa sempre tirará vantagem dessa ignorância. O quarto corpo desenvolve-se até os 28 anos de idade – isto é, por mais sete anos. Mas pouquíssimas pessoas são capazes de desenvolvê-lo.

O atma sharir – o quinto corpo, chamado de espiritual – é de grande valor. Se o crescimento na vida continuasse da maneira adequada, esse corpo deveria estar completamente desenvolvido na idade de 35 anos. Mas essa é uma perspectiva distante, pois mesmo o quarto corpo está desenvolvido em pouquíssimas pessoas. É por isso que, para nós, a alma e tais coisas são somente tópicos de discussão; não há conteúdo por trás das palavras. Quando dizemos atman, é meramente uma palavra; não há nada por trás dela. Quando dizemos parede, não há apenas a palavra, mas também a substância que existe nela; sabemos o que significa parede. Mas não há significado por trás da palavra atman, pois não temos nenhum conhecimento, nenhuma experiência de atman. Esse é nosso quinto corpo, e só se a kundalini se despertar no quarto corpo é possível a entrada para o quinto; fora isso, não podemos entrar. Não estamos cientes do quarto corpo, então o quinto também permanece desconhecido.

Pouquíssimas pessoas descobriram o quinto corpo; elas são as que chamamos de espiritualistas. Essas pessoas tomam isso como sendo o fim da jornada e declaram: "Atingir o atman é atingir tudo". Mas a jornada ainda não acabou. Contudo, essas pessoas que pararam no quinto corpo negam Deus e dizem: "Não há brama; não há paramatma", como os que ficam estagnados no primeiro corpo negam a existência de atman. Da mesma forma que os materialistas dizem "O corpo é tudo; quando o corpo morre, tudo morre", os espiritualistas declaram "Não há nada além do atman; o atman é tudo, é o estado mais elevado do ser". Mas esse é apenas o quinto corpo.

O sexto corpo é o brama sharir – o corpo cósmico. Quando uma pessoa evolui além de seu atman, quando está disposta a perdê-lo, entra no sexto corpo. Se a humanidade se desenvolvesse cientificamente, o desenvolvimento natural do sexto corpo se daria na idade de 42 anos, e o nirvana sharir – o sétimo corpo –, na idade de 49 anos. O sétimo corpo é o nirvânico, que é não corpo, um estado incorpóreo. Esse é o estado final em que permanece apenas o vazio. O brama, ou a realidade cósmica, se foi, deixando apenas o vazio. Nada permaneceu; tudo desapareceu.

Assim, quando alguém perguntava a Buda "O que acontece ali?", ele replicava "A chama se apaga". "Então, o que acontece?", novamente lhe perguntavam. "Quando a chama se apaga, você não pergunta 'Onde ela foi? Onde a chama está agora?'. Ela se apaga, e isso é tudo." A palavra nirvana implica a extinção da chama. Por consequência, Buda dizia, o nirvana acontece.

O estado de moksha é experimentado no quinto corpo. As limitações dos primeiros quatro corpos são transcendidas e a alma fica totalmente livre. Assim, a libertação é a experiência do quinto corpo. Céu e inferno pertencem ao quarto corpo, e aquele que para aí vai entrar em contato com eles. Para os que param no primeiro, no segundo ou no terceiro corpo, a vida entre o nascimento e a morte torna-se tudo; para eles, não há vida após a morte. Se uma pessoa for além, até o quarto corpo, após esta vida conhecerá o paraíso e o inferno, onde há infinitas possibilidades de felicidade e de infelicidade.

Se ela atingir o quinto corpo, haverá a porta da libertação; e, se ela chegar até o sexto, haverá a possibilidade do estado de realização divina. Então, não se levanta a questão da libertação ou não libertação; a pessoa torna-se unificada com aquilo que é. A declaração "Aham Brahmasmi"– "sou Deus" – está nesse plano. Porém ainda há mais um passo, que é o último salto – onde não há aham nem brama, onde o eu e o tu são totalmente inexistentes, onde há simplesmente o nada, onde há o vazio total e absoluto. Esse é o nirvana.

Esses são os sete corpos que se desenvolvem em um período de 49 anos. É por isso que os 50 anos de idade eram conhecidos como o ponto da revolução. Havia um sistema de vida para os primeiros 25 anos de vida; nesse período, eram feitos esforços para desenvolver os primeiros quatro corpos, e se supunha que a educação da pessoa estivesse completa. Então, esperava-se que a pessoa buscasse o quinto, o sexto e o sétimo corpo no restante de sua vida, e, nos últimos 25 anos, se esperava que atingisse o sétimo corpo. Portanto, a idade de 50 anos era considerada como crucial; nessa época, a pessoa se tornava uma wanaprasth, o que simplesmente significa que dali em diante deveria voltar seu olhar para a floresta, e deixar de olhar para as pessoas, a sociedade e os negócios.

A idade de 75 anos também era um outro ponto de revolução, quando um homem deveria ser iniciado no sannyas. Voltar-se para a floresta significa se retirar das multidões e das pessoas; e sannyas significa que chegou o tempo de olhar além do ego, de transcender o ego. Na floresta, o "eu" necessariamente está com ele, embora tenha renunciado a tudo o mais; porém, na idade de 75 anos, esse "eu" também precisa ser renunciado.

Entretanto, a condição era que, na vida de um chefe de família, ele tinha de passar por todos os sete corpos e desenvolvê-los, de tal modo que o restante da jornada fosse espontâneo e alegre. Caso não fosse assim, a situação ficaria muito difícil, pois um estado particular de desenvolvimento está conectado com cada ciclo de sete anos. Se o corpo físico de uma criança não se desenvolver inteiramente nos primeiros sete anos de sua vida, ela ficará sempre debilitada. No máximo, podemos tentar que ela não fique doente, mas ela nunca será saudável, pois sua base para a saúde, que deveria ser formada nos primeiros sete anos de vida, foi fragilizada. O que deveria se tornar forte e firme foi perturbado, e aquele era o período para o seu desenvolvimento.

É como fazer o alicerce de uma casa: se o alicerce for fraco, será difícil, ou melhor, impossível, repará-lo quando a construção chegar ao teto. Apenas naquele estágio a base poderia ser bem assentada. Assim, nos primeiros sete anos, se as condições estiverem corretas para o primeiro corpo, ele se desenvolverá adequadamente. Ora, se o segundo corpo e as emoções não se desenvolverem completamente nos sete anos seguintes, o resultado será uma série de perversões sexuais, e é muito difícil remediar isso mais tarde. Para um corpo particular, é muito crucial seu período de desenvolvimento.

A cada passo da vida, cada corpo tem seu período predeterminado de desenvolvimento. Pode haver uma leve diferença aqui e ali, mas isso não vem ao caso. Se uma criança não se desenvolver sexualmente até os 14 anos, toda a sua vida se tornará uma longa provação. Se o intelecto não se desenvolver até os 21 anos de idade, haverá pouca chance para o seu desenvolvimento em um período posterior. Mas, até agora, estamos de acordo: cuidamos do primeiro corpo, então matriculamos a criança na escola para desenvolver também seu intelecto. Mas nos esquecemos de que o restante dos corpos também tem seu respectivo tempo, que, se perdido, nos coloca em grandes dificuldades.

Uma pessoa leva cinquenta anos para desenvolver o corpo que deveria ter desenvolvido em 21 anos. É óbvio que, aos 50, ela não tem a mesma força que tinha aos 21, precisando então fazer um grande esforço. Dessa maneira, o que seria fácil de realizar na idade de 21 anos, torna-se longo e árduo.

Ainda vai encontrar outra dificuldade: aos 21 anos, a pessoa estava à porta, mas deixou passar a ocasião. Trinta anos depois, ela esteve em tantos lugares que perdeu de vista a abertura correta. Seu perambular torna agora impossível para ela localizar a porta onde esteve aos 21 de idade e que então precisava apenas de um leve empurrão para ser aberta.

Assim, é necessário um ambiente bem organizado para as crianças e os jovens, até chegarem à idade de 21 anos. Isso deveria ser muito bem planejado até levá-las ao nível do quarto corpo. Após o quarto corpo, o resto é fácil. A base estará bem estruturada; só restará crescerem os frutos. A árvore está formada até o quarto corpo; então, os frutos começam a aparecer a partir do quinto, e atingem a perfeição no sétimo. Poderemos fazer uma pequena concessão aqui e ali, mas deveríamos prestar uma atenção especial nas bases.

A esse respeito, mais algumas coisas deveriam ser observadas. Há uma diferença entre o homem e a mulher em todos os primeiros quatro corpos. Por exemplo: se o indivíduo for um homem, seu corpo físico é masculino, mas seu segundo corpo – o etéreo, que está atrás do corpo físico – é feminino, porque nenhum polo negativo ou positivo pode existir por si mesmo. Em termos de eletricidade, um corpo masculino e um corpo feminino são corpos positivos e negativos.

O corpo físico da mulher é negativo; portanto, ela nunca é agressiva em termos de sexo. Ela pode suportar a violência do homem a esse respeito, mas ela própria não pode ser violenta; ela nada pode fazer a um homem sem o consentimento dele. O primeiro corpo do homem é positivo – agressivo. Portanto, ele pode fazer algo agressivo para uma mulher sem o consentimento dela; ele tem um primeiro corpo agressivo. Mas por negativo não se quer dizer zero ou ausente. Em termos de eletricidade, negativo significa receptividade, reservatório. No corpo da mulher, a energia fica guardada; muita energia fica guardada, mas ela não é ativa, e sim inativa.

É por isso que a mulher não cria nada; ela não compõe poesia, não realiza uma grande pintura nem desenvolve nenhuma pesquisa científica. Isso se dá porque é necessário ser agressivo para pesquisar ou para ter um trabalho criativo. Ela pode apenas esperar, e é por isso que só pode produzir filhos.*

O homem tem um corpo físico positivo, mas, sempre que há um corpo positivo, deve haver um corpo negativo atrás dele, senão ele não poderia subsistir. Ambos estão presentes, e o círculo se completa. Por isso, para um homem o segundo corpo é feminino, enquanto o segundo corpo de uma mulher é masculino. Este é um fato interessante: no que se refere a seu corpo físico, o homem parece, e é, muito forte, porém, atrás de sua força exterior, há um fraco corpo feminino. Por causa disso, ele consegue mostrar sua força apenas em alguns momentos por vez. No final, ele perde para a mulher porque, atrás do frágil corpo físico feminino, há um forte corpo positivo.

É por isso que o poder de resistência da mulher e sua capacidade de persistir são maiores do que os do homem. Se um homem e uma mulher sofrerem a mesma doença, a mulher poderá tolerá-la mais tempo do que o homem. As mulheres geram filhos; se os homens tivessem de gerá-los, eles se dariam conta da experiência penosa que isso implica. Então, talvez não houvesse necessidade do planejamento familiar, pois o homem não poderia suportar tanta dor por tanto tempo. De vez em quando ele pode explodir de raiva ou talvez esmurrar almofadas, mas não poderia carregar uma criança em seu abdômen por nove meses nem pacientemente educá-

---

* Aqui, Osho está se referindo à mulher que desenvolveu apenas seus primeiros dois corpos, estagnando-se aí sem desenvolver seus outros corpos, o que era muito comum entre as mulheres de antigamente, especialmente entre as indianas, lembrando que este livro é a transcrição de uma fala do Osho a um público basicamente indiano. Também, essa fala se deu em uma época em que na cultura deles ainda não havia sido introduzido o que Osho chamou de "revolução na história da humanidade", que foi o controle da natalidade. Antes dessa "revolução", as mulheres tinham um filho após o outro, ficando presas ao primeiro corpo e a uma configuração de energia e de tempo que não lhes permitia fazer mais nada a não ser gerar e criar filhos. É claro que, após essa "revolução", foi possível para a mulher desenvolver outros corpos, e em outras falas o próprio Osho esclarece o valor e a importância da energia criativa da mulher para um mundo melhor. (N. do T.)

-la pelos anos seguintes. Se a criança chorar por toda a noite, ele poderia estrangulá-la por não ser capaz de tolerar a perturbação. Ele tem uma força extraordinária, mas atrás dele há um corpo frágil, delicado e etéreo. Assim, ele não pode tolerar a dor ou o mal-estar.

Por essa razão, as mulheres ficam menos doentes do que os homens e sua longevidade é maior do que a deles. Assim, na época do casamento, deveríamos manter uma diferença de cinco anos entre o homem e a mulher, para que o mundo não fique repleto de viúvas. Se o homem tiver 20 anos de idade, sua companheira deveria ter 24 ou 25. A vida do homem é quatro ou cinco anos mais curta; assim, essa diferença deveria nivelar as coisas e sincronizar suas vidas.

Para cada cem mulheres, nascem 116 homens. Em número de nascimentos, a diferença é de dezesseis, porém, mais tarde, essa diferença desaparece. Dezesseis homens morrem a mais até chegar à idade de 14 anos, e, dessa maneira, os números ficam praticamente iguais. Isso é porque as mulheres têm um grande poder de resistência que vem a elas por meio do segundo corpo masculino.

O terceiro corpo do homem – o astral – novamente será masculino, e o quarto – o psíquico – novamente será feminino. E justamente o oposto será o caso na mulher. Essa divisão de masculino e feminino existe apenas até o quarto corpo; o quinto está além do sexo. Portanto, tão logo o atman é atingido, não há masculino nem feminino, mas não antes disso.

Em relação a esse assunto, há um outro ponto a ser observado. Desde que cada homem tem um corpo feminino interno e cada mulher tem um corpo masculino interno, o casamento entre um homem e uma mulher só será bem-sucedido se, por coincidência, uma mulher tiver um companheiro que seja idêntico a seu corpo masculino interior, ou se a companheira do homem for uma mulher idêntica a seu corpo feminino interior; do contrário, o casamento não será bem-sucedido.

Por isso, 99 por cento dos casamentos são um fracasso, já que a regra intrínseca do sucesso ainda não é conhecida. Enquanto não formos capazes de determinar a correta aliança entre as respectivas energias corporais de duas pessoas, fatalmente os casamentos não darão certo, não importa que passos tomemos em outras direções. Casamentos bem-sucedidos só serão possíveis se forem estabelecidos detalhes científicos absolutamente claros em relação a esses vários corpos internos. Um homem e uma mulher que alcançaram o ponto do despertar da kundalini acham muito fácil escolher o parceiro adequado na vida. Com o completo conhecimento de todos seus corpos interiores, a pessoa pode fazer a correta escolha exterior. Antes disso, é muito difícil.

Portanto, os que sabiam insistiam em que a pessoa deveria desenvolver seus primeiros quatro corpos nos primeiros 25 anos de vida, e só então se casar, pois, com quem ela deveria se casar? Com quem ela gostaria de passar o resto de sua vida? Quem ela está procurando? Uma mulher procura que tipo de homem? Ela procura o homem que está dentro de si. Se, por coincidência, forem feitas as corretas conexões, tanto o homem como a mulher ficarão satisfeitos; do contrário, a insatisfação permanecerá e milhares de perversões resultarão disso; o homem vai então a uma prostituta ou procura uma vizinha e sua aflição cresce dia a dia, fatalmente aumentando essa miséria com o desenvolvimento do intelecto.

Se o desenvolvimento de uma pessoa cessar aos 14 anos, ela não sofrerá essa agonia, porque todo o sofrimento começa a partir do desenvolvimento do terceiro corpo. Se apenas os dois primeiros corpos forem desenvolvidos, a pessoa ficará satisfeita com o sexo. Assim, há duas maneiras: ou nos primeiros 25 anos, antes do casamento, desenvolvemos a pessoa até o quarto corpo, ou encorajamos o casamento de crianças*.O casamento de crianças significa casamento antes do desenvolvimento do intelecto, a fim de que a pessoa fique estagnada no sexo; então, não há nenhum problema, já que o relacionamento está inteiramente no plano animal. O relacionamento de uma criança casada é puramente um relacionamento sexual; nele, não há possibilidade de amor.

Agora, em lugares como os Estados Unidos, onde a educação fez grandes avanços e onde o terceiro corpo se desenvolveu completamente, os casamentos não dão certo. Isso é inevitável, pois o terceiro corpo se rebela com o parceiro errado. Não é possível continuar arrastando tais casamentos, e eles terminam em divórcio.

A educação correta é aquela que desenvolve os primeiros quatro corpos, que leva a pessoa até o quarto corpo. Aí o trabalho da educação se completa, pois nenhuma educação pode ajudá-lo a entrar no quinto corpo;

---

* Independentemente da idade cronológica dos parceiros, em todo o mundo são realizados casamentos antes do desenvolvimento, pelos parceiros, do terceiro corpo. Mas na Índia, país onde essas palestras foram proferidas, era uma prática bastante comum o casamento entre pessoas com menos de 14 anos de idade, em seu sentido cronológico. (N. do T.)

você precisa chegar ao quinto por si mesmo. A correta educação pode facilmente levá-lo até o quarto corpo. Depois disso, começa o desenvolvimento do quinto corpo, que é muito valioso e pessoal. A kundalini é o potencial do quarto corpo e por isso ela é um fenômeno psíquico. Espero que agora isso esteja claro para você.

Questão:

No shaktipat, há possibilidade de uma ligação psíquica entre o meditador e o médium? Isso pode ser nocivo ao meditador ou lhe é benéfico?

Laços que amarram nunca podem ser benéficos, porque, em si mesmos, laços são nocivos. Quanto mais profunda a fixação, pior. A amarração psíquica é algo muito nocivo; se alguém me prender em correntes, apenas meu corpo físico será afetado, mas, se alguém me laçar com correntes de amor, isso penetrará mais fundo e será mais difícil o rompimento. Se alguém me prender com a corrente da shraddha, da fé, isso irá ainda mais fundo, e quebrar essa corrente seria pecaminoso. Assim, todas as amarras são nocivas, e as amarras psíquicas o são ainda mais.

Quem atua como médium no shaktipat jamais desejará restringi-lo. Se ele fizer isso, não será digno de ser um médium, mas é bem provável que você se prenda a ele. Graças à grande bênção concedida, você pode agarrar os pés dele e jurar nunca o deixar. Nesse momento, é preciso ficar muito alerta; o meditador deveria se proteger da fixação. Contudo, se ficar claro ao meditador que todas as fixações provam ser pesados fardos na jornada espiritual, então o sentimento de gratidão não será uma força aprisionadora, mas uma força libertadora. Se eu lhe for grato por algo, onde estará a fixação? Na verdade, se eu não expressar minha gratidão, essa omissão permanecerá como uma escravidão interior, a de que nem demonstrei meu agradecimento. Mas a questão termina quando agradeço.

A gratidão não é uma escravidão; pelo contrário, é a expressão da liberdade suprema. Mas a tendência de ficarmos presos sempre existe dentro de nós, porque há um medo interior. Nunca estamos certos se seremos capazes de nos manter com nossas próprias pernas; então, há uma ânsia de nos apegarmos a alguém. Mais do que isso: quando alguém passa por uma rua escura à noite, ele canta alto, pois o som da própria voz alivia o medo. Se houver a voz de uma outra pessoa, isso também será algo a que se apegar, porém, basicamente, ele reúne forças e coragem a partir da própria voz. O ser humano está amedrontado, então se agarra a qualquer coisa; se uma pessoa que está se afogando encontrar um pedaço de palha boiando, rapidamente se agarrará a ela, embora isso não a proteja do afogamento, pois a palha afundará com ela. Por causa do medo, a mente tende a se agarrar a alguém, a alguma coisa, seja um guru, uma pessoa ou um objeto; ao fazermos isso, queremos nos proteger. O medo é a raiz de todos os tipos de amarra.

Os meditadores sempre deveriam ficar desconfiados em relação à segurança, pois ela é a maior rede de apego para eles. Se um meditador buscar segurança, mesmo por um único momento; se ele sentir que tem o apoio de alguém em cuja proteção nada tem a temer e, portanto, agora não se extraviará; se ele estiver pensando que não irá a lugar nenhum e que ficará sob as asas do guru para sempre, então já perdeu seu caminho. Para um buscador, não há segurança, e a insegurança é uma bênção para ele. Quanto maior a insegurança, maior a oportunidade para a sua alma se expandir e ficar audaz e destemida. Quanto maior a proteção, mais fraco ele se tornará, na mesma proporção. Aceitar ajuda é uma coisa, mas ficar dependente é outra bem diferente.

Apoio lhe é dado para que você possa ficar sem apoio. Ele lhe é dado com a intenção de que logo você não mais o necessite. Você já notou que, quando um pai está ajudando o filho a caminhar, ele segura a mão da criança e não a criança? Ela aprende a caminhar em alguns dias e, então, o pai não segura mais a mão da criança. Mas, no começo, pela confiança, o filho agarra a mão do pai. Se a criança agarrar a mão do pai, isso significará que, embora tenha aprendido a caminhar, não a deixará. E, se o pai segurar a mão da criança, sabe que a criança ainda não sabe caminhar e que é perigoso deixá-la por conta própria. O pai quer que sua mão seja logo liberada, e é por isso que ele ensina a criança a andar. Se um pai deixar que o filho continue a segurar sua mão pelo puro prazer que ele obtém disso, será inimigo desse filho.

Muitos pais e muitos gurus fazem isso, mas é um erro, ficando para trás o propósito pelo qual o apoio foi dado. Ao invés de uma pessoa forte e saudável que pode caminhar sobre os próprios pés, ele produziu um aleijado que dependerá de muletas por toda a vida. Contudo, isso é uma fonte de satisfação para o pai ou para o guru – saber que você não pode seguir o seu caminho sem o suporte dele. Dessa maneira, o ego deles fica satisfeito.

Mas tal guru não é um guru. Assim, cabe ao guru largar a mão do meditador e dizer-lhe firmemente para caminhar sobre os próprios pés. E não haverá mal se ele cair algumas vezes; ele pode se levantar. Afinal, a pessoa precisa cair para se erguer, e é necessário cair algumas vezes para superar o medo da queda.

A mente tenta se agarrar a algum suporte e, dessa maneira, começa o aprisionamento. Isso não deveria acontecer; o meditador deveria sempre ter em mente o fato de que não está buscando segurança, mas a verdade. Se ele for sincero sobre sua sede da verdade, deverá desistir de todas as ideias de proteção e segurança. A falsidade produz bastante proteção – e muito rapidamente também, de tal modo que aquele que está em busca de proteção seja instantaneamente atraído. Aquele que busca conveniência nunca escala a altura da verdade, pois a jornada é longa. Ele modela falsidade a partir de ideias fantasiosas e começa a acreditar que atingiu a iluminação, enquanto permanece exatamente onde estava.

Portanto, qualquer tipo de fixação é perigosa – e, ainda mais, a fixação a um guru, pois essa é uma fixação espiritual. O próprio termo "fidelidade espiritual" é contraditório. A liberdade espiritual tem um significado, mas a escravidão espiritual não tem sentido. Neste mundo, outros tipos de escravos são consideravelmente menos escravizados do que os escravos da espiritualidade, e há uma razão para isso. O quarto corpo, a partir do qual surge o espírito da liberdade, permanece sem ser desenvolvido. A maioria dos seres humanos se desenvolveu apenas até o terceiro corpo.

Frequentemente se observa um juiz da suprema corte ou um reitor de uma universidade ser admirador de um completo idiota. Ao perceber isso, outros seguem o exemplo, achando que, se alguém tão famoso é admirador dessa pessoa idiota... "Comparados com ele, não somos nada." Eles não sabem que, embora esse juiz ou esse reitor tenha desenvolvido completamente seu terceiro corpo e tenha desenvolvido seu intelecto até o nível mais elevado, permanece ignorante no que se refere ao quarto corpo. No que diz respeito ao quarto corpo, ele é tão ignorante como qualquer um. E seu terceiro corpo – aquele do intelecto e da razão desenvolvidos – está constantemente exausto pelo contínuo pensar e debates e está descansando agora.

Ora, quando o intelecto se cansa e relaxa, entrega-se a ocupações muito pouco inteligentes. Qualquer coisa que relaxa após uma atividade extrema toma um curso oposto a sua própria natureza. Esse é o perigo, e é por isso que invariavelmente encontramos juízes em ashrams*. Eles estão exaustos e aflitos com seu intelecto, então querem se livrar dele. Em uma tal condição, farão qualquer coisa irracional; eles simplesmente fecharão os olhos e depositarão sua fé em qualquer coisa. A alegação deles é que a aprendizagem, a razão e as discussões não os levaram a lugar nenhum, então as abandonaram. E, para romper todas as conexões com essas coisas, prontamente se agarram a algo que seja completamente contrário a elas. E o resto da multidão começa a imitá-los, pois dá crédito ao intelecto de pessoas tão bem colocadas. Essas pessoas podem ser bastante intelectuais, mas, em termos do quarto corpo, são nulas. Portanto, um ligeiro desenvolvimento do quarto corpo em algum indivíduo bastará para trazer os grandes intelectuais a seus pés, pois tem algo que falta completamente a eles.

Esse tipo de amarra ocorre quando o quarto corpo não está desenvolvido. Então, a mente quer se agarrar a alguém cujo quarto corpo esteja desenvolvido, mas isso não ajudará você a desenvolver seu quarto corpo. Seu quarto corpo pode se desenvolver somente ao entender tal pessoa. Contudo, para evitar a dificuldade de entendê-lo, você se agarra a essa pessoa e diz: "Qual é a necessidade de entender? Nos agarraremos a seus pés de tal modo que, quando você atravessar o rio do inferno, atravessaremos com você; seguraremos em seu barco para atravessar o rio do paraíso".

Para crescer em entendimento, a pessoa precisa sofrer; para o entendimento acontecer, é necessária uma transformação. O entendimento é um esforço, um caminho espiritual; ele precisa de empenho, trata-se de uma revolução. No entendimento, dá-se uma transformação, tudo muda. O velho precisa ser transformado no novo. Por que passar por todas essas dificuldades? É melhor se agarrar a alguém que sabe. Mas o fato é que ninguém pode atingir a verdade ao seguir alguém. A pessoa precisa seguir sozinha; trata-se de um caminho de total solidão. Dessa maneira, todo tipo de fixação é um obstáculo.

Aprenda, entenda, dê boas-vindas ao vislumbre sempre que o obtiver, mas não pare em nenhum lugar, não se estabeleça em nenhum lugar de descanso, não se prenda à mão estendida a você e a tome como o destino.

---

* Ashrams são locais de retiros religiosos, muito comuns na Índia. (N. do T.)

Entretanto, você achará muitos que dirão: "Não siga em frente, permaneça aqui, esse é o destino". Como já disse, algumas pessoas medrosas desejam se amarrar, e outras pessoas também medrosas desejam amarrá-las a fim de, elas próprias, sentirem-se destemidas. Quando uma pessoa se vê seguida por mil pessoas, fatalmente se sente sábia – do contrário, por que essas pessoas a seguiriam? Ela diz a si mesma: "Certamente sei algo; senão, por que essas pessoas estariam acreditando em mim?"

Você ficará surpreso ao saber que muitas vezes o fenômeno de transformar-se em um guru é causado por um complexo de inferioridade que gera a necessidade de aglomerar uma multidão à volta de si. Assim, um guru ocupa-se em aumentar o número de seguidores – mil, dez mil, vinte mil. Quanto maior o número, mais se assegurará de seu conhecimento – senão, por que essas pessoas o seguiriam? Esse raciocínio ajuda a elevar sua moral. Se esses seguidores forem embora, ele sentirá que tudo está perdido e que ele nada sabe.

Há muitos jogos mentais, e é melhor estar consciente deles, e esse jogo pode ser jogado dos dois lados. O discípulo está amarrado ao guru, e quem está amarrado hoje amarrará mais alguém amanhã, porque tudo isso é uma reação em cadeia. Quem é discípulo hoje, será guru amanhã. Por quanto tempo ele poderá permanecer discípulo? Se hoje ele se prendeu a alguém, verá que amanhã alguém se prenderá a ele. A escravidão se dá em série, e a razão intrínseca para tudo isso é o não desenvolvimento do quarto corpo. Se você se dedicar a desenvolver esse corpo, poderá ser independente. Então, não haverá escravidão.

Isso não significa que você se tornará desumano, que não terá conexões com pessoas. Pelo contrário, acontecerá justo o oposto: onde há escravidão, não há relacionamento. Entre um marido e uma mulher há escravidão. Não usamos a expressão "ligados ao sagrado matrimônio"? Enviamos convites em que se lê: "Meu filho – ou filha – está se unindo pelos laços do amor..." Onde há servidão, não há relacionamento. Como pode haver? Talvez, em algum futuro distante, um pai possa enviar um convite em que se leia: "Minha filha está se libertando no amor de alguém". E é um ponto de vista inteligente admitir que o amor de alguém a está deixando livre na vida; agora não haverá escravidão, pois ela está se libertando no amor. E o amor deveria dar nascimento à liberdade. Se mesmo o amor escravizar, o que mais no mundo libertará?

Onde há escravidão, há miséria, há inferno. As aparências enganam; por dentro, tudo está enferrujado. Há a escravidão guru-discípulo, pai-filho, marido-mulher e mesmo a de dois amigos, e onde há escravidão não pode haver relacionamento; se um relacionamento existir, a escravidão não será possível. Embora externamente pareça correto que onde há uma ligação deve haver um relacionamento, o fato é que somente podemos ter um relacionamento com a pessoa a quem de maneira nenhuma estejamos presos. É por essa razão que muitas vezes acontece de você contar coisas a um estranho que jamais contaria a seu filho.

Fiquei surpreso ao perceber que uma mulher fala mais abertamente a uma estranha a quem conheceu há apenas uma hora, e mesmo discute com ela, sobre coisas que não sonharia contar ao marido. É um fato: é mais fácil haver um relacionamento quando não há escravidão. É por isso que sempre somos muito amáveis com estranhos e não tão amáveis com aqueles que nos são próximos. Com estranhos, não há amarras e, daí, há um fácil relacionamento; com os que conhecemos, há amarras e, daí, nenhum relacionamento. Então, mesmo se você desejar bom-dia a alguém, isso parecerá uma obrigação.

Contudo, pode haver um relacionamento entre guru e discípulo, e todos os relacionamentos podem ser belos, mas a escravidão não pode ser bela. Relacionamento significa aquilo que liberta.

Havia um belo costume entre os mestres do zen. Quando um discípulo terminava o treinamento, o mestre lhe ordenava que fosse se juntar à escola de seu antagonista e estudasse lá. Ele dizia: "Você adquiriu conhecimento de um lado, agora adquira do outro". O meditador ia de um mosteiro a outro e, por anos, sentava-se para aprender aos pés do rival de seu mestre. Seu mestre dizia: "É possível que esteja correto o que meu oponente diz. Vá e escute tudo o que ele tem a dizer e, depois, decida por si mesmo. Após ouvir os dois, também pode ser possível que você seja capaz de decidir coisas melhores; ou, talvez, o que restar após descartar nós dois possa se revelar como a verdade. Assim, vá e procure". Isso só acontece quando a genialidade espiritual atinge seu crescimento supremo, e, nesse caso, nada pode prender.

Minha impressão é que, quando a condição deste país tornar-se tal que os mestres enviarão seus discípulos ao mundo sem cerceá-los, então haverá resultados maravilhosos. E quem sabe qual será o resultado final disso? Ora, não pode estar errada a pessoa que o envia para aprender e escutar outros, mesmo se tudo o que ela lhe ensinou se revelar errado. Quando tal pessoa lhe diz "Vá, procure em outro lugar; talvez eu esteja errado", mesmo se todos os seus ensinamentos se revelarem falsos, você será grato a ela. Ela jamais poderá ser acusada de erro, pois foi ela quem o enviou.

O que está acontecendo hoje é que todos prendem o meditador e o impedem de sair. Um guru proíbe seu discípulo de escutar outro guru. As escrituras dizem: "Nunca vá a outro templo. É melhor ser pisoteado por um elefante louco do que se refugiar no templo de um outro". Está sempre presente o medo de que alguma coisa caia nos ouvidos do meditador. Assim, mesmo se estiver correto o ensinamento de um guru que o cerceie, ainda assim ele estará errado e você nunca poderá ser grato a ele. Tal pessoa simplesmente o transformou em escravo, esmagou seu espírito e matou sua alma. Se isso for entendido, a escravidão não acontecerá.

Questão:

Você disse que, se o shaktipat for autêntico e puro, não haverá escravidão. Isso está correto?

Está correto, não haverá aprisionamento.

Questão:

A exploração psíquica é possível em nome do shaktipat? Como isso acontece e como o meditador pode se proteger contra isso?

Isso é possível. Muita exploração espiritual é possível em nome do shaktipat. Na verdade, onde há demanda e uma disposição de preencher essa demanda, sempre há exploração. Quando uma pessoa declara que dará algo, tomará algo de volta, porque dar e tomar andam juntos. Seja qual for a forma – riqueza, reverência, confiança –, ela tomará. Onde há o dar com insistência, com certeza há o tomar, e quem declara que dá fatalmente tomará mais em retorno; senão, não haveria necessidade de gritar no mercado.

Um pescador coloca uma minhoca no anzol da vara porque o peixe não come o anzol. Talvez algum dia o peixe possa ser induzido a engolir diretamente o anzol, mas é a minhoca que o atrai para a vara, e ele engole o anzol com a intenção de comer a minhoca. Só depois de engolir é que o peixe percebe que o anzol era o principal e que a minhoca era apenas uma isca. Mas, nessa altura, ele já foi pego.

Dessa maneira, tome cuidado sempre que você se deparar com alguém que afirma fazer shaktipat, que afirma que lhe dará sabedoria, que o levará ao samádi e que faz outras mil e tantas afirmações. Tome cuidado, pois quem pertence ao reino do além não faz loas de si mesmo. Se você disser a tal pessoa: "Experimentei a graça por sua causa", ela dirá: "Como isso pode ser? Eu nem estou sabendo disso. Deve ser um engano, deve ter acontecido pela graça de Deus". Seu agradecimento não será acolhido por tal pessoa; ela nem reconhecerá que é um veículo para o acontecimento e insistirá que a graça desceu porque você foi digno dela – que foi a compaixão de Deus que desceu sobre você. Quem é ele? Qual é a sua posição? Qual é o seu mérito? O que ele dirá é que absolutamente não entrou em cena.

Jesus estava passando por uma cidade e um homem doente lhe foi trazido. Jesus o abraçou e ele foi curado de todas as suas enfermidades, e esse homem disse a Jesus: "Como posso lhe agradecer? Você me livrou de todos os meus males".

Jesus replicou: "Não fale assim. Agradeça a quem merece. Quem sou eu e onde entro nisso?"

O homem disse: "Mas não havia ninguém aqui, exceto você".

E Jesus comentou: "Você e eu não somos nada. Você é incapaz de perceber aquele que é, e tudo acontece por intermédio dele. Ele o curou".

Ora, como tal homem pode explorar? O anzol precisa ser encoberto com a minhoca a fim de explorar. Assim, sempre que uma pessoa alega dar resultados, fique em guarda; quando ela alegar fazer isso e aquilo para você, estará simplesmente encobrindo o anzol com a minhoca, estará aumentando suas expectativas, incitando suas esperanças e desejos. E, quando você for possuído pelo desejo e disser: "Oh, amado mestre, dê...!", ele começará suas demandas. Logo você vai descobrir que a minhoca estava por fora e que o anzol estava dentro.

Fique atento a seus passos sempre que houver afirmações miraculosas; esse é um terreno perigoso. Evite o caminho em que alguém espera ser seu guru; há o risco de complicações aí. Como o buscador deve se guardar? Ele deve ser precavido contra aqueles que fazem propaganda de seus feitos e, assim, se salvará de todos os males. Ele não deve procurar aqueles que afirmam conseguir maravilhosos resultados; do contrário, enfrentará dificuldades, pois tais pessoas também estão buscando. Elas estão à espreita daqueles que cairão em suas armadilhas, e há pessoas assim em todos os lugares. Não peça nenhum ganho espiritual e não aceite nenhum atrativo espiritual.

O que você deve fazer é algo completamente diferente. Você deve preparar a si mesmo a partir do interior, e, no dia em que estiver pronto, o acontecimento inevitavelmente se dará. Ele acontecerá por meio de qualquer médium; o médium é secundário, é como um cabide. No dia em que você adquirir um casaco, o cabide estará pronto para pendurá-lo. O cabide não é muito importante, pois, se não houver um cabide, você poderá pendurar seu casaco sobre a porta; se não houver porta, poderá pendurá-lo no galho de uma árvore. Qualquer cabide servirá; a questão principal diz respeito ao casaco. Mas não temos o casaco, enquanto o cabide grita: "Venha aqui! Sou o cabide!" Você será pego se for, pois não tem o casaco; então, o que conseguirá ao ir ao cabide? Há o grande risco de você próprio ficar pendurado nele. Você precisa procurar seu próprio merecimento, sua própria capacidade, precisa se aprontar para ser capaz de receber a graça quando ela vier.

Não se preocupe com o guru; isso não é da sua conta. É por isso que está certo o que Krishna disse a Arjuna: "Leve a cabo as suas ações e deixe os frutos com o divino". Você não deve se preocupar com os resultados de suas ações; isso se tornaria um obstáculo e surgiriam todos os tipos de problema. E, em sua ansiedade pelo resultado, sua performance declinará. Por esse motivo, a própria ação deveria ser sua principal consideração.

Deveríamos estar interessados em nosso próprio merecimento e receptividade. No momento em que nosso esforço é completo – como quando uma semente alcança seu ponto de brotar –, nesse exato momento tudo é alcançado. O sol está sempre disponível para o momento em que o botão estiver pronto para abrir e desabrochar em uma flor. Mas como não temos o botão que se abrirá em uma flor, mesmo se o sol brilhar forte no céu, isso não terá utilidade. Nesse caso, não vá procurar o sol; concentre-se em desenvolver seu botão. O sol está ali para sempre e está sempre disponível.

Neste mundo, nem mesmo por um momento, um recipiente permanece sem ser preenchido. Todo tipo de receptáculo imediatamente se preenche. Na verdade, ser receptivo e ser preenchido não são dois acontecimentos; eles são dois lados do mesmo acontecimento. Se tivéssemos de remover todo o ar desta sala, ar fresco de fora imediatamente iria preencher o vácuo. Esses não são dois acontecimentos porque, quando removemos todo o ar da sala, o ar de fora corre para dentro. Essas também são as leis do mundo interior. No que nos diz respeito, dificilmente estamos prontos quando nossos esforços começam a dar resultados. Mas o problema é que nossas demandas começam muito antes de nossa preparação estar completa. E sempre existem falsas satisfações, para falsas demandas.

Algumas pessoas realmente me surpreendem. Um homem vem e diz: "Minha mente está muito inquieta; quero paz". Ele conversa comigo por meia hora e, no curso de sua fala, confessa que a causa de sua inquietude é que seu filho está desempregado. Se o filho conseguir um emprego, sua mente ficará sossegada. Ora, esse homem veio com a desculpa de que queria paz mental, mas seu pedido real era absolutamente diferente; ele nada tinha a ver com paz mental e só queria um emprego para o filho. Ele veio ao homem errado.

Quem entrou no comércio da religião diria: "Você quer um emprego? Venha aqui, eu lhe darei um emprego e também paz mental. Quem vier aqui obterá um emprego; quem vier aqui aumentará sua riqueza e os negócios correrão bem".

Em seguida, algumas pessoas ficarão em volta da "loja" e lhe dirão: "Meu filho conseguiu um emprego". Um outro dirá: "Minha mulher foi salva da morte". E um terceiro dirá: "Ganhei uma ação judicial". E um quarto dirá: "Estou ganhando muito dinheiro". Não é que essas pessoas estejam mentindo, que sejam pagas para dizer essas coisas ou que sejam agentes desse negócio. Não é isso. Quando mil pessoas vêm pedir emprego, dez inevitavelmente obterão emprego no curso normal das coisas. Essas dez permanecem, enquanto as outras 990 vão embora.

Então, essas dez lentamente espalham a notícia de que houve um "milagre", e a multidão à volta aumenta. É por isso que cada "loja" dessas tem vendedores e propagandistas. Os que dizem que seus filhos conseguiram um emprego não estão faltando com a verdade nem foram pagos pelo "dono da loja". Uma pessoa dessas também veio procurando e aconteceu de o filho conseguir um emprego. E aquelas cujos filhos não conseguiram emprego foram embora há muito tempo para procurar outros gurus que preenchessem seus desejos. Aqueles cujos desejos foram satisfeitos naturalmente começam a frequentar a loja; eles vêm a cada festival, todos os anos, e a multidão aumenta a cada dia que passa e forma-se um grupo de pessoas à volta do pretenso guru. Então, o que elas dizem torna-se seu incontestável testemunho.

Se o desejo de tantas pessoas foi satisfeito, por que não o seu? Essa é a minhoca, e o anzol que captura as pessoas está dentro.

Nunca peça, ou fatalmente você será pego. Prepare-se e submeta tudo à prova. Deixe que a graça aconteça quando o momento for propício para isso e se não acontecer saberemos que você ainda não está preparado para recebê-la.

O fato é que você sentirá a necessidade do shaktipat somente enquanto não o tiver experimentado. Se o primeiro shaktipat foi bem-sucedido, o assunto termina aí. É como tentar muitos médicos, porque a doença ainda não foi curada. É claro que é preciso mudar de médico, mas o paciente curado nunca pensa nisso.

A mais leve experiência de um vislumbre devido ao shaktipat torna esse pensar irrelevante. Além disso, uma vez alcançado esse vislumbre a partir de alguém, não faz nenhuma diferença se ele for novamente atingido a partir de uma outra pessoa. Trata-se da mesma energia, vindo da mesma fonte; apenas o médium é diferente – mas isso não faz nenhuma diferença. A luz é a mesma, venha ela do sol, de uma lâmpada elétrica ou de uma lamparina.

Se o acontecimento se deu, isso não faz nenhuma diferença e não há nenhum mal nisso, mas não ficamos procurando que aconteça. Se ele vier a você ao longo do caminho, aceite-o e siga em frente – mas não o procure. Se procurar, estará correndo risco, pois somente trapaceiros virão a seu encontro, e não alguém que realmente possa dar. Ele aparecerá apenas quando você não estiver procurando, quando você já estiver preparado. Assim, está errado procurá-lo, está errado pedir. Deixe que a experiência se dê em seu próprio tempo e deixe que a luz venha a partir de mil caminhos. Todos os caminhos provarão a autenticidade da mesma fonte original; ela é a mesma, apenas está aparecendo de todos os lados.

Outro dia alguém disse que foi a um sadhu, a um homem religioso, e afirmou que a sabedoria deveria ser da própria pessoa. O sadhu retrucou que não era assim – a sabedoria "sempre pertence a um outro, e tal e tal monge a deram para esse e para aquele; então, a sabedoria é passada de uma pessoa a outra".

Expliquei a esse amigo que a experiência de Krishna era dele próprio. Quando o sadhu diz que tal e tal a obtiveram desse e daquele, quer dizer que essa sabedoria que se revelou a ele não foi revelada só a ele; antes dele, ela foi revelada também a esse e àquele. Então, essa pessoa compartilhou o acontecimento com outra, e esse acontecimento também se deu nessa outra pessoa. Mas o que deve ser ressaltado aqui é que a revelação não poderia ser transmitida pelo mero contar; ela foi dita *após* o acontecimento. Assim, Krishna diz a Arjuna: "Esta sabedoria que estou transmitindo a você é a mesma que veio a mim, mas o meu relato não a trará a você. Quando ela lhe acontecer, você será capaz de dizer aos outros que ela é desta maneira".

Não vá mendigá-la, pois ela não é obtida de ninguém. Prepare-se para ela, e ela começará a vir de todas as direções. Então, um dia, quando o acontecimento se der, você dirá: "Como fui cego em não perceber o que estava vindo a mim de todas as direções!"

Um cego pode passar por uma lamparina ou por uma lâmpada elétrica ou sair ao sol, mas nunca verá a luz. Se um dia a sua vista for recuperada, ficará chocado ao perceber que sempre esteve cercado de luz. Dessa maneira, no dia do acontecimento, você a verá em toda a sua volta, e, até que chegue essa hora, seja grato sempre que obtiver o vislumbre da verdade. Tome-a de onde você puder obtê-la, mas, por favor, não a implore como um mendigo, pois a verdade nunca é obtida por quem mendiga. Não implore para receber a verdade, senão algum negociante poderá seduzi-lo com sugestões lucrativas e começará uma exploração espiritual.

Siga o seu caminho, prepare-se sempre e sempre e, quando acontecer de você encontrar a verdade, aceite-a. Ofereça sua gratidão e siga em frente; e, no momento da completa conquista, você não será capaz de dizer que a obteve desse ou daquele. Nesse momento, você dirá: "Que milagre obtive da existência! Recebi a verdade de todos que abordei". O agradecimento final será à existência e não a alguém em particular.

Questão:

Isso surgiu porque o efeito do shaktipat diminui gradualmente?

Sim, ele fica cada vez menor. Na verdade, o que é conseguido de outra pessoa fatalmente diminui. Trata-se apenas de um vislumbre, e você não deve depender dele. Você precisa despertá-lo dentro de você, e somente então ele será permanente. Todas as influências são externas, pertencem ao exterior. Ao pegar uma pedra e jogá-la para o alto, ela cairá de acordo com a força que exerci sobre ela. A pedra não tem força própria, mas, já que voa no ar, poderia pensar que tem força para atravessar o ar e que ninguém poderá detê-la. Ela não sabe o que causou isso, não sabe da força da mão por trás dela. Ela cairá, quer percorra dez metros ou vinte, mas cairá.

A única vantagem de uma influência externa é que, no vislumbre momentâneo que você experimenta, você pode ser capaz de encontrar sua fonte original; aí ela terá sido útil. É como se eu acendesse um fósforo; quanto tempo a chama vai durar? Você pode fazer duas coisas: ficar na escuridão e depender da luz de meu fósforo, e nesse caso em um momento a luz se extinguirá e você ficará em um breu; ou, na luz do fósforo você localiza a porta e corre para fora, deixando de depender de meu fósforo. Você está fora; agora não faz diferença se o fósforo está ou não queimando, você alcançou a luz do dia, algo tornou-se durável e estável.

Todos esses acontecimentos têm apenas uma utilidade: com a ajuda externa, você faz alguma coisa para si mesmo interiormente. Não espere esses acontecimentos, porque os fósforos repetidamente queimarão e apagarão e você ficará condicionado a eles, ficará dependente do fósforo e esperará no escuro que ele se acenda e, quando isso acontecer, ficará apreensivo com o momento em que ele se apagará e você ficará, novamente, mergulhado na escuridão. Isso se tornará um círculo vicioso. Não, você não deve parar no fósforo; ele é apenas o acesso para que, pela sua luz, você possa ver o caminho e sair da escuridão tão rapidamente quanto possível.

Esse é o benefício que podemos tirar do outro, e nunca poderá ser um ganho permanente; ainda assim, é um ganho e não deve ser negligenciado. É uma maravilha podermos obter isso de alguém. Se o outro for sábio e compreensivo, jamais lhe dirá para ficar; ele dirá: "O fósforo foi acesso, vá rápido, pois logo ele se apagará". Mas, se o médium lhe disser para permanecer, sob a alegação de que foi ele, e não outra pessoa, quem acendeu o fósforo; se ele lhe disser que você deveria ser iniciado por ele e jurar ser leal a ele, então esse relacionamento permanecerá. Se ele reivindicar seu direito sobre você e o proibir de ir a um outro lugar ou a escutar uma outra pessoa, você estará correndo risco.

Teria sido muito melhor se tal pessoa não tivesse acendido o fósforo, pois ela lhe fez um grande mal. No escuro, algum dia você encontraria sua saída e chegaria à luz, mas você arranjou um problema ao se agarrar a esse palito de fósforo. Aonde você irá agora? E uma coisa é certa: essa pessoa roubou de algum lugar esse fósforo. Ele não é dela; do contrário, ela teria conhecido a sua utilidade, teria sabido que ele se destina a ajudar alguém a sair da escuridão e não a interromper ou barrar alguém de seu progresso.

Portanto, esta pessoa está comercializando um fósforo roubado. Proclama que todos os que obtêm um vislumbre de seu brilho devem permanecer com ela e ser seus devotos; isso é o fim! Primeiro, a escuridão dificultava o caminho; agora, é esse guru quem o dificulta. E a escuridão é melhor do que um guru exigente, pois ela não estende as mãos para barrar você. A obstrução da escuridão é passiva, silenciosa, mas esse guru obstrui ativamente; ele o pegará pela mão e barrará seu caminho, dizendo: "Essa é uma deslealdade, é uma tapeação".

Outro dia, uma mulher me procurou e disse que seu guru objetara que ela viesse me ver. O guru disse: "Assim como um marido e uma mulher pertencem um ao outro e não a mais ninguém, assim também, se um discípulo abandonar o guru, será um grande pecado". Ele está certo – mas os seus fósforos são roubados. É fácil roubar fósforos, há muitos disponíveis nas escrituras.

Questão:

Fósforos roubados podem queimar?

O fato é que quem não viu a luz, não pode dizer o que foi aceso com o propósito de lhe mostrar a luz. Ao ver a luz real, somente então saberá o que é o quê; ele saberá não apenas o que foi aceso, mas também se algo foi realmente aceso ou se foi apenas levado a imaginar que uma luz se acendeu.

No momento em que a luz é vista, 99 por cento dos gurus serão identificados como amigos da escuridão e inimigos da luz. Somente então saberemos os inimigos perigosos que são; eles são os agentes da escuridão.

4

Os mistérios dos sete corpos
e dos sete chacras

Questão:

Na fala de ontem, você disse que o buscador deveria primeiro se preocupar com a própria receptividade e que não deveria mendigar de porta em porta. Mas o próprio significado de um sadhaka é que há obstáculos em seu caminho de crescimento espiritual, e ele não sabe como ser receptivo. É tão difícil encontrar o guia certo?

Buscar e pedir são duas coisas diferentes. Na verdade, apenas pede quem não quer buscar. Buscar e pedir não são uma coisa só; pelo contrário, são contraditórios, já que pede quem quer evitar a busca. O processo da busca e o processo do mendigar são muito diferentes; ao pedir, a atenção fica centrada no outro – em quem dá; no buscar, a atenção está centrada em si mesmo – em quem recebe. Dizer que há obstáculos no caminho do crescimento espiritual significa que há obstáculos dentro do próprio buscador. O caminho também está dentro, e não é muito difícil entender os próprios obstáculos. É necessário saber detalhadamente o que são obstáculos e como eles podem ser removidos. Ontem, falei-lhe sobre os sete corpos. Deveremos falar detalhadamente sobre os obstáculos, e isso ficará claro para você.

Como existem sete corpos, existem também sete chacras, que são centros de energia, e cada chacra está conectado de maneira especial com seu corpo correspondente. O chacra do corpo físico é o muladhar. Esse é o primeiro chacra e ele tem uma ligação integral com o corpo físico. O chacra muladhar tem duas potencialidades: a primeira é a natural, que nos é dada com o nascimento; a outra é alcançada pela meditação.

A potencialidade natural básica desse chacra é a ânsia sexual do corpo físico. A primeira pergunta que surge na mente do buscador é: o que fazer em relação a esse princípio central? Ora, há uma outra potencialidade para esse chacra, que é o brahmacharya, o celibato, que é atingido por meio da meditação. O sexo é a possibilidade natural, e o brahmacharya é a sua transformação. Quanto mais a mente estiver focada e presa pelo desejo sexual, mais difícil será atingir seu potencial supremo do brahmacharya.

Ora, isso significa que podemos utilizar de duas maneiras a situação que nos é dada pela natureza. Podemos viver na condição em que ela nos colocou – mas então o processo de crescimento espiritual não pode começar – ou transformar esse estado. O único perigo no caminho da transformação é a possibilidade de começarmos a lutar contra nosso centro natural. Qual é o perigo real no caminho de um buscador? O primeiro obstáculo é que, se o meditador se entregar apenas à ordem natural das coisas, não poderá se elevar até a possibilidade suprema de seu corpo físico e ficará estagnado no ponto inicial. De um lado, há uma necessidade, e do outro, há uma supressão que leva o meditador a lutar contra a ânsia sexual. A supressão é um obstáculo no caminho da meditação; esse é o obstáculo do primeiro chacra. A transformação não poderá surgir se houver a supressão.

Se a supressão é uma obstrução, qual é a solução? O entendimento resolverá o assunto. A transformação se dá dentro de você, quando começa a entender o sexo, e há uma razão para isso. Todos os elementos da natureza repousam cegos e inconscientes dentro de nós. Se ficarmos conscientes deles, começará a transformação. A consciência é a alquimia, a alquimia para mudá-los, transformá-los. Se uma pessoa despertar seus desejos sexuais com todas suas faculdades emocionais e intelectuais, o brahmacharya será gerado dentro dela no lugar do sexo. A menos que uma pessoa atinja o brahmacharya em seu primeiro corpo, fica difícil trabalhar as potencialidades dos outros centros.

Como já disse, o segundo corpo é o emocional ou o etéreo. Ele está conectado com o segundo chacra – swadhishthan. Esse também tem duas possibilidades. Basicamente, seu potencial natural é o medo, o ódio, a raiva e a violência. Se uma pessoa ficar estagnada no segundo corpo, as condições diretamente opostas de transformação – amor, compaixão, destemor, amabilidade – não poderão ser criadas. Os obstáculos no caminho do meditador no segundo chacra são o ódio, a raiva e a violência, e a questão diz respeito às suas transformações.

Aqui também ocorre o mesmo mal-entendido. Uma pessoa pode dar vazão à raiva; outra pode suprimi-la. Uma pode simplesmente ser medrosa, outra pode suprimir seu medo e dar uma demonstração de coragem, mas nada disso levará à transformação. Quando há medo, ele precisa ser aceito; de nada serve ocultá-lo ou suprimi-lo. Se houver violência por dentro, de nada serve cobri-la com o manto da gentileza. Gritos de *slogans* pacifistas não trarão mudança no estado de violência interno; ela permanece. Ela é uma condição que nos é dada pela natureza no segundo corpo e tem as suas utilidades, assim como o sexo também as tem. Só por meio do sexo pode-se dar nascimento a outros corpos físicos. Antes que o corpo físico de alguém pereça, a natureza providencia o nascimento de outro.

Medo, violência, raiva, tudo é necessário no segundo plano; não fosse assim, o ser humano não poderia sobreviver, não poderia se proteger. O medo o protege, a raiva o impele à luta contra outros e a violência o ajuda a se salvar da violência dos outros. Todas essas são qualidades do segundo corpo e são necessárias para a sobrevivência, mas geralmente paramos aí e não seguimos adiante. Se uma pessoa entender a natureza do medo, atingirá o destemor, e, se entender a natureza da violência, atingirá a compaixão. De maneira semelhante, ao entender a raiva, desenvolvemos a qualidade do perdão.

Na verdade, a raiva é um lado da moeda, e o perdão é o outro. Um se oculta atrás do outro, mas a moeda precisa ser virada. Se viermos a conhecer perfeitamente um lado da moeda, naturalmente ficaremos curiosos para saber o que está do outro lado – e assim a moeda vira. Se ocultarmos a moeda e fingirmos não ter nenhum medo, nenhuma violência interior, jamais seremos capazes de conhecer o destemor e a compaixão. Quem aceita a presença do medo dentro de si e o investiga inteiramente, logo chegará ao espaço onde desejará descobrir o que está por trás dele. Sua curiosidade o encorajará a procurar o outro lado da moeda.

No momento em que ele a gira, torna-se destemido. De maneira semelhante, a violência torna-se compaixão. Esses são os potenciais do segundo corpo. Assim, o meditador precisa desencadear uma transformação nas qualidades que lhe foram dadas pela natureza. E, para isso, não é necessário andar por aí pedindo aos outros; a pessoa precisa continuar a buscar e a pedir dentro de si mesma. Todos nós sabemos que a raiva e o medo são impedimentos, pois como um covarde pode procurar a verdade? Ele mendigará a verdade, desejará que alguém a dê a ele sem ter de entrar em terras desconhecidas.

O terceiro plano é o corpo astral. Esse também tem duas dimensões. Primariamente, o terceiro corpo gira em volta da dúvida e do pensar. Se forem transformados, a dúvida se tornará confiança e o pensar se tornará vivek, percepção. Se as dúvidas forem reprimidas, você nunca atingirá shraddha, confiança, embora nos aconselhem a suprimir as dúvidas e a acreditar no que ouvimos. Quem reprime suas dúvidas nunca atinge a confiança, pois a dúvida permanece presente dentro, embora reprimida. Ela rastejará por dentro como um câncer e devorará sua vitalidade. As crenças são implantadas pelo medo do ceticismo. Teremos de entender a qualidade da dúvida, teremos de vivê-la e de prosseguir com ela. Então, um dia, atingiremos um ponto em que começaremos a ter dúvida em relação à própria dúvida. No momento em que começarmos a duvidar da própria dúvida, começará a confiança.

Não poderemos atingir a clareza da discriminação sem passar pelo processo do pensar. Há pessoas que não pensam e há pessoas que as encorajam a não pensar. Elas dizem: "Não pense; abandone todos os pensamentos". Quem para de pensar vai aterrissar na ignorância e na fé cega, e isso não é clareza. O poder da discriminação é obtido somente após atravessar os processos mais sutis do pensar. Qual é o significado de vivek, da discriminação? A dúvida sempre está presente em pensamentos; ela é sempre indecisa. Portanto, quem pensa muito nunca chega a uma decisão; somente quando as pessoas saltam para fora da roda dos pensamentos é que poderão decidir. A decisão vem de um estado de clareza, que está além dos pensamentos.

Os pensamentos não têm relação com a decisão. Quem está sempre absorto em pensamentos nunca chega a uma decisão. É por isso que, invariavelmente, acontece de aqueles cuja vida está menos dominada por pensamentos serem muito resolutos, enquanto aqueles que pensam muito não têm determinação. Há perigo em ambas abordagens de vida. Quem não pensa segue em frente e faz o que estiver determinado a fazer, pela simples razão de que não tem nenhum processo de pensamento para alimentar a dúvida interior.

Os dogmáticos e os fanáticos do mundo são pessoas muito ativas e dispostas; para eles, não se levanta a questão da dúvida – eles nunca pensam!

Se sentirem que o paraíso será atingido ao matar mil pessoas, descansarão apenas após matar mil pessoas, e não antes. Eles nunca param para pensar no que estão fazendo, então nunca há nenhuma indecisão de sua parte. Alguém que pensa, pelo contrário, continuará pensando em vez de tomar alguma decisão.

Se fecharmos nossas portas pelo medo dos pensamentos, terminaremos com uma fé cega. Isso é muito perigoso e é um grande obstáculo no caminho do meditador. O que é necessário é um discernimento atento e pensamentos claros e resolutos que nos permitam tomar decisões. Este é o significado de vivek: clareza, percepção. Ela significa que o poder do pensar está completo, que atravessamos os pensamentos com tal detalhamento que todas as dúvidas foram esclarecidas. Agora, sobra apenas a pura decisão em sua essência.

O chacra pertencente ao terceiro corpo é o manipur, e a dúvida e a confiança são suas duas formas. Quando a dúvida é transformada, o que resulta é a confiança. Mas, lembre-se: a confiança não é oposta ou contrária à dúvida, mas o seu desenvolvimento mais puro e supremo. Ela é o extremo final da dúvida, onde mesmo a dúvida se perde, pois aqui a dúvida começa a duvidar até de si mesma e, dessa maneira, se extingue. Então, nasce a confiança.

O quarto plano é o corpo mental ou a psique, e o quarto chacra, anahat, está conectado com o quarto corpo. As qualidades naturais desse plano são a imaginação e o sonhar. É isto o que a mente está sempre fazendo: imaginando e sonhando. Ela sonha à noite e, durante o dia, devaneia. Se a imaginação for completamente desenvolvida, ela se tornará determinação, vontade. Se o sonhar se desenvolver completamente, será transformado em visão – visão psíquica. Se uma pessoa desenvolver inteiramente sua capacidade de sonhar, precisará apenas fechar os olhos e poderá perceber coisas. Ela poderá ver até através de uma parede. No começo, ela só sonha que vê além da parede; mais tarde, ela realmente vê além dela. Agora ela pode apenas supor o que você está pensando, mas, após a transformação, ela percebe o que você pensa. Visão significa ver e ouvir coisas sem o uso dos órgãos comuns dos sentidos. Para uma pessoa que desenvolve a visão, as limitações do tempo e do espaço deixam de existir.

Nos sonhos, você viaja longe. Se você estiver em Mumbai, chegará a Calcutá. Na visão, você também pode percorrer distâncias, mas haverá uma diferença: nos sonhos, você imagina que foi, mas na visão você realmente vai. O quarto plano, o corpo psíquico, pode realmente estar presente aí. Como não temos ideia da possibilidade suprema desse quarto corpo, no mundo de hoje descartamos o conceito antigo dos sonhos. A experiência antiga era a de que, em um sonho, um dos corpos da pessoa se desprende e faz uma viagem.

Havia um homem, Swedenborg, a quem as pessoas conheciam como um sonhador. Ele costumava falar do paraíso e do inferno e como eles podem existir apenas nos sonhos. Mas uma tarde, quando dormia, ele começou a gritar: "Socorro! Socorro! Minha casa está pegando fogo". As pessoas vieram correndo, mas não havia fogo ali. Elas o acordaram para lhe assegurarem que fora apenas um sonho e que não havia perigo. Entretanto, ele insistiu que sua casa estava pegando fogo. Sua casa estava a 500 quilômetros dali e tinha pegado fogo naquela hora, e no segundo ou terceiro dia chegou a notícia desse desastre. Sua casa virou cinzas e estava realmente pegando fogo quando ele gritou em sonho. Ora, esse não foi um sonho, mas uma visão; a distância de 500 quilômetros já não existia. Esse homem testemunhou o que estava acontecendo a 500 quilômetros de distância.

Os cientistas também concordam que há grandes possibilidades psíquicas no quarto corpo. Depois que o ser humano se aventurou no espaço, a pesquisa nessa direção tornou-se muito importante. Mesmo assim, não importa até que ponto são confiáveis os instrumentos à disposição do ser humano, não se pode contar com eles completamente. Se parar de funcionar o sistema de comunicação de uma espaçonave, os astronautas perderão contato com a Terra e não serão capazes de dizer onde estão ou o que lhes aconteceu. Assim, os cientistas estão hoje interessados em desenvolver a telepatia e a visão do corpo psíquico para combater esse risco. Se os astronautas fossem capazes de se comunicar diretamente por meio da telepatia, essa seria uma etapa do desenvolvimento do quarto corpo. A viagem no espaço deve ser segura, e muito trabalho tem sido feito com esse objetivo.

Há trinta anos, um homem foi explorar o polo Norte. Ele estava equipado com tudo o que era necessário para a comunicação sem fio, e uma providência a mais também foi tomada, sem que tenha sido divulgada. Um paranormal, com as faculdades de seu quarto corpo desenvolvidas, concordou em receber mensagens do explorador. O mais surpreendente foi que, quando havia mau tempo, os meios de comunicação falhavam, mas esse paranormal recebia as notícias sem nenhuma dificuldade. Quando mais tarde os diários foram comparados, foi descoberto que em 80 a 95 por cento do tempo a comunicação com o paranormal se deu sem problemas, enquanto as comunicações feitas pelo rádio se limitaram a 72 por cento do tempo, pois houve muitas interrupções das transmissões.

Muitos trabalhos estão sendo feitos no campo da telepatia, da clarividência, da projeção de pensamento e da leitura de pensamento, e todas essas são possibilidades do quarto corpo. Sonhar é sua possibilidade natural; perceber a verdade, perceber o real, é sua possibilidade suprema. Anahat é o chacra desse quarto corpo.

O quinto chacra é o vishuddhi. Ele está localizado na região correspondente à garganta. O quinto corpo é o espiritual, e o chacra vishuddhi está conectado a ele. Os primeiros quatro corpos e seus chacras têm duas possibilidades, mas essa dualidade termina no quinto corpo.

Como disse anteriormente, a diferença entre o masculino e o feminino se mantém até o quarto corpo; após ele, essa diferença termina. Se observarmos de perto, toda dualidade pertence ao masculino e ao feminino, e toda dualidade cessa onde deixa de haver distância entre o masculino e o feminino; exatamente nesse ponto. O quinto corpo é indivisível, não tem duas possibilidades, mas uma só.

É por isso que aqui não há muito esforço a ser feito pelo meditador, não há nada contrário a ser desenvolvido; aqui, a pessoa tem apenas de entrar. Quando atingimos o quarto corpo, desenvolvemos tantas capacidades e forças que fica muito fácil entrar no quinto corpo. Nesse caso, como poderemos apontar a diferença entre uma pessoa que entrou no quinto corpo e a que não entrou? A diferença é que aquela que entrou está completamente livre de toda a inconsciência. Ela não dormirá à noite, isto é, ela dorme, mas só o seu corpo dorme; alguém dentro está sempre desperto. Se ela se mexer no sono, saberá disso; se ela não se mexer, saberá disso; se ela se cobrir com um cobertor, saberá disso; se ela não se cobrir, também saberá. Sua consciência não se abrandará no sono; ela está desperta nas 24 horas do dia. Para quem não entrou no quinto corpo, o estado é justamente o oposto. No sono, ele está dormindo e, mesmo em suas horas de vigília, uma camada dele estará dormindo.

As pessoas aparentam estar trabalhando. Quando você chega em casa ao entardecer, o carro entra na garagem, o freio é acionado... Não se iluda de que você esteja fazendo tudo isso conscientemente; isso acontece inconscientemente, por pura força do hábito. Entramos realmente no estado de presença apenas em certos momentos, momentos de grande perigo; nos despertamos quando o perigo é tal que a falta de consciência seria desastrosa. Por exemplo: se um homem coloca uma faca em seu peito, você mergulha na consciência. Por um momento, a faca o leva direto para o quinto corpo. Com exceção desses poucos momentos em nossa vida, vivemos como sonâmbulos.

A mulher não vê adequadamente a face de seu marido nem ele vê a dela. Se o marido tentar visualizar a face da mulher, não será capaz de fazê-lo. As linhas de sua face começarão a fugir, e será difícil dizer se era a mesma face que ele viu pelos últimos trinta anos. Você nunca vê, pois é preciso haver uma pessoa desperta dentro de si para ver.

Quem está "acordado" parece estar vendo, mas não está realmente, pois está adormecido por dentro, sonhando, e muitas coisas estão se passando nesse estado de sonho. Você fica com raiva e diz: "Não sei como fiquei com raiva; eu não queria ficar". Você diz: "Perdoe-me! Não queria ser rude, foi um deslize meu". Você foi obsceno e você próprio nega a intenção de sê-lo. O criminoso sempre diz: "Não queria matar; aconteceu mesmo sem eu querer". Isso significa que estamos andando como autômatos; dizemos o que não queremos dizer, fazemos o que não queremos fazer.

Ao entardecer, prometemos levantar às 4 horas da manhã. Quando são 4 horas e o alarme toca, nos viramos e dizemos que não há necessidade de acordar tão cedo. Então, acordamos às 6 e ficamos com remorso por ter dormido demais, e de novo faremos a mesma promessa da véspera. É estranho, uma pessoa decide uma coisa ao entardecer e não a cumpre pela manhã! E o que ela decide às 4 horas da manhã novamente muda antes das 6 horas, e o que ela decide às 6 muda muito antes do entardecer e, no meio-tempo, ela muda mil vezes. Essas decisões, esses pensamentos, vêm a nós em nosso estado sonolento. Eles são como sonhos: expandem e explodem como bolhas. Não há ninguém desperto por trás deles, ninguém que esteja alerta e consciente.

Dessa maneira, o sono é uma condição inata antes do início do plano espiritual. Antes de entrar no quinto corpo, o ser humano é sonâmbulo, e, lá, a qualidade é a da vigília. Portanto, após o desenvolvimento do quarto corpo, podemos chamar o indivíduo de buda, de desperto; tal pessoa está acordada. Buda não é o nome de Gautama Sidarta, mas um nome dado a ele após ter atingido o quinto plano. Gautama, o Buda, significa Gautama, o que está desperto. Seu nome continuou sendo Gautama, mas esse era o nome da pessoa dormente; assim, gradualmente, ele caiu em desuso e permaneceu apenas Buda.

Essa diferença surge ao atingir o quinto corpo. Antes de entrarmos nele, todos os nossos atos são inconscientes e não merecem confiança. Em um momento, um homem jura amar e tratar com carinho a sua amada pelo resto de sua vida; e, no momento seguinte, poderia ser capaz de estrangulá-la. A união que ele prometeu por toda uma vida não dura muito. Esse pobre homem não deve ser condenado. Qual o valor de promessas dadas no sono? Em um sonho, posso prometer: "Este é um relacionamento que durará para sempre". Que valor tem essa promessa? Pela manhã, negarei isso, pois tratava-se apenas de um sonho.

Uma pessoa adormecida não pode ser confiável. Este nosso mundo é inteiramente um mundo de pessoas adormecidas; daí tanta confusão, tantos conflitos, tantas desavenças, tanto caos. Ele é o produto de pessoas adormecidas.

Há uma outra diferença importante entre uma pessoa adormecida e uma desperta, e deveríamos tê-la sempre em mente. Uma pessoa adormecida não sabe quem ela é; então, ela está sempre se esforçando para mostrar aos outros que é isso ou aquilo. Esse é o empenho de toda sua vida; de mil maneiras ela tenta se autoafirmar. Às vezes, ela sobe a escada da política e declara "Sou isso e aquilo", às vezes, constrói uma casa e ostenta sua riqueza, ou sobe uma montanha e ostenta sua força. Ela tenta se autoafirmar de todas as maneiras e, em todos esses esforços, sem saber, está, na verdade, tentando descobrir quem ela é. Ela não sabe quem é.

Antes de cruzar o quarto plano, não podemos encontrar a resposta. O quinto corpo é chamado de espiritual porque nele obtemos a resposta à pergunta "Quem sou eu?" Nesse plano, o brado do ego cessa para sempre; o alegar ser alguém especial imediatamente desaparece. Se você disser a tal pessoa "Você é isso e aquilo", ela dará risada. Para ela, cessaram todas as pretensões, pois agora ela sabe quem é. Não há mais nenhuma necessidade de se autoafirmar.

Os conflitos e os problemas do indivíduo terminam no quinto plano. Mas esse plano tem seus próprios obstáculos. Você veio a se conhecer, e esse conhecimento é tão bem-aventurado e gratificante que você pode querer interromper aqui sua jornada, pode não querer prosseguir. Até esse ponto, os obstáculos eram todos de dor e agonia; agora os obstáculos que começam são da bem-aventurança. O quinto plano é tão bem-aventurado que você não terá disposição de deixá-lo e seguir adiante. Portanto, o indivíduo que entra nesse plano deve ser muito cauteloso contra o apego à bem-aventurança e ao não seguir adiante. Aqui, a bem-aventurança é suprema e está no auge de sua glória; ela está em sua profundidade máxima. Acontece uma grande transformação interior naquele que se conheceu, mas isso não é tudo; ele deve seguir em frente.

A aflição e o sofrimento não obstruem nosso caminho tanto como a alegria; a bem-aventurança é muito obstrutiva. Foi difícil deixar a multidão e a confusão do mercado, porém é mil vezes mais difícil deixar a suave música da veena no templo. É por isso que muitos meditadores param no atma gyan, na autorrealização, e não se elevam até brama gyan, a experiência do brama – da realidade cósmica.

Deveríamos ser cautelosos em relação a essa bem-aventurança e fazer um esforço para não nos perdermos nela. Ela nos puxa para si mesma e nos submerge; ficamos completamente imersos nela. Não fique imerso na bem-aventurança; saiba que essa também é uma experiência. A felicidade foi uma experiência, a infelicidade foi uma experiência, e a bem-aventurança também o é. Posicione-se fora dela, seja uma testemunha. Enquanto houver experiência, há obstáculo e o supremo não foi alcançado. No estado final, todas as experiências cessam. A alegria e a tristeza chegam a um fim e, da mesma forma, a bem-aventurança. Contudo, nossa linguagem não vai além desse ponto, e por esse motivo descrevemos Deus como sat--chit-ananda – verdade, consciência e bem-aventurança. Essa não é a forma do ser supremo, mas é o máximo que as palavras podem expressar. Bem--aventurança é a expressão suprema do ser humano. Na verdade, palavras não podem ir além do quinto plano, mas sobre ele podemos dizer que ali, há bem-aventurança, há um despertar perfeito, há a percepção do ser. Tudo isso pode ser descrito.

Portanto, não haverá mistério a respeito daqueles que pararam no quinto plano. Sua fala soará como muito científica porque o reino do mistério repousa além desse plano. Até o quinto plano as coisas são muito claras. Acredito que mais cedo ou mais tarde a ciência absorverá as religiões que vão até o quinto corpo, pois a ciência será capaz de chegar até o *atman*.

Quando um buscador parte para esse caminho, vai atrás, principalmente, da bem-aventurança, e não da verdade. Frustrado pelo sofrimento e pela inquietude, ele parte em busca da bem-aventurança. Assim, quem busca a bem-aventurança definitivamente parará no quinto plano; portanto, devo lhe dizer para não procurar a bem-aventurança, mas a verdade. Então, você não ficará muito tempo ali.

Surgem algumas perguntas: "Há a bem-aventurança; isso está bem e é bom. Eu me conheço, e isso também está bem e é bom. Mas essas são apenas as folhas e as flores. Onde estão as raízes? Conheço a mim mesmo, sou bem-aventurado – isso é bom, mas de onde eu surjo? Onde estão minhas raízes? De onde eu vim? Onde estão as profundidades de minha existência? De qual oceano surgiu esta onda que sou eu?"

Se a sua procura for pela verdade, você seguirá adiante do quinto corpo. Portanto, desde o princípio sua procura deve ser pela verdade e não pela bem-aventurança; do contrário, sua jornada até o quinto plano será fácil, mas você parará ali. Se a busca for pela verdade, estará fora de cogitação parar ali.

Assim, o maior obstáculo no quinto plano é a alegria incomparável que experimentamos – ainda mais porque viemos de um mundo em que nada mais há além de dor, sofrimento, ansiedade e tensão. Dessa maneira, quando chegarmos a esse templo da bem-aventurança, haverá um desejo transbordante de dançar extasiado, de mergulhar, de ficar perdido nessa bem-aventurança. Esse não é o lugar para se perder. Você chegará a ele, e, então, não precisará se perder; você simplesmente se perderá. Mas há uma grande diferença entre se perder e ficar perdido. Em outras palavras, você atingirá um lugar do qual, mesmo se quiser, não poderá se salvar. Você se perceberá perdendo-se nele; não há o que você possa fazer para prevenir isso. Contudo, também no quinto corpo você pode se perder. Seu esforço e seu empenho ainda funcionam aí, e embora o ego esteja intrinsecamente morto no quinto plano, o "eu sou" ainda persiste. Portanto, é necessário entender a diferença entre o ego e o "eu sou".

O ego, a sensação do "eu", morrerá, mas a sensação do "sou" não morrerá. Há duas coisas no "eu sou"; o "eu" é o ego, e o "sou" é asmita – a sensação de ser. Assim, o "eu" morrerá no quinto plano, mas o ser, o "sou", permanecerá, o estado do "sou" permanecerá. Posicionado nesse plano, o meditador declarará: "Há infinitas almas, e cada alma é diferente e separada da outra". Nesse plano, o meditador vai tomar consciência da existência de infinitas almas porque ele ainda tem a sensação do "sou", a sensação de ser, que o faz sentir-se separado dos outros. Se a procura da verdade estiver firme na mente, o obstáculo da bem-aventurança poderá ser transposto – porque a bem-aventurança incessante torna-se enfadonha. O único acorde de uma melodia pode tornar-se maçante.

Bertrand Russell certa vez disse brincando:

Não me sinto atraído pela salvação porque ouvi dizer que não existe nada lá, exceto bem-aventurança. Só a bem-aventurança seria muito monótona – bem-aventurança, bem-aventurança e nada mais. Se não houver nem um traço de infelicidade – nenhuma ansiedade, nenhuma tensão nela –, por quanto tempo a pessoa poderá suportar tal bem-aventurança?

Ficar perdido na bem-aventurança é o obstáculo do quinto plano. Ele é muito difícil de ser ultrapassado, e às vezes são necessários muitos nascimentos para conseguir. Os primeiros quatro passos não são muito difíceis de dar, mas o quinto é muito difícil. Muitos nascimentos podem ser necessários para ficar entediado com a bem-aventurança, para ficar entediado com o ser, para ficar entediado com o atman.

Até o quinto corpo, a busca é a de se livrar da dor, do ódio, da violência e dos desejos. Após o quinto, o objetivo da busca é livrar-se do ser. Assim, há dois pontos: o primeiro é a liberdade de *algo*; esse é um ponto que é completado no quinto plano. O segundo ponto é a liberdade do ser, e um mundo completamente novo começa a partir daí.

O sexto é o brama sharira, o corpo cósmico, e o sexto chacra é o agya. Aqui, não há dualidade. A experiência da bem-aventurança torna-se intensa no quinto plano, e a experiência da existência, do ser, torna-se intensa no sexto. Asmita – eu sou – agora desaparecerá. Esse "eu" desaparece no quinto plano, e o "sou" continuará até você transcender este plano. O "é" – tathata, aquilo que é – será sentido. Em nenhum lugar haverá a sensação do "eu" ou do "sou"; permanece apenas aquilo que é. Assim, aqui haverá a visão da realidade, do ser – a percepção da consciência. Mas aqui a consciência está livre do "meu"; não se trata mais de *minha* consciência. Trata-se apenas de consciência – não mais *minha* existência, mas apenas existência.

Alguns meditadores param após alcançar o brama sharira, o corpo cósmico, porque veio o estado de "sou o brama" – do Aham bramasmi, quando não sou e apenas o brama é. Então, o que mais existe para procurar? O que buscar? Não sobra nada para procurar, agora tudo foi atingido. O brama significa o todo. Quem está nesse ponto diz: "O brama é a verdade suprema, é a realidade cósmica. Não há nada além".

É possível parar aí, e buscadores param nesse estágio por milhões de nascimentos porque parece não haver mais nada à frente. Assim, quem atingiu a visão do brama, ficará estagnado aí, não seguirá em frente. Esse estágio é muito difícil porque não há nada para atravessar; tudo foi percorrido. Para atravessar, não há necessidade de haver espaço? Se eu quiser sair desta sala, deverá haver outro lugar para onde ir. Mas agora a sala ficou tão enorme, tão sem começo e sem fim, tão infinita, tão sem fronteiras, que não há aonde ir. Onde vamos procurar? Nada restou a ser encontrado; tudo foi percorrido. Assim, a jornada pode parar nesse estágio por nascimentos infinitos.

Portanto, o brama é o último obstáculo – a última barreira na procura suprema do buscador. Agora, apenas o ser permanece, mas o não ser ainda precisa ser percebido. O ser, o "é", é conhecido, mas o que não é ainda permanece para ser conhecido. O sétimo plano é o nirvana kaya, o corpo nirvânico, e o seu chacra é o sahasrara. Nada pode ser dito em relação a esse chacra. Podemos apenas continuar a falar no máximo até o sexto – e também com grande dificuldade. A maioria do que for dito estará errado.

Até o quinto corpo, a busca progride dentro de parâmetros muito científicos; tudo pode ser explicado. No sexto plano, o horizonte começa a se apagar; tudo parece sem sentido. Indicações ainda podem ser dadas, mas, essencialmente, o dedo que aponta se dissolve e as indicações também deixam de existir, já que o próprio ser é eliminado. Assim, o brama, o ser absoluto, é conhecido a partir do sexto corpo e do sexto chacra.

Quem procura o brama meditará no chacra agya, que está entre os olhos. Esse chacra está conectado com o corpo cósmico. Aqueles que trabalham completamente nesse chacra começarão a chamar de terceiro olho a vastidão infinita que testemunham. Esse é o terceiro olho, por meio do qual podem agora ver o cósmico, o infinito.

Ainda resta uma jornada – a do não ser, a da não existência. A existência é apenas a metade da história; há também a não existência. A luz existe, mas, por outro lado, há a escuridão. A vida é uma parte, mas também existe a morte. Portanto, também é necessário conhecer a restante não existência, o vazio, porque a verdade suprema só pode ser conhecida quando ambas forem conhecidas – a existência e a não existência. O ser e o não ser, a existência e a não existência são conhecidos em sua inteireza; então, o saber está completo. Desse modo, conhecemos o todo; do contrário, nossa experiência estaria incompleta. Há uma imperfeição no brama gyan, pois ele não foi capaz de conhecer o não ser. O brama gyan nega que exista tal coisa como a não existência e a chama de ilusão; ele diz que ela não existe, que ser é a verdade e que não ser é uma falsidade; tal coisa não existe, então não surge a necessidade de conhecê-la.

Nirvana kaya significa shunya kaya, o vazio do qual saltamos do ser para o não ser. No corpo cósmico, algo ainda permanece desconhecido, e isso também precisa ser conhecido – o que é não ser, o que é ser completamente eliminado. Portanto, em certo sentido, o sétimo plano é a morte suprema. Como lhe disse anteriormente, o nirvana significa a extinção da chama; aquilo que era "eu" está extinto, aquilo que era "sou" está extinto, mas agora novamente penetramos no ser, no ser uno com o todo. Agora somos o brama, e isso também precisará ser deixado para trás. Aquele que está pronto a dar o último salto conhece a existência e também a não existência.

Esses são os sete corpos e os sete chacras e, dentro deles, repousam todos os meios como também as barreiras. Não há barreiras externas; portanto, não há muita razão de busca externa. Se você for perguntar a alguém ou for entender a partir de alguém, não fuja da dificuldade. Entender é uma coisa, fugir da dificuldade é outra. Sua busca deve sempre continuar, e tudo o que você ouviu e entendeu também deve se tornar sua busca. Não a torne sua crença, senão estaria admitindo como verdadeiro algo que precisa ser provado.

Você me pergunta algo e lhe dou uma resposta. Se você veio para esmolar, colocará isso em sua bolsa e guardará como seu tesouro. Então, você não é um meditador, mas um mendigo. Não, o que lhe disse deveria se tornar a sua busca, deveria acelerar a sua procura, deveria estimular e motivar a sua curiosidade, deveria colocá-lo em uma dificuldade maior, torná-lo mais inquieto e levantar novas perguntas em você, novas dimensões, de tal modo que você parta em um novo caminho de descoberta. Se você fez isso, não recebeu esmolas de mim e entendeu o que eu disse. E, se isso o ajudar a entender por si mesmo, não se tratará de esmolar.

Assim, saia para saber e para entender, saia para procurar. Você não é o único a procurar; muitos outros também estão procurando. Muitos procuraram, muitos atingiram a luminação. Tente saber e compreender o que aconteceu com tais pessoas e também o que não aconteceu; tente e entenda tudo isso. Mas, enquanto entende isso, não pare de tentar entender seu próprio ser, não ache que entender os outros tornou-se *sua* própria autorrealização. Não tenha fé nas experiências deles, não acredite cegamente neles. Em vez disso, transforme tudo em indagações, em perguntas, e não em respostas; então, sua jornada continuará e não será a mendicância; será a sua investigação.

O que o levará até o fim será a sua busca. À medida que você penetra em si mesmo, encontrará os dois lados de cada chacra. Como lhe disse, um é dado a você pela natureza, o outro você tem de descobrir. A raiva lhe é dada, o perdão você precisa encontrar; o sexo lhe é dado, brahmacharya você terá de desenvolver; sonhos você tem, a visão precisa ser desenvolvida.

Sua busca do oposto continuará até o quarto chacra. A partir do quinto, começará sua busca do indivisível, do adwaita – do não dual. Tente continuar sua busca daquilo que é diferente do que veio a você no quinto corpo; quando você atingir a bem-aventurança, tente descobrir o que há além dela. No sexto plano, você atinge o brama, mas continue a indagar: "O que há além do brama?" Então, um dia, você entrará no sétimo corpo, onde coexistem o ser e o não ser, a luz e a escuridão, a vida e a morte. Essa é a aquisição do supremo... e não há meio de comunicar esse estado.

É por isso que nossas escrituras vão até o quinto corpo ou, no máximo, tentam atingir o sexto. Quem tem uma mente completamente científica não fala sobre o que existe depois do quinto corpo. A realidade cósmica, que não tem fronteiras e é ilimitada, começa a partir daí. Místicos como os sufis falam dos planos além do quinto, mas é muito difícil falar desses planos porque a pessoa precisa se contradizer repetidamente. Se você verificar todas as transcrições do que disse um sufi, dirá que essa pessoa é louca. Às vezes ela diz uma coisa e outras vezes diz algo diferente; ela diz "Deus existe" e também diz "Deus não existe". Ela diz "Eu o vi" e, na mesma respiração, diz "Como alguém pode vê-lo? Ele não é um objeto que os olhos possam ver!" Esses místicos levantam tais perguntas e você ficará se perguntando se eles estão indagando aos outros ou a si mesmos.

O misticismo começa no sexto plano; portanto, onde não há misticismo em uma religião, saiba que ela foi até o quinto corpo. Mas o misticismo também não é o estágio final. O supremo é o vazio – o nada. A religião que vai até o misticismo termina no sexto corpo. O vazio é o supremo, o niilismo é o supremo, porque depois dele não há mais nada a se dizer.

Assim, a busca do adwaita, do não dual, começa no quinto corpo. Toda busca do oposto termina no quarto corpo. Todas as barreiras estão dentro de nós e são úteis porque, quando transformadas, tornam-se meios para o progresso.

Há uma rocha na trilha e, enquanto você não entender, ela será um obstáculo para você. "A rocha está no meu caminho. Como posso prosseguir?", você dirá. No dia em que compreender, ela se tornará uma escada. Subirá na rocha e seguirá em frente, agradecendo-lhe com as palavras: "Você foi uma benção para mim porque, após subir em você, encontrei a mim mesmo em um plano superior e agora estou atuando em um nível mais elevado. Você foi um meio e eu tinha considerado uma barreira". A trilha está bloqueada por um rochedo. O que acontecerá? Supere-o e saiba. Dessa maneira, supere a raiva, atravesse-a e alcance o perdão, que está em um nível diferente. Atravesse o sexo e atinja o brahmacharya, que está em um plano inteiramente diferente. Então, você agradecerá ao sexo e à raiva por serem degraus.

Cada rocha no caminho tanto pode ser uma barreira como um meio; depende inteiramente do que você faz com ela. Uma coisa é certa: não brigue com a rocha, pois, nesse caso, você apenas quebrará a cabeça e a rocha não será de ajuda. Se você lutar contra a rocha, ela bloqueará o seu caminho porque, sempre que você luta, você para; precisamos parar perto daquilo ou daquele com quem brigamos; não podemos brigar à distância. Por esse motivo, se alguém combater o sexo, terá de se envolver com ele tanto quanto alguém que é indulgente com ele. Na verdade, muitas vezes ele está mais próximo do sexo, pois quem é indulgente com ele algum dia poderá sair dele, poderá transcendê-lo, mas aquele que briga não pode sair dele, pois fica andando ao seu redor.

Se você lutar contra a raiva, você próprio ficará com raiva. Toda a sua personalidade ficará preenchida com a raiva, e cada fibra de seu corpo vibrará com ela; você transpirará raiva. As histórias que lemos de eruditos e de ascetas como Durwasa, que ficavam com muita raiva, acontecem porque lutavam contra ela; eles não podiam pensar em mais nada, exceto em maldizer. A personalidade de uma pessoa dessas se transforma em fogo. Essas são pessoas que lutavam contra as rochas no meio da trilha e que agora estão em dificuldade; elas se tornaram aquilo contra o que brigavam.

Lê-se sobre outros desses homens os quais donzelas celestiais desceram do céu e corromperam em um instante. Estranho! Isso só é possível se um homem lutou contra o sexo; fora isso, não é possível. Ele lutou tanto que se enfraqueceu; então, o sexo fica protegido em seu próprio espaço e apenas espera que o homem desmonte, podendo agora eclodir a partir de qualquer lugar. Há pouca possibilidade de tais donzelas descerem do céu – tais donzelas têm algum contrato para importunar esses homens reprimidos? Quando o sexo é fortemente reprimido, qualquer mulher comum torna-se um ser celestial. A mente projeta sonhos à noite e pensamentos durante o dia e fica completamente tomada por esses pensamentos. Então, algo que de maneira nenhuma é fascinante torna-se encantador.

O buscador deve tomar cuidado com a tendência de lutar contra os obstáculos. Ele deveria tentar ao máximo compreender, e por tentar compreender quero dizer entender o que lhe é dado pela natureza. Por meio daquilo que lhe é dado, atingirá o que ainda tem de ser atingido. Esse é o ponto de partida: se você fugir do que é o princípio, será impossível atingir o objetivo. Se você fugir apavorado do sexo, como atingirá o brahmacharya? O sexo foi a abertura dada pela natureza, e o brahmacharya é a busca que precisa ser entendida por meio dessa mesma abertura. Se você tiver a visãoa partir dessa perspectiva, não haverá necessidade de importunar ninguém; o que é requerido é a compreensão. Toda a existência está aí com o propósito de ser compreendida; aprenda de qualquer um, escute a todos e, finalmente, entenda seu próprio ser interior.

Questão:

Você nos esclareceu sobre os sete corpos. Poderia nos dizer o nome de alguns indivíduos – antepassados e modernos – que atingiram os corpos nirvânico, cósmico e espiritual?

Não se preocupe com isso, não tem nenhum propósito e não faz sentido; mesmo se eu lhe disser, você não terá como verificar. Tanto quanto possível, evite comparar e avaliar indivíduos, pois isso não se justifica e não é significativo. Abandone tais preocupações.

Questão:

Os que atingem o quinto corpo e os corpos restantes novamente assumem formas físicas após a morte?

Sim, isso é verdade. Aquele que atinge o quinto ou o sexto corpo antes da morte renasce no reino mais celestial e lá vive no plano dos devas. Ele pode permanecer nesse reino tanto quanto quiser, mas, para atingir o nirvana, precisará voltar à forma humana. Após atingir o quinto corpo, não há nascimento como um corpo físico, mas há outros corpos. Na verdade, o que chamamos de devas, ou deuses, significa o tipo de corpo que é obtido após alcançar o quinto corpo. Após o sexto corpo, mesmo esses não estarão presentes. Então, assumimos a forma do que chamamos de Ishwar, o ser supremo.

Mas todos esses ainda são corpos, e o tipo é um assunto secundário. Após o sétimo, não há corpos. Do quinto em diante, os corpos tornam-se mais e mais sutis até atingirem o estado de ausência de corpo após o sétimo.

Questão:

Em uma fala anterior, você disse que prefere que shaktipat seja tão próximo da graça quanto possível – que é melhor ser assim. Isso significa que há uma possibilidade de progresso e de desenvolvimento graduais no processo de shaktipat? Em outras palavras, existe a possibilidade de um progresso qualitativo no shaktipat?

Há toda probabilidade; muitas coisas são possíveis. Na verdade, é grande a diferença entre shaktipat e graça. Fundamentalmente, apenas a graça é útil e, sem um médium, está em seu estado mais puro, porque não haverá ninguém no meio para torná-la impura. É como quando vejo você diretamente com meus próprios olhos: sua imagem será absolutamente clara. Se eu colocar óculos, a visão não será tão pura, porque agora um intermediário entrou em cena. Ora, pode haver muitas variedades de médiuns – puros e impuros. Os óculos podem ser coloridos ou sem cor, e a qualidade das próprias lentes variará.

Assim, quando obtemos a graça de um médium, fatalmente há impurezas, e elas são do médium. Portanto, a mais pura das graças é aquela recebida diretamente, quando não há nenhum intermediário. Por exemplo: se pudéssemos ver sem os olhos, isso significaria a visão mais pura, pois mesmos os olhos são veículos e fatalmente causam alguma distorção. Alguém pode ter icterícia, outro pode ter "vista fraca" e ainda um outro pode ter um problema ocular diferente – essas são dificuldades possíveis. Um míope achará que determinada lente é um meio de muita ajuda; ela pode lhe dar uma visão mais clara do que seus olhos alcançam sem esse instrumento intermediário; assim, a lente se tornará um médium a mais. Agora há dois médiuns, mas o segundo compensa a debilidade do primeiro.

Exatamente da mesma maneira, a graça que chega a uma pessoa por meio de outra ganha impureza ao longo do caminho. Ora, se essas impurezas forem tais que neutralizem as impurezas internas do buscador, uma compensará a outra e o que acontecer será mais próximo da graça. Mas isso terá de ser decidido separadamente, caso a caso.

Portanto, minha preferência é pela graça direta. Não se preocupe com um médium. Se, em algum momento, ele for necessário no curso da vida, o vislumbre também poderá vir por meio dele, mas o buscador não deveria se preocupar ou ficar ansioso com isso. Não vá implorar, porque, como eu disse, o doador fatalmente aparecerá. Quanto mais denso o médium, mais adulterado será o efeito. Só quando o doador não está consciente do dar é que o shaktipat pode ser puro, mas, mesmo assim, não é graça. Você ainda precisará receber a graça diretamente, sem um médium; não deveria haver ninguém entre você e Deus, e você deveria ter isso sempre em mente, ess deveria ser o seu anseio e a sua procura. Muita coisa acontecerá no caminho, mas você não deve parar em nenhum lugar, e isso é tudo o que lhe é requerido. E você sentirá a diferença e, inevitavelmente, haverá diferenças qualitativas e quantitativas, e as razões para isso serão muitas.

O shaktipat pode acontecer por meio de um médium que atingiu o quinto corpo, mas não será tão puro quanto o que vier por meio de quem atingiu o sexto corpo, pois o seu asmita, o seu "sou", ainda está intacto. O "eu" está morto, mas o "sou" ainda permanece. Ora, esse "sou" ainda se sentirá vangloriado. Em uma pessoa do sexto corpo, o "sou" também desapareceu; há apenas o brama. Então, o shaktipat será mais puro, mas alguma ilusão ainda permanecerá porque embora o estado de ser tenha sido atingido, o estado de não ser ainda não o foi. Esse ser é um véu muito sutil – muito frágil, muito transparente, mas existe mesmo assim.

Dessa maneira, o shaktipat alcançado por meio de uma pessoa do sexto corpo será melhor do que aquele que vem de uma pessoa do quinto corpo e será muito próximo da graça direta. Contudo, não importa o quanto possa estar perto: a menor distância é, afinal de contas, uma distância. E quanto mais inestimável for algo, mais você descobrirá que mesmo a menor distância torna-se uma grande distância. O reino da graça é tão valioso que mesmo o véu mais sutil do ser se evidencia como uma barreira.

O shaktipat obtido de uma pessoa que atingiu o sétimo plano será o mais puro, mas ainda não será a graça. A forma mais pura do shaktipat desce por meio do sétimo corpo – o mais puro. Aqui, o shaktipat atingirá seu estado supremo, pois não há véu no que se refere a um médium, já que ele é uno com o vazio. Mas, no que se refere a *você*, há barreiras. Por toda a sua vida você o considerará como um ser humano; o seu véu causará a última barreira. Ele é uno com o vazio – ele não tem barreiras –, mas você o considerará como um indivíduo.

Suponha que eu atinja o sétimo corpo; eu saberia que atingi o vazio, mas e você? Você me considerará como uma pessoa, e essa noção de indivíduo se tornará o véu final. Você só pode se livrar dessa concepção quando o acontecimento se der no vazio sem forma. Em outras palavras, você não poderá apontar onde ou como o acontecimento se deu. Quando você for incapaz de encontrar a fonte, abandonará essa noção da intermediação de uma pessoa. O acontecimento não deve ter fonte. Se raios do sol estiverem vindo, você achará que o sol é um ser, mas, quando um raio vem de lugar nenhum, quando a chuva cai sem nenhuma nuvem, então desaparece o véu final formado pela personificação.

À medida que você continua, as distâncias tornam-se cada vez mais sutis, e o acontecimento final da graça se dará quando não houver ninguém no meio. Seu próprio pensamento de que há alguém no meio já é uma barreira. Enquanto houver dois, haverá muita obstrução: você estará ali e o outro também. Mesmo quando o outro não existe mais, *você* existe, e por causa disso a presença do outro também é sentida. A graça que desce sem qualquer fonte, sem nenhuma origem, será a melhor. O indivíduo em você megulhará nessa graça que vem do vazio. Se uma outra pessoa estiver presente, ela servirá ao propósito de salvar sua individualidade, apesar do fato de ela estar trabalhando para você.

Se você for a uma praia ou a uma floresta, entrará em contato com muita paz porque o outro não está presente ali e, então, seu eu permanece firme e forte. Se dois homens se sentarem em uma sala, haverá ondas de tensão, mesmo que não estejam brigando, discutindo ou mesmo conversando. Mesmo quando eles estiverem em silêncio, o eu de cada um estará constantemente atuando; a agressão e a defesa estarão presentes. Essas coisas podem acontecer em silêncio e não há necessidade de um encontro direto. Basta a mera presença de duas pessoas, e a sala fica repleta de tensão.

Se você tivesse completo conhecimento de todas as correntes que emanam de você, veria claramente que uma sala com duas pessoas foi dividida em duas e que cada indivíduo tornou-se um centro. As vibrações energéticas de ambos confrontam-se uma com a outra como exércitos em um campo de batalha. A presença do outro fortalece o seu eu. Quando o outro vai embora, a sala torna-se um lugar completamente diferente; você relaxa. O eu que estava excitado se permitirá relaxar; ele agora inclina-se contra a almofada e descansa, ele agora respira livremente, pois o outro não está mais presente. Daí, a importância da solitude: é relaxar seu ego e ajudá-lo a se recolher. Por essa razão, você fica mais à vontade perto de uma árvore do que em companhia de outra pessoa.

Em países em que as tensões entre as pessoas estão se tornando mais profundas, a tendência é viver com animais domésticos. É mais fácil viver com animais do que com seres humanos, pois eles não têm ego. Coloque uma coleira em um cachorro e ele fica feliz. Não podemos colocar uma coleira em um homem dessa maneira, embora tentemos arduamente. A mulher amarra o marido, o marido amarra a mulher, e os dois ficam felizes – mas essas coleiras são sutis e invisíveis a olho nu. Cada um tenta tirar a coleira e ficar livre, mas o cachorro caminha alegremente balançando o rabo. O prazer que o cão proporciona nenhuma pessoa pode proporcionar, porque imediatamente fará aparecer seu ego, e aí os problemas começarão.

O ser humano tenta gradualmente romper seu relacionamento com outros e estabelecer relacionamentos com objetos, pois eles são mais fáceis de lidar. Assim, a carga de objetos está aumentando a cada dia. Na casa, há mais artigos do que pessoas. Gente traz desordem e confusão; objetos não perturbam. A cadeira permanece onde a deixei; se eu me sentar nela, ela não criará problemas. A presença de árvores, de rios e de montanhas não é problemática; portanto, nos sentimos em paz perto delas. A razão é apenas esta: o ego não está nos exigindo, portanto, também ficamos relaxados. Quando o outro não está presente, qual a necessidade do ego? Então, o ego também não está presente. Porém, à mais leve insinuação do outro, o ego fica em primeiro plano. Ele fica preocupado com a própria segurança, com a falta de informação a respeito do que trará o próximo momento; daí ele precisar ficar o tempo todo preparado.

O ego sempre fica alerta até o último momento. Mesmo se você encontrar uma pessoa do sétimo plano, o ego fica alerta, às vezes excessivamente alerta diante de tal pessoa. Você não fica com tanto medo de uma pessoa comum; mesmo se ela o ofender, a ofensa não será tão profunda. Mas uma pessoa que atingiu o quinto corpo ou mais, pode atingi-lo profundamente no nível do mesmo corpo seu ao qual ela chegou. Seu medo fica maior porque "só Deus sabe o que ela fará". Você começa a sentir algo desconhecido, como se forças não familiares o estivessem observando por intermédio dela; você fica cauteloso e percebe um abismo à volta dela, fica alerta, em guarda, começa a sentir a atração do vale profundo e fica possuído pelo medo de que, se você for com ela, cairá nesse abismo.

É por esse motivo que, quando homens como Jesus, Krishna e Sócrates nascem, nós os matamos; a própria presença deles nos confunde e aproximar-se deles é aproximar-se intencionalmente do perigo. Então, quando eles morrem, nós os veneramos, pois agora não há perigo. Agora podemos modelar sua imagem em ouro e ficamos com as mãos em prece diante deles, chamando-os de nossos amados mestres. Mas, quando estavam vivos, nós os tratamos de uma maneira diferente, com muito medo deles. Esse medo é o do desconhecido; não sabemos ao certo do que se trata. Quanto mais fundo alguém penetrar em si mesmo, mais se tornará como um abismo para nós. É como quando alguém fica com medo de olhar para baixo a partir de uma grande altura, pois isso faz a cabeça girar. De maneira semelhante, olhar nos olhos de tal pessoa também cria medo; certamente nossas cabeças rodopiarão.

Há uma bela história sobre Moisés. Após Hazrat Moisés ter tido a visão de Deus, nunca deixou a face descoberta. Pelo resto da vida, ele andou com um véu sobre a face porque era perigoso olhar para ela; quem olhasse sairia correndo, pois havia um abismo infinito em seus olhos. Assim, Moisés andava com a face coberta, já que as pessoas tinham medo de seus olhos, que pareciam atraí-los como um ímã em direção àquele abismo desconhecido interior. As pessoas ficavam aterrorizadas, pois não sabiam aonde seus olhos as levariam e o que lhes aconteceria.

No que se refere a você, a pessoa que chegou ao sétimo e último plano também existe, mas você tentará se proteger dela, e uma barreira permanecerá. Nesse caso, o shaktipat também não pode ser puro. Ele será puro se você desistir de pensar que esse alguém é uma pessoa – mas isso só pode acontecer quando perder o seu eu. Quando você chegar ao estágio em que fica completamente alheio ao ego, será capaz de obter o shaktipat de qualquer lugar, porque não haverá mais sentido ele vir de alguém; ele se tornará sem fonte, terá se tornado graça.

Quanto maior a multidão, mais rígido e condensado o seu ego. Portanto, há muito tempo existe a prática de sair da multidão e tentar expulsar o ego na solitude. Mas o ser humano é estranho: se ele ficar sob uma árvore por muito tempo, começará a falar com ela e a se dirigir a ela como "você"; se ele ficar perto do oceano, fará o mesmo. O "eu" em nós fará tudo para se manter vivo; ele criará o outro, não importa aonde você vá, e estabelecerá relacionamentos sentimentais mesmo com objetos inanimados e começará a considerá-los como indivíduos.

Quando alguém se aproxima do último estágio, faz de Deus o outro, para que possa salvar seu "eu". Portanto, o devoto sempre diz: "Como poderemos nos unir a Deus? Ele é ele e nós somos nós. Estamos a seus pés e ele é Deus". O devoto não está dizendo nada mais do que isto: se você quiser ser uno com ele, terá de perder o seu ego. Assim, ele mantém Deus à distância e começa a racionalizar. E ele diz: "Como poderemos ser unos com ele? Ele é grande, é absoluto. Somos míseros proscritos; então, como poderemos nos unir a ele?" O devoto está salvando o "tu" para salvar seu "eu". Dessa maneira, o bhakta, o devoto, nunca sobe acima do quarto plano; ele nem chega ao quinto plano, pois fica estagnado no quarto. No quarto plano, em vez da imaginação, são visões que vêm a ele. Ele descobre todas as melhores possibilidades do quarto corpo. Muitos acontecimentos miraculosos se dão na vida do devoto, mas, mesmo assim, ele permanece no quarto plano.

O atma sadhaka (aquele que está procurando o ser), o hatha iogue (o iogue que passa por austeridades) e muitos outros que passam por práticas semelhantes alcançam no máximo o quinto plano. O desejo intrínseco deles é atingir a bem-aventurança, a libertação, a liberdade do sofrimento. Por trás de todos esses desejos está o "eu". É ele que diz "Quero a libertação" – e não se livrar do "eu", mas o "eu" ter a libertação. Ele diz: "Quero ser livre, quero a beatitude". Seu "eu" fica condensado; então, ele chega apenas ao quinto plano.

O raja iogue chega ao sexto plano; ele diz: "O que há no 'eu'? Eu não sou nada; apenas ele é o brama, é tudo". Ele está disposto a perder o ego, mas não está preparado a perder o seu ser. Ele diz: "Eu deveria permanecer como parte do brama; sou uno com ele, sou o brama. Eu deveria me deixar partir, mas meu ser interior permanecerá unido a ele". Tal buscador pode ir até o sexto corpo.

Um meditador como Buda atinge o sétimo plano porque está disposto a desistir de tudo – mesmo de brama. Ele está disposto a perder a si mesmo e a perder tudo. Ele diz: "Abandone o que restou. De minha parte, não quero que sobre nada; estou disposto a perder tudo". Quem está preparado para perder tudo está autorizado a ganhar tudo.

O corpo nirvânico é atingido apenas quando estamos preparados para ser nada. Então, há uma prontidão para conhecer até mesmo a morte. Muitos estão dispostos a conhecer a vida, e quem deseja conhecer a vida parará no sexto plano, mas quem está disposto a investigar também a morte será capaz de conhecer o sétimo plano.

Questão:

Por que o meditador que obteve a capacidade da visão e da vista sutil do quarto plano – e muitos atingiram esse estágio – não é capaz de revelar o conhecimento da Lua, do Sol, da Terra e de seus movimentos, como os cientistas fazem?

Em relação a isso, três ou quatro pontos precisam ser entendidos. O primeiro ponto é que muitos desses fatos foram revelados por pessoas como essas, do quarto plano. Por exemplo: há pouca diferença entre a idade da Terra como a declarada por elas e a declarada pelos cientistas, e não se pode dizer que a ciência esteja correta. Os próprios cientistas não afirmam que estão absolutamente certos.

Em segundo lugar, há ainda menos diferença na informação dada por cada um desses dois grupos sobre a forma e a dimensão da Terra. Além disso, mesmo em relação a esse assunto, não é necessariamente o caso de que os que alcançaram o quarto plano estejam errados em suas estimativas. A forma da Terra está continuamente mudando, a distância entre a Terra e o Sol não é a mesma dos tempos antigos, e o mesmo se aplica à distância entre a Lua e a Terra. A África não está onde costumava estar; ela já esteve unida à Índia. Milhares de mudanças ocorreram e ainda estão ocorrendo. Ao considerar essas mudanças constantes, você ficará surpreso ao saber que pessoas do quarto plano há muito tempo revelaram muitas das descobertas que a ciência está fazendo hoje.

Também deveria ser entendido que há uma diferença fundamental entre a linguagem usada pela pessoa do quarto plano e a usada pelo cientista. Essa é uma dificuldade muito grande, pois a pessoa do quarto plano não tem uma linguagem matemática. Ela tem a linguagem da visão, de imagens e de símbolos; ela tem a linguagem dos sinais. Como nos sonhos não há linguagem, na visão também não há. Se sonharmos à noite o que fizemos durante o dia, teremos de escolher o meio dos símbolos e dos sinais, pois ali não há linguagem. Se eu for uma pessoa ambiciosa que deseja estar acima de todo mundo, sonharei que sou um pássaro voando bem alto pelos céus e acima de outros pássaros. Nos sonhos, não serei capaz de expressar verbalmente que sou ambicioso; então, neles, toda a linguagem muda. Da mesma maneira, a linguagem da visão não é verbal, mas pictórica.

A interpretação dos sonhos começou a se desenvolver após Freud, Jung e Adler, e agora podemos descobrir o significado de um sonho. Da mesma maneira, tudo o que pessoas do quarto plano disseram ainda espera interpretações. Por enquanto, não somos capazes de explicar completamente o fenômeno do sonho, e a explicação das visões paranormais é um assunto bem diferente. Deveremos conhecer o significado do que é percebido em visões e o significado do que dizem as pessoas do quarto plano.

Por exemplo: quando Darwin disse que o ser humano evoluiu dos animais, falou em uma linguagem científica. Mas, se formos ler a história das encarnações hindus, descobriremos que essa nada mais é do que a mesma história dita há milhares de anos na forma simbólica. A primeira encarnação não foi de um ser humano, mas de um peixe. Darwin também disse que a primeira forma humana era a de um peixe. Ora, quando dizemos que a primeira encarnação era matsyaavatar – um peixe –, isso é simbólico. Esta não é a linguagem da ciência: uma encarnação e um peixe! Nós negamos essa afirmação, mas, quando Darwin disse que o primeiro elemento da vida veio na forma do peixe e que outras formas seguiram, prontamente concordamos, pois isso nos parece razoável. O método e a pesquisa de Darwin foram científicos.

Ora, os que tiveram visões perceberam o primeiro ser divino nascer como um peixe; o visionário fala a linguagem das parábolas. A segunda encarnação é uma tartaruga; essa criatura pertence tanto à terra como à água. Obviamente, a transição da vida da água para a terra não poderia ser repentina; deve ter havido um estado intermediário. Assim, seja qual fora criatura que evoluiu, deve ter pertencido tanto à terra como à água. Então, gradualmente, os descendentes da tartaruga começaram a viver sobre a terra e deve ter havido uma acentuada separação da vida na água.

Se você ler atentamente essa história das encarnações hindus, ficará surpreso ao notar que há muito tempo descobrimos o que Darwin descobriu milhares de anos mais tarde, e na correta ordem cronológica. Então, antes da metamorfose final, há o meio-homem, meio-animal – narsinh avatar. Afinal, os animais não se tornaram humanos de um só golpe; eles também precisaram passar por fases intermediárias onde havia meio-homens e meio-animais, já que é impossível um animal dar nascimento a um ser humano. Há um elo faltando entre o animal e o ser humano, que poderia ser narsinh– meio-homem e meio-animal.

Se entendermos todas essas histórias, saberemos que aquilo que Darwin disse em termos científicos, pessoas do quarto plano disseram há muito tempo na linguagem dos Puranas*. Mas, até agora, essas escrituras mitológicas hindus não foram adequadamente explicadas. A razão para isso é que os Puranas caíram nas mãos de pessoas ignorantes e incultas; elas não estão nas mãos dos cientistas.

Uma outra dificuldade é que perdemos a chave para decifrar o código dos Puranas. A ciência agora diz que o ser humano pode existir sobre a terra por no máximo mais uns quatro milhões de anos. A previsão em muitos Puranas é que este mundo não poderá durar mais do que cinco milhões de anos. A ciência fala em uma linguagem diferente e diz que o Sol esfriará em quatro milhões de anos e que a vida sobre a terra cessará junto com o Sol.

Os Puranas falam em uma linguagem diferente e, se dão um tempo de cinco milhões de anos e não de quatro, como dizem os cientistas, deve-se ter em mente que ainda não se sabe se a ciência está absolutamente correta. Poderiam ser cinco milhões – e acredito que sejam, porque pode haver um engano nos cálculos científicos, mas nunca há um engano na visão. A ciência aperfeiçoa-se a cada dia; hoje ela diz uma coisa, amanhã diz outra e num outro dia diz mais uma outra; ela precisa mudar a cada dia. Newton diz uma coisa, Einstein diz outra.

A cada cinco anos a ciência muda suas teorias, pois se depara com melhores respostas. Assim, não se pode saber se o definitivo na ciência será diferente das visões do quarto plano. E, não havendo coincidência entre as duas abordagens, não é necessário tomar decisões precipitadas com base no que a ciência diz hoje ou no que os visionários disseram, uma vez que a vida é tão profunda que apenas mentes não científicas tomam decisões precipitadas. Se examinarmos as descobertas da ciência nos últimos cem anos, descobriremos que todas as descobertas feitas há cem anos se parecem com os contos

---

* Puranas é uma escritura indiana elaborada na forma de contos ou poemas. (N. do T.)

dos Puranas: ninguém mais está disposto a acreditar nelas, pois outras coisas, e melhores, foram descobertas no curso do tempo.

O código que revelou a verdade nos Puranas não pode ser decifrado. Por exemplo: se houvesse uma terceira guerra mundial, o primeiro resultado dela seria que todas as pessoas educadas e civilizadas seriam destruídas. Apenas as pessoas sem instrução permaneceriam, o que é estranho. Seriam salvas algumas tribos primitivas nas distantes montanhas e florestas da Índia, e ninguém seria poupado em Mumbai ou em Nova York. Quando há uma guerra mundial, sempre são as melhores comunidades as destruídas, já que são elas as atacadas. Algum jovem aborígine em Bastar, na Índia, poderia sobreviver e contar a seus filhos depois sobre os aviões no céu, embora não pudesse explicá-los. Ele os viu voando, e essa é a verdade, mas não pode explicar o como e o porquê disso, pois não tem o código. O código estava com as pessoas de Mumbai, e agora elas estão mortas.

Por uma ou duas gerações, as crianças poderão acreditar nos mais velhos, porém, mais tarde, perguntarão em dúvida: "Vocês os viram?" E os mais velhos replicarão: "Isso nos foi contado por nossos pais – e, por sua vez, foram seus pais que lhes disseram que aviões voaram no céu, veio a grande guerra e tudo foi destruído."Sem dúvida as crianças perguntarão: "Onde estão os aviões? Mostre-nos algumas indicações, algum sinal". Após mil anos, as crianças dirão: "Isso é tudo imaginação de nossos antepassados. Ninguém voa no céu".

Tais eventos *aconteceram*. Neste país, o conhecimento obtido pela mente psíquica foi destruído na batalha de Mahabarata. Agora ele é apenas uma história, e suspeitamos se Rama pôde voar de Sri Lanka em um avião. Isso levanta suspeitas porque, quando não resta nem uma bicicleta daquela época, um avião parece uma impossibilidade; e não há nenhuma menção disso em nenhum livro. Na verdade, foi destruído nessa guerra todo o estoque de conhecimento que havia antes de Mahabarata. O que pôde ser mantido na memória foi tudo o que pôde ser salvo. Portanto, os nomes dos antigos ramos do conhecimento eram smriti – tradicionalmente lembrados e escritos mais tarde – e shruti – tradicionalmente ouvidos e depois escritos. Essas são coleções de conhecimentos que foram lembrados e ditos; elas não são uma descrição de fatos provados e testados. Alguém disse a outro alguém, que disse a alguém mais, e juntamos e mantemos todas essas coisas na forma dessas escrituras, mas não podemos afirmar que exista alguma prova delas.

Lembre-se também que a *intelligentsia* do mundo consiste em um número muito reduzido de pessoas. Ao morrer um Einstein, é difícil encontrar outra pessoa para explicar a teoria da relatividade; ele próprio disse que havia não mais do que dez ou doze pessoas que entendiam sua teoria. Se essas doze morressem, teríamos livros sobre a relatividade, mas ninguém que a entendesse. Da mesma maneira, Mahabarata destruiu todas as pessoas competentes daquela época, e o que permaneceu se tornou apenas relatos. Agora, contudo, são feitos esforços para comprová-los, mas somos desafortunados aqui na Índia pois nós próprios não estamos fazendo nada nessa direção.

Recentemente, foram encontradas ruínas de cerca de 4.000 a 5.000 anos de idade do que parece ter sido um aeroporto; não há outra explicação possível para tal lugar. Foram encontradas construções que não podiam ser feitas sem maquinários. Realmente, as pedras que foram erguidas para construir as pirâmides ainda estão além de nossa compreensão. Aquelas pedras foram colocadas ali – isso é certo –, e por seres humanos. Ou aquelas pessoas tinham máquinas elaboradas à sua disposição ou fizeram uso do quarto corpo.

Por exemplo: descreverei um experimento que você pode tentar. Deixe que alguém se deite no chão; agora, quatro outros devem ficar à volta dele. Dois devem colocar os dedos sob os joelhos dele, um de cada lado, e os outros dois, de maneira semelhante, sob seus ombros, cada um usando apenas um dedo. Então, cada um deve tomar a firme decisão de levantá-lo do chão apenas com o dedo. Eles devem respirar fundo por cinco minutos, depois segurar a respiração e levantar o homem. Eles podem conseguir levantar o homem apenas com um dedo. Assim, as grandes pedras das pirâmides ou foram erguidas por guindastes gigantes ou por alguma força psíquica. Os antigos egípcios devem ter utilizado algum desses métodos; não há outra maneira. As rochas estão ali e foram colocadas ali; isso não pode ser negado.

Um outro ponto a ser considerado é que a força psíquica tem dimensões infinitas. Não é absolutamente necessário que uma pessoa que atingiu o quarto plano deva saber a respeito da Lua. É possível que ela não esteja interessada em saber; ela pode não considerar isso como importante. Tais pessoas estão interessadas em saber de outras coisas – coisas mais valiosas, de acordo com elas – e completaram suas buscas naquela direção. Por exemplo: elas podem estar querendo saber se espíritos existem ou não – e agora elas sabem. A ciência também descobriu que espíritos existem. Os que atingiram o quarto corpo queriam saber aonde as pessoas vão após a morte e como.

Os que atingem o quarto corpo dificilmente têm algum interesse no mundo material. Eles não se importam com o diâmetro da Terra... Esperar que eles se interessem por tais assuntos é como se crianças dissessem a adultos: "Não os consideramos sábios porque vocês não sabem como é feito um boneco. O garoto vizinho sabe tudo sobre isso; ele é um sabe-tudo". Do ponto de vista delas, elas estão certas, pois estão interessadas em saber o que tem dentro de um boneco, enquanto os adultos podem não estar interessados nisso.

A indagação de uma pessoa do quarto plano tem outras dimensões, ela deseja saber a respeito de outras coisas, deseja saber sobre a jornada da alma após a morte: aonde uma pessoa vai quando morre, que caminhos ela percorre, quais são os princípios dessa jornada, como ela nasce de novo e se a data e o local de nascimento podem ser previstos. Essa pessoa não está interessada em astronautas indo para a Lua; isso é irrelevante para ela. Ela está ávida para descobrir maneiras de atingir a iluminação humana, pois só isso lhe é significativo. Tal pessoa está sempre querendo saber como o atman entra no útero quando uma criança é concebida, se o atman pode ser ajudado a escolher o útero certo e quanto tempo leva para ele entrar no embrião.

Há um livro tibetano chamado *O livro tibetano dos mortos*. Todos no Tibete que atingiram o quarto corpo trabalharam em um só projeto: como uma pessoa pode ser mais bem assistida após a morte? Suponha que você esteja morto e que eu o ame, mas não posso ajudá-lo após a morte. Mas, no Tibete, eles tomaram amplas providências para guiar e assistir uma pessoa e encorajá-la a escolher um nascimento especial e a entrar em um útero especial. A ciência levará tempo para descobrir isso, mas ela descobrirá, com certeza. E os tibetanos encontraram maneiras e meios de testar a validade desses acontecimentos.

Quando um dalai-lama morre, antes ele diz onde nascerá em seguida e como os outros poderão reconhecê-lo; ele deixa símbolos para ajudar o reconhecimento, e, depois de morrer, a busca começa por todo o país. A criança que revela o segredo dos símbolos é considerada como a encarnação do lama morto, porque só ela sabe o segredo. O dalai-lama atual foi descoberto dessa maneira, pois quem o precedeu deixou um símbolo. Um dizer especial foi proclamado em todas as vilas, e a criança que pudesse explicá-lo seria considerada como aquela na qual a alma do lama anterior achou guarida. A busca levou muito tempo, mas finalmente foi descoberta a criança que pôde explicar o código. Tratava-se de uma fórmula muito secreta e apenas o autêntico dalai-lama poderia conhecer seu significado.

Assim, a curiosidade da pessoa do quarto plano é inteiramente diferente. Infinito é o universo e infinitos são os seus mistérios e segredos. Não considere que a pesquisa científica, até o momento, descobriu tudo o que deve ser descoberto. Mil novas ciências virão à luz, porque existem milhares de direções e dimensões diferentes. E, quando novas ciências se desenvolverem, as pessoas nos chamarão de não científicos, pois não sabemos o que elas saberão. Mas não deveríamos chamar os antigos de não científicos; apenas que a curiosidade deles era de uma natureza diferente. Os possíveis campos de indagação são muitos diversos.

Podemos muito bem perguntar por que, quando encontramos curas para tantas doenças, essas pessoas do quarto plano não as encontraram. Você ficaria chocado ao saber o número de ervas medicinais prescritas nos ramos da medicina aiurvédica e yunanic. Como essas pessoas, sem a ajuda de pesquisas em laboratório, descobriram as curas apropriadas para cada doença? Há toda a possibilidade de terem feito isso através do quarto corpo.

Há uma história bem conhecida sobre Vaidya Lukman que diz que ele ia a cada planta e lhe perguntava qual era o seu uso. Essa história se tornou sem sentido no mundo de hoje, pois parece ser uma falha da lógica esperar que plantas falem. Também é um fato que há algumas décadas não se supunha que as plantas tivessem vida, mas agora a ciência admite que há vida nelas; não acreditávamos que as plantas também respiram, e agora admitimos isso; não acreditávamos que as plantas podem sentir, mas agora temos de admitir que elas sentem. Quando você está com raiva e se aproxima de uma árvore, o estado psíquico dela muda, e, quando você está amando e se aproxima dela, de novo ela muda. Assim, não será extraordinário se descobrirmos nos próximos cinquenta anos que também podemos falar com elas – mas esse será um desenvolvimento gradual.

Contudo, Lukman provou isso há muito tempo, mas esse modo de conversação não poderia ser igual ao nosso. Tornar-se uno com plantas é uma qualidade do quarto corpo, e, então, elas podem ser indagadas. Acredito nessa história porque não há a menção de nenhum laboratório grande o suficiente naqueles dias em que ele pudesse desenvolver suas pesquisas sobre milhões de variedades de ervas colocadas em uso. Isso é improvável porque, se realizado cientificamente, cada erva iria requerer toda uma vida para revelar seus segredos, e esse homem falou de um número ilimitado de ervas. Agora a ciência admite a eficácia de muitas dessas ervas na cura de doenças, e elas ainda são usadas. Todas as pesquisas desenvolvidas no passado são o trabalho de pessoas do quarto plano.

Hoje em dia tratamos de milhares de enfermidades, o que é não científico em demasia. A pessoa do quarto plano dirá: "Não existem doenças. Por que vocês as estão tratando?" A ciência não entende isso e a alopatia está incorporando novos métodos de tratamento. Em alguns hospitais nos Estados Unidos, pesquisadores estão trabalhando com novos métodos. Suponha que haja dez pacientes sofrendo do mesmo mal; cinco estão recebendo injeções de placebo e cinco estão recebendo o tratamento habitual. O resultado é que os pacientes dos dois grupos respondem da mesma maneira ao tratamento, e isso prova que os tratados com placebo não estavam realmente doentes, mas apenas imaginando estar. Se essas pessoas tivessem recebido o tratamento habitual para o seu mal, isso teria envenenado o seu sistema e causado efeitos colaterais. Elas não precisavam de tratamento.

Muitas enfermidades surgem de tratamentos desnecessários, sendo então difícil curá-las. Se você não tiver uma doença real – apenas uma enfermidade ilusória –, o remédio para essa doença terá de agir de alguma maneira, embora não haja anomalias em você, e ele criará venenos para os quais você terá de se submeter a novos tratamentos; a enfermidade ilusória finalmente se tornará real. De acordo com a ciência, 90 por cento das enfermidades são psicossomáticas. Há oitenta anos, a ciência moderna se recusava a acreditar nisso, mas agora a alopatia admite que isso poderia ser verdadeiro em 50 por cento dos casos. Por essa ser a realidade, digo que os cientistas terão de admitir os 40 por cento a mais.

Não há, agora, ninguém para definir o que a pessoa do quarto plano sabia naqueles tempos; ninguém tentou interpretá-la, ninguém pode comunicar esse conhecimento em termos científicos atuais; essa é a única dificuldade. Uma vez que isso possa ser feito, não haverá problema. Mas a linguagem das parábolas é muito diferente.

Hoje os cientistas dizem que os raios do Sol passam através de um prisma e se dividem em sete partes e, dessa maneira, se separam em sete cores. Os videntes dos Vedas diziam: "O deus Sol tem sete cavalos de sete cores". Ora, essa é a linguagem das parábolas. "O Sol tem sete cavalos de diferentes cores e cavalga neles" significa que os raios do Sol se dividem em sete partes. Uma descrição é parábola, e a outra é a versão científica. Teremos de entender a linguagem das parábolas da mesma maneira que hoje entendemos a linguagem da ciência; não deveria haver nenhuma dificuldade.

Pessoas com faculdades parapsíquicas predizem coisas muito mais cedo, e a ciência as entende muito mais tarde. Mas as previsões são todas em uma linguagem simbólica. Apenas quando a ciência prova o mesmo fato é que elas são expressas na linguagem normal e cotidiana; antes disso, não há linguagem. Se você investigar profundamente, ficará surpreso ao saber: a ciência é apenas uma recém-chegada, e a linguagem e a matemática vieram muito antes. Que estatística poderiam usar as pessoas que descobriram a linguagem e a matemática? Que meios elas poderiam ter, que medidas? Como elas vieram a saber que a Terra dá uma volta ao redor do Sol a cada ano? Essa volta da Terra ao redor do Sol é que foi tomada como um ano. Ora, essa é uma descoberta muito antiga, feita muito tempo antes da chegada da ciência; e o mesmo se dá com a informação de que existem 365 dias no ano. Mas não parece que os videntes antigos usaram métodos científicos; portanto, a visão psíquica é a única resposta alternativa.

Um fato muito estranho veio à luz. Um homem na Arábia Saudita tem um mapa do mundo de 700 anos de idade. Trata-se de uma visão aérea do mundo, que não poderia ser concebida a partir da Terra. Há apenas duas possibilidades: ou havia aviões há setecentos anos – e isso não parece possível – ou alguém se ergueu àquela altura em seu quarto corpo e desenhou o mapa. Uma coisa é certa: não havia avião naquela época. Mas esse mapa aéreo do mundo foi feito há setecentos anos. O que isso significa?

Se fôssemos estudar Charak e Sushrut, dois antigos mestres da ciência das ervas, ficaríamos chocados ao descobrir que eles descreveram tudo sobre o corpo humano, o que os cientistas vieram a conhecer pela dissecação. Poderia haver apenas duas maneiras de chegarem àquele conhecimento. Uma possibilidade é a cirurgia ser tão sutil naquele tempo a ponto de não haver evidência dela – pois nenhum instrumento cirúrgico ou livros de cirurgia foram descobertos. Mas há descrições minuciosas de partes do corpo humano – partes tão pormenorizadas que a ciência pôde descobri-las apenas muito mais tarde, partes que há 25 anos os cientistas se recusavam a reconhecer existentes. Mas as partes foram descritas por esses médicos antigos. Há uma segunda maneira possível de terem chegado a esse conhecimento: uma pessoa em um estado de visão pode ter entrado no corpo humano e ter visto todos esses pormenores.

Hoje sabemos que os raios-X podem entrar no corpo humano. Se no século passado alguém tivesse dito que poderia fotografar nossos ossos, não teríamos acreditado. Hoje temos de acreditar porque isso acontece, mas saiba: os olhos de uma pessoa no quarto corpo podem ver ainda mais profundamente do que os raios-X, e uma descrição de seu corpo pode ser feita de uma maneira mais completa do que a que é feita como resultado da dissecação. A cirurgia se desenvolveu no Ocidente porque lá eles enterram seus mortos. Num lugar como a Índia, onde o corpo é cremado, isso não era possível. E você ficará surpreso ao saber que essa pesquisa se desenvolveu com a ajuda de ladrões que roubavam cadáveres e os vendiam a cirurgiões para pesquisa e estudo. Há casos nos tribunais e muitas outras adversidades para essas pessoas, porque eram considerados crimes tanto roubar como dissecar cadáveres.

O costume da cremação foi iniciado por pessoas paranormais, pois elas acreditavam que a alma tinha dificuldade de renascer se o corpo da vida anterior ainda permanecesse; ela ficava pairando à volta do velho corpo. Sendo o corpo queimado até virar cinzas, a alma ficaria livre desse estorvo – porque, uma vez que veja o corpo se transformar em cinzas, talvez perceba que, afinal de contas, aquilo que ela considerava como ela própria era apenas algo destrutível.

O que viemos a conhecer através de incontáveis dissecações, livros de 3.000 anos atrás já revelavam sem nenhuma dissecação. Isso apenas prova que há um outro método de conhecimento além da experimentação científica. Mais adiante, para que você possa entender melhor, devo falar em detalhe sobre esse assunto.

5

Os mistérios ocultos
da religião

Questão:

Na fala de ontem, você disse que é possível para a ciência entrar no quinto corpo, o espiritual. Então você falou das possibilidades para a ciência no quarto corpo. Por favor, fale-nos sobre as possibilidades da ciência no quinto corpo.

O que chamamos de corpo físico e o que chamamos de alma não são duas coisas diferentes e separadas. Não há nenhuma lacuna entre eles; há ligações. Antes pensávamos que o corpo era separado da alma e que não havia nada para conectá-los. Também achávamos que eles não eram apenas separados, mas opostos um ao outro. Essa ideia separou a religião da ciência. Esperava-se da religião que ela buscasse aquilo que não era o corpo, enquanto a ciência se encarregaria de descobrir tudo sobre o corpo – tudo, exceto o atman, a alma. Então, era natural que uma negasse a outra.

A ciência estava absorta no corpo físico e perguntava: "O corpo é verdadeiro, mas onde está a alma?" A religião procurava o interior, e o chamava de alma; ela dizia: "O espírito é real, mas o físico é uma ilusão". Portanto, quando a religião chegava ao que considerava como o fim de sua busca, descrevia o corpo como uma ilusão, uma fantasia, maya, e dizia que ele não existia realmente. Ela declarava o atman como verdade e o corpo como ilusão. Quando a ciência atingia determinado ponto em suas investigações, rejeitava o atman e dizia: "O conceito de alma é falso, é uma mentira. O corpo é tudo". Esse erro é a base do conceito de que o corpo e o atman são duas coisas opostas.

Falei sobre os sete corpos; se o primeiro corpo é o físico e o último é o espiritual, e se não considerarmos os cinco corpos intermediários, não haverá nenhuma ponte conectando esses dois. Seria como se você tivesse de subir uma escada e descartar todos os degraus entre o primeiro e o último.

Se você olhar para uma escada, perceberá que o primeiro degrau está conectado com o último. E, se você a examinar minuciosamente, perceberá que o último degrau é a última parte do primeiro degrau e que o primeiro degrau é a primeira parte do último. De maneira semelhante, se você tomar todos os sete corpos juntos, perceberá uma relação entre o primeiro e o segundo corpo. O primeiro é o físico, o segundo é o etéreo ou emocional, e é apenas a forma sutil do físico e não é imaterial; apenas é tão sutil que ainda não foi inteiramente captado por meios físicos. Mas agora os físicos não negam o fato de que a matéria física torna-se mais e mais rarefeita e menos e menos substancial em sua forma sutil.

Por exemplo: a ciência moderna diz que a matéria, quando analisada, é reduzida essencialmente a elétrons, que não são matéria, mas partículas de eletricidade. No final, nada permanece como substância – apenas energia. Assim, a ciência fez uma descoberta maravilhosa nos últimos cinquenta anos. Embora ela tivesse considerado a matéria como uma realidade, agora chegou à conclusão de que a matéria não existe, enquanto a energia é um fato; agora a ciência diz que a matéria é uma ilusão causada pelo movimento da energia em alta velocidade.

Quando um ventilador está girando em alta velocidade, não podemos ver suas pás separadamente. O que vemos é um círculo girando, e os espaços entre elas parecem estar preenchidos. Na verdade, as pás se movem tão depressa que, antes de uma passar por nossos olhos, a segunda já está ali; depois, a terceira vem tão velozmente seguindo a outra que não podemos ver os espaços vazios entre elas. Um ventilador pode girar a uma tal velocidade que você pode se sentar sobre ele e ficar sem saber que algo está se movendo sob você. O espaço entre duas pás pode ser preenchido tão velozmente que, após uma delas passar sob você, a segunda imediatamente a substituirá e você absolutamente não sentirá o espaço vazio. Essa é uma questão de velocidade.

Quando a energia gira em alta velocidade, ela parece matéria. A energia atômica, na qual a pesquisa científica moderna está baseada, nunca foi percebida visualmente; apenas seus efeitos são visíveis. A energia fundamental é invisível, e está fora de cogitação vê-la, mas podemos observar seus efeitos.

Assim, se considerarmos o corpo etéreo como o corpo atômico, isso não estará errado, pois aqui também vemos apenas os efeitos e não o próprio corpo etéreo, e os efeitos nos forçam a admitir sua existência. O segundo corpo é a forma sutil do primeiro; daí, não há dificuldade em conectar os dois. De certa maneira, eles estão unidos um ao outro; um bruto, podendo então ser visto, e o outro é sutil, daí não pode ser visto.

Além do etéreo está o corpo astral; ele é uma forma mais sutil do éter. A ciência ainda não chegou aí, mas chegou à conclusão de que, se analisarmos a matéria, o que essencialmente permanece é energia, e essa energia pode ser chamada de éter. Se o éter for fragmentado em componentes ainda mais sutis, o que permanecerá é o astral – e esse é mais sutil do que o sutil.

A ciência ainda não chegou ao astral, mas chegará. Até recentemente, a ciência reconhecia apenas a matéria e negava a existência do átomo. Até praticamente ontem, ela dizia que a matéria era sólida. Hoje ela diz que não existem substâncias sólidas e que tudo é não substancial. Agora eles provaram que mesmo uma parede, que parece ser sólida, não o é. Ela é porosa, e há coisas que podem passar através de seus orifícios. Podemos ficar inclinados a dizer que pelo menos o que está à volta dos poros deve ser sólido, mas isso também não é sólido, pois cada átomo é poroso.

Se aumentarmos o tamanho de um átomo até o mesmo tamanho da Terra, descobriremos que há tanta distância entre dois componentes de um átomo como entre a Terra e a Lua ou entre o Sol e as estrelas. Então, poderemos dizer que pelo menos os dois componentes nas duas extremidades são sólidos, mas a ciência diz que esses também não são sólidos; eles são partículas de eletricidade. Agora a ciência nem está disposta a aceitar a palavra partícula, pois ela está associada ao conceito de matéria. Partícula significa uma porção de matéria, mas os componentes do átomo não são matéria, porque matéria é sólida e mantém sua forma, enquanto esses componentes estão continuamente mudando de forma. Eles são como ondas, e não partículas. Quando uma onda surge na água, antes de você dizer a si mesmo "isso é uma onda", ela mudou, porque uma onda é aquilo que vem e vai continuamente.

Mas uma onda também é um acontecimento material; então, a ciência cunhou uma nova palavra que não existia há sessenta anos. A palavra é quanta. É difícil encontrar uma palavra equivalente em hindi, assim como muitas palavras em hindi não têm equivalentes no inglês ou outro idioma. Por exemplo, a palavra brama – a realidade cósmica. Palavras são formadas porque aqueles que conheceram algo precisam de um meio de expressão. Quando brama foi experimentado, para os que tiveram a experiência foi necessário cunhar uma palavra para expressá-la; então, a palavra brama foi cunhada no Oriente. O Ocidente ainda não atingiu esse estado; lá, as pessoas não têm uma palavra equivalente porque não precisam dela.

É por esse motivo que muitos termos religiosos não têm equivalentes no inglês. Por exemplo: a palavra aum – essa palavra não pode ser traduzida em nenhuma língua do mundo, pois é a expressão de uma profunda experiência espiritual. O Ocidente não tem nenhuma palavra equivalente pela qual ela possa ser expressa. Da mesma maneira, quanta é uma palavra cunhada para expressar um discernimento científico, e não há uma palavra equivalente em nenhuma outra língua. Se tentarmos entender o significado de quanta, ela significaria uma partícula e uma onda ao mesmo tempo. Contudo, isso seria difícil de conceber. Ela é algo que às vezes se comporta como uma partícula e às vezes como uma onda e cujo comportamento é muito imprevisível.

Até agora, a matéria era muito confiável; havia uma certeza sobre ela. Mas a parte essencial da matéria, a energia atômica que foi descoberta, é muito incerta; seu comportamento não pode ser previsto. Primeiro a ciência se posicionou firmemente afirmando a certeza da matéria; ela dizia que tudo era preciso e definido. Agora os cientistas não fazem essa afirmação porque, considerando as pesquisas atuais, isso certamente parece muito superficial. Há uma profunda incerteza interior, e seria interessante saber o que significa essa incerteza.

Onde há incerteza, fatalmente há consciência; de outro modo, a incerteza não pode existir. A incerteza é uma parte da consciência, e a certeza é uma parte da matéria. Se deixarmos uma cadeira em um certo lugar na sala, nós a encontraremos exatamente ali após nosso retorno, mas, se deixarmos uma criança na sala, jamais a encontraremos onde a deixamos. Sempre haverá uma dúvida, uma incerteza, a respeito de onde ela estará e do que ela estará fazendo. Podemos estar certos sobre a matéria, mas nunca sobre a consciência. Portanto, quando a ciência aceitou a incerteza no comportamento da parte essencial do átomo, também aceitou a possibilidade da consciência na parte essencial da matéria.

A incerteza é a qualidade da consciência, mas a matéria não pode ser imprevisível. O fogo não pode queimar ou deixar de queimar de acordo com a sua decisão, nem a água pode fluir na direção que quiser ou ferver na temperatura que preferir. As funções da matéria parecem ser determinadas, mas, quando entramos na matéria, descobrimos que, essencialmente, elas são indeterminadas.

Você pode observar isso desta maneira: é possível descobrir quantas pessoas morrem em Mumbai. Se houver dez milhões de pessoas, poderemos pegar o número de mortes em um ano e descobrir aproximadamente quantas morrem por dia, e isso seria praticamente correto. Se da mesma maneira calcularmos a taxa de mortalidade para todo o país, o resultado estaria próximo ao número exato. Se calcularmos a taxa de mortalidade de todo o mundo, a certeza do resultado seria ainda maior. Mas, se desejarmos saber quando uma determinada pessoa morrerá, nossos cálculos serão incertos.

Quanto maior a multidão, mais materiais as coisas se tornam. Quanto mais individual o fenômeno, maior a presença da consciência. Na verdade, um único pedaço de matéria é uma multidão de milhões de átomos; portanto, podemos fazer previsões sobre ele. Mas, se penetrarmos no átomo e apanharmos o elétron, descobriremos que ele é individual; não poderemos determinar seu curso, e parece que ele o decide por conta própria. Assim, podemos estar certos a respeito de uma rocha sólida; nós a encontraremos em um plano particular, mas a estrutura dos átomos individuais interiores não será a mesma. Quando voltarmos à rocha, todos átomos interiores terão mudado de posição e ido de um ponto a outro.

A incerteza começa ao nos aprofundarmos na matéria. É por isso que a ciência mudou sua linguagem da certeza para a probabilidade. Ela não diz mais "Isso é assim". Agora ela diz: "É mais provável que seja dessa maneira do que daquela". Ela deixou de dizer enfaticamente: "Isso é assim". No passado, todas as afirmações da ciência eram na linguagem da certeza; tudo o que ela dizia deveria fatalmente acontecer. Mas, quando a pesquisa científica se aprofundou, todos esses conceitos antigos começaram a se desfazer. A razão dessa mudança foi que a ciência, sem saber, passou do reino físico para o etéreo, sobre o qual não tem nenhum entendimento. Ela não poderá compreender isso até aceitar que passou do plano físico para o etéreo. Ela atingiu a segunda dimensão da matéria, a dimensão etérea, e isso tem suas próprias possibilidades. Não há uma lacuna entre o primeiro e o segundo corpo.

O terceiro corpo, o astral, é ainda mais sutil. Ele é o mais sutil dos sutis. Se partirmos o éter em átomos – o que ainda parece improvável, pois mal acabamos de desvendar o átomo físico –, experimentá-lo ainda levará muito tempo. Quando os átomos do éter forem conhecidos, descobriremos que são partículas do corpo que vêm em seguida – a saber, o corpo astral. Quando dividimos o átomo físico, descobriu-se que suas partículas mais sutis eram etéreas. De maneira semelhante, se dividirmos o átomo etéreo, as partículas mais sutis serão as do corpo astral, e então descobriremos uma ligação entre elas. Esses três corpos estão claramente unidos um ao outro, e é por essa razão que fotografias de fantasmas já foram tiradas.

Um fantasma não tem um corpo físico; seu véu começa com o corpo etéreo. Foi possível fotografá-los porque, quando o corpo etéreo se condensa, uma câmera sensível pode captar o seu reflexo. Uma outra coisa sobre o éter é que ele é tão tênue que facilmente é influenciado pelo psiquismo. Se o espírito de uma pessoa morta desejar aparecer, poderá condensar sua forma de tal modo que os átomos espalhados podem se aproximar e formar um contorno, e isso pode ser captado por uma câmara fotográfica.

Dessa maneira, nosso segundo corpo, o etéreo, é muito mais influenciado pela mente do que o corpo físico. O primeiro também está sob a influência da mente, mas não na mesma extensão. Quanto mais delicado o corpo, mais é afetado pela mente e mais próximo está dela. O corpo astral ainda é mais influenciado pela mente, e é por esse motivo que a viagem astral é possível. Uma pessoa pode estar dormindo nesta sala, mas pode chegar a toda parte do mundo com o seu corpo astral. Você deve ter ouvido falar de alguém visto em dois ou três lugares ao mesmo tempo. Isso é possível; seu corpo físico estará em um lugar e seu corpo astral em outro. Com um pouco de prática, isso pode ser realizado.

Os poderes da mente se desenvolvem cada vez mais à medida que vamos para dentro, e se dissipam à medida que vamos para fora. Ir para fora é como acender uma lamparina e cobri-la com um vidro. Depois de colocado o vidro, a chama não parecerá tão brilhante; depois, adicionamos um outro vidro, e mais outro. Dessa maneira, colocamos sete coberturas sobre ela, e, depois da sétima, a luz da chama estará extremante sem brilho e vaga, pois precisa atravessar sete camadas.

Dessa maneira, nossa energia de vida fica muito fraca quando chega ao corpo físico, e, por esse motivo, parece que não temos muito controle sobre ele. Mas, se alguém começar a viajar por dentro, seu controle sobre o corpo físico cresce exatamente na proporção da profundidade de sua jornada interior. A forma refinada do físico é a etérea, e a parte ainda mais refinada do corpo etéreo é a astral. Depois, vem o quarto corpo, o mental.

Até agora, estávamos com a ideia de que a mente era uma coisa e a matéria era outra. A mente e a matéria eram consideradas como duas entidades separadas. Na verdade, não havia como defini-las. Se fôssemos perguntar "O que é a mente?", teriam nos dito "Aquilo que não é matéria", e vice-versa. Se perguntássemos "O que é a matéria?", não haveria outra definição. E é assim que sempre pensávamos sobre elas – como sendo diferentes e separadas. Agora, contudo, sabemos que a mente também é uma forma de matéria mais sutil, e, inversamente, podemos dizer que a matéria é a forma condensada de mente.

Quando os átomos do astral são fragmentados, eles se tornam ondas de pensamento. Há uma proximidade entre o quanta e ondas de pensamento, e isso não era levado em consideração. Os pensamentos não eram considerados como tendo uma existência física, mas é um fato que, quando você tem um tipo particular de pensamento, as vibrações à sua volta mudam de acordo com ele. É interessante notar que não apenas pensamentos, mas palavras têm suas próprias vibrações. Se você espalhar grãos de areia sobre um vidro e entoar "aum" bem alto, o padrão desses grãos causado pela vibração do som será diferente do padrão causado pelo entoar "rama". Se você disser algo obsceno, o padrão mudará novamente.

Você ficará surpreso ao saber que, quanto maior a obscenidade, mais feio será o padrão formado, e, quanto mais bela uma palavra, mais belo será o padrão de sua vibração. A obscenidade formará um padrão caótico, enquanto os contornos de belas palavras serão bem formados e bem equilibrados.

Assim, por milhares de anos foram desenvolvidas pesquisas para descobrir palavras que produziam belas vibrações. Sua intensidade era suficiente para afetar o coração? Palavras são pensamentos pronunciados; contudo, palavras não proferidas também carregam uma ressonância, e as chamamos de pensamentos. Quando você pensa sobre algo, cria-se à sua volta um tipo particular de ressonância. É por esse motivo que às vezes, quando você se aproxima de uma pessoa em particular, você fica triste sem nenhuma razão aparente. Pode ser que a pessoa não tenha dito uma única palavra negativa e que talvez estivesse até rindo e feliz por encontrá-lo, mas mesmo assim a tristeza se apodera de você a partir de seu interior. Por outro lado, você pode se sentir alegre na companhia de uma outra pessoa.

Você entra em uma sala e pode sentir uma repentina mudança interior. Algo sagrado ou não sagrado se apodera de você; em alguns momentos você está cercado de paz e tranquilidade; e, em outros, de inquietação. Você não pode entender e se pergunta: "Eu estava muito tranquilo. Por que essa inquietação surgiu de repente em minha mente?" Em toda a sua volta há ondas de pensamento, e elas ficam entrando em você nas 24 horas do dia.

Recentemente, um cientista francês desenvolveu um instrumento que pode medir ondas de pensamento. Tão logo uma pessoa se aproxima desse instrumento, ele começa a mostrar que tipo de pensamentos ela está tendo; o instrumento começa a monitorar as ondas de pensamento. Se um idiota é colocado diante do instrumento, aparecerão poucas ondas, pois tal pessoa dificilmente pensa. Se um intelectual ficar diante dele, a máquina capta todas as vibrações de seus pensamentos.

Assim, o que conhecemos como mente é a forma sutil do astral. À medida que nos aprofundamos em nosso interior, as camadas ficam cada vez mais tênues. A ciência chegou ao corpo etéreo, mas mesmo agora insiste em chamá-lo de plano atômico. Mas a ciência chegou ao segundo corpo da matéria, e não demorará muito tempo para chegar ao terceiro plano, pois agora se tornou necessário assim fazer.

Há também alguns trabalhos a respeito do quarto plano, mas a partir de um ângulo diferente. Como a mente era considerada separada do corpo, alguns cientistas estão trabalhando apenas sobre a mente, deixando o corpo completamente de fora. Eles descobriram muitas coisas relacionadas com o quarto corpo, como, por exemplo, o fato de que todos nós somos transmissores; nossos pensamentos se espalham por toda a nossa volta. Mesmo quando não estou falando com você, meus pensamentos o atingem.

Muitos trabalhos estão em andamento na Rússia no campo da telepatia. Um cientista, Fayadev, conseguiu transmitir pensamentos a uma pessoa a mais de mil quilômetros de distância, da mesma maneira que um rádio o faria. Se concentrarmos bem nossa atenção em uma direção particular e transmitirmos um pensamento, ele chega a esse destino específico. Se a mente no outro extremo estiver igualmente aberta e disposta a receber naquele momento e estiver concentrada na mesma direção, o pensamento é recebido.

Você pode tentar um experimento simples em casa. Crianças pequenas captam ondas de pensamento muito rapidamente porque a receptividade delas é mais aguda; então, deixe uma criança em um quarto escuro e lhe diga para se concentrar em você por cinco minutos; diga-lhe que você dirá alguma coisa em silêncio e para ela tentar escutar, e, escutando, deverá repetir o que escutou. Você escolhe uma palavra, concentra-se na criança e repete essa palavra dentro de si até ela ressoar em você sem a pronunciar alto. Repetindo essa experiência duas ou três vezes no dia, você perceberá que a criança captará a palavra.

O contrário também pode se dar. Uma vez que o experimento seja bem--sucedido, será fácil fazer mais testes. Agora você pode dizer à criança para se concentrar em você. Ela deve pensar em uma palavra e jogá-la em sua direção da mesma maneira. O sucesso da criança na primeira parte do experimento acalmará as suas dúvidas. Agora você será receptivo e captará a palavra da criança. Quando o experimento for bem-sucedido, você deixará de ter dúvidas e a sua receptividade aumentará proporcionalmente.

Entre você e a criança há o mundo físico. Esse pensamento deve ser intrinsecamente físico em seu conteúdo, ou não será capaz de atravessar o meio físico. Você ficará surpreso ao saber que Mahavira definiu os carmas como materiais. Se você estiver com raiva e matar alguém, trata-se de uma ação da raiva e de um assassinato. Mahavira diz que átomos sutis dessas ações se prendem a você como o refugo de carmas e de ações. Assim, as ações também são físicas e se ligam a você como matéria.

Mahavira chama o livrar-se desses condicionamentos acumulados de nirjara – descondicionamento. Todos os átomos desses carmas que se juntaram à sua volta deveriam se desprender. No dia em que você se livrar de todos eles, o que permanecerá de você será absolutamente puro. Nirjara significa o desprendimento dos átomos das ações. Quando você está com raiva, essa é uma ação e essa raiva permanece com você sempre em sua forma atômica. Por isso, quando o corpo físico morre, esses átomos não se desintegram – pois são muito sutis. Eles virão com você no próximo nascimento.

O corpo mental é a forma sutil do corpo astral. Assim, como você pode perceber, não há lacuna entre esses quatro corpos. Cada um é uma forma mais delicada do corpo precedente. Muita pesquisa está sendo desenvolvida a respeito do corpo mental. Os cientistas estão trabalhando no campo da psicologia, especialmente da parapsicologia, e as estranhas e maravilhosas regras da energia mental estão lentamente sendo desvendadas por eles. As religiões as desvendaram há muito tempo, mas agora muitas coisas também ficaram claras para os cientistas.

Muitas pessoas em Monte Carlo nunca são derrotadas em jogos de dados. Seja qual for o dado que elas joguem, saem os números que desejam. No início, achava-se que talvez os dados fossem especialmente confeccionados para dar o número que elas queriam. Então, os dados foram trocados, mas o resultado era o mesmo: eles caíam exatamente no número desejado. Foram feitas várias substituições de dados, mas sempre com os mesmos resultados; e essas pessoas conseguiam marcar o número certo mesmo com os olhos vendados. Isso fez com que algumas pessoas prestassem atenção e tomassem nota, e investigações começaram a questionar a razão. Havia indícios de que os jogadores influenciavam os dados com a mente; eles jogavam o dado com um certo número em mente, e suas ondas de pensamento asseguravam que o dado produzisse esse número particular. O que isso significa? Se ondas de pensamento são capazes de mudar a direção de um dado, elas também devem ser materiais, ou isso não seria possível.

Faça um pequeno experimento e você entenderá. Já que você fala de ciência, falo de experimentos. Pegue um copo cheio de água, adicione um pouco de glicerina ou algum outro líquido oleoso, de tal modo que se forme uma fina película na superfície da água. Coloque um alfinete sobre essa película de tal modo que ele flutue na superfície; feche as portas e as janelas do lugar em que você está e concentre sua atenção inteiramente no alfinete. Olhe direto para ele por cinco minutos e depois lhe diga para apontar para a esquerda, e ele apontará para a esquerda; depois lhe diga para apontar para a direita, e ele apontará para a direita. Diga-lhe para parar, e ele parará; diga-lhe para se mover, e ele se moverá. Se o seu pensamento puder mover um alfinete, também poderá mover uma montanha; é apenas uma questão de proporção, pois o princípio é fundamentalmente o mesmo. Se você tiver a capacidade de mover um alfinete, os fundamentos estarão provados. A montanha ser uma estrutura muito grande a ser movida é uma outra história– mas ela *pode* ser movida.

Nossas ondas de pensamento tocam a matéria e a transformam. Há pessoas que serão capazes de falar a seu respeito sem o terem visto, apenas pegando nas mãos um lenço seu, por exemplo. Isso acontece porque seu lenço absorve suas ondas de pensamento. Essas ondas são tão sutis que um lenço que pertenceu a Alexandre, o Grande, ainda carregará traços de sua personalidade. As ondas são tão sutis que demoram milhões de anos para sair do objeto, e é por esse motivo que sepulturas e samádis* vieram a ser construídas.

Ontem eu lhe disse que na Índia temos o costume de cremar nossos mortos, mas não nossos mortos iluminados. O corpo de uma pessoa comum é queimado para que sua alma não fique pairando à sua volta, mas o iluminado não é cremado porque sua alma já parou de pairar à volta de seu corpo enquanto ele ainda estava vivo. Ora, não há necessidade de temer que essa alma tenha algum apego ao corpo. Desejamos conservá-lo porque o corpo de alguém que passou anos experimentando o divino difundirá as mesmas ondas de pensamento por milhares de anos. O local de seu sepultamento será significativo; ele produzirá resultados. O corpo está morto, mas esteve tão próximo dessa alma que absorveu muitas vibrações que se espalharam a partir dela.

Os pensamentos têm infinitas possibilidades, mas ainda assim são físicos. Portanto, tenha muito cuidado com o que você pensa, já que ondas de pensamentos sutis permanecerão com você mesmo depois de o corpo morrer. Sua vida física é bem curta, comparada com a idade dessas ondas sutis. Os cientistas chegaram agora à conclusão de que, se houve pessoas como Jesus e Krishna, em um futuro próximo eles serão capazes de captar as ondas de pensamento dessas pessoas. Então, seremos capazes de dizer se Krishna realmente proferiu o Gita – porque as ondas de pensamento que emanaram de Krishna ainda estão presentes no universo, ricocheteando em algum planeta, em algum asteroide.

É como quando atiramos uma pedra no mar: quando ela cai, forma um pequeno círculo. A pedra afundará porque não pode permanecer muito tempo na superfície da água, começando a afundar tão logo toca na água, mas as ondulações causadas pelo seu impacto na água começam a crescer. Elas ficam cada vez maiores, e a sua extensão é infinita; elas podem ir além do alcance de sua vista, e quem sabe que margens distantes alcançarão?

Assim, os pensamentos, independentemente de quando nasceram – não apenas os que foram proferidos, mas também aqueles que estavam apenas na mente –, também se espalham pelo universo e continuam se espalhando, e eles podem ser ouvidos. Algum dia, quando a ciência se de-

---

* Samádis é aqui aplicado com o sentido de "locais de veneração", onde estão depositados os restos mortais de pessoas iluminadas.(N. do T.)

senvolver mais e o progresso do ser humano for além, seremos capazes de escutá-los mais uma vez. As ondas de rádio emitidas de Nova Délhi para Mumbai levam algum tempo para chegar a Mumbai, pois o som leva um tempo para viajar. E, quando ele alcança Mumbai, não estará mais em Nova Délhi: as ondas deixaram Délhi, embora tenham se passado apenas alguns segundos; há um intervalo de tempo.

Agora, suponha que na Índia estamos vendo, pela televisão, um homem em Nova York. Quando sua imagem é formada em Nova York, não é imediatamente visível a nós; há um intervalo entre sua formação e o tempo em que chega a nós. O homem pode ter morrido nesse intervalo, mas nos parecerá vivo.

As ondas de pensamento da Terra, da mesma maneira que as ondulações de outros acontecimentos, saem para um número infinito de planetas. Se fôssemos à frente delas e as apanhássemos, elas ainda estariam vivas. O ser humano morre, mas seus pensamentos não morrem tão rapidamente. A vida humana é muito curta, a vida dos pensamentos é muito longa. Lembre-se também: os pensamentos que não expressamos vivem por mais tempo do que aqueles que expressamos, pois são mais sutis. Quanto mais sutil uma coisa, mais longa é a sua vida; quanto mais bruta, mais curta será.

Os pensamentos influenciam o mundo físico de muitas maneiras, e não temos ideia de seus efeitos. Os biólogos agora descobriram que, se um tipo suave de música for tocado ao lado de uma planta, ela começará a florescer mais cedo – mesmo fora da estação. Se uma música barulhenta e caótica for tocada perto da planta, ela não florescerá – mesmo na estação. As vibrações da música tocam a planta. Vacas dão mais leite sob a influência de um tipo diferente de música. Os pensamentos produzem um éter mais sutil, que forma uma aura de ondulações. Cada ser humano carrega à sua volta seu próprio mundo de pensamentos, a partir do qual ondulações seguem se espalhando continuamente.

Essas ondas de pensamento também são físicas. O que conhecemos como mente é uma forma muito sutil de energia física. Portanto, não é difícil para os cientistas as apreenderem, pois essas ondas podem ser captadas e investigadas. Por exemplo: até recentemente, não sabíamos o quanto é profundo o sono de um ser humano – até que profundidade vai a sua mente. Agora sabemos, temos instrumentos para descobrir. Como temos instrumentos para medir o pulso, da mesma maneira temos instrumentos para medir o sono. Um dispositivo é fixado à cabeça durante toda a noite, e, a partir de um gráfico nele formado, podemos dizer exatamente quando o sono da pessoa estava profundo, por quanto tempo ela dormiu, por quanto tempo ela sonhou, qual foi a duração dos sonhos bons, qual foi a duração dos sonhos ruins, quanto duraramou se foram sexuais ou não; o gráfico mostra tudo isso. Há aproximadamente dez laboratórios nos Estados Unidos onde milhares de pessoas são pagas para dormir, e o sonho delas é minuciosamente examinado. É preocupante permanecermos ignorantes sobre o sono.

Um terço da vida humana se dá no sono; o sono não é um assunto sem importância. Se uma pessoa viver sessenta anos, dormirá vinte. Se esse período de vinte anos permanecer desconhecido, um terço de sua vida permanecerá desconhecida para ela. Ora, o fato interessante é que se ela não dormir por esses vinte anos, não viverá os quarenta; o sono é uma necessidade básica. Uma pessoa pode dormir sem despertar por sessenta anos, mas não pode viver sem dormir. Dessa maneira, o sono é uma exigência básica.

No sono, estamos em algum outro lugar, a mente está em algum outro lugar, mas essa mente pode ser monitorada. Agora podemos saber até que profundidade a pessoa penetra no sono. Há muitas pessoas que insistem em dizer que não sonham, mas isso não é verdade, e elas dizem isso porque não sabem. É muito difícil encontrar uma pessoa que não sonha, muito difícil! Os sonhos acontecem durante toda a noite; você acha que tem apenas um ou dois sonhos, mas isso está errado. A máquina diz que ocorrem sonhos durante toda a noite, mas não nos lembramos deles. Você está dormindo, então a lembrança está ausente. O sonho de que você se lembra é o último que aconteceu, quando o sono está terminando. Quando você acorda, o último sonho permanece em seus pensamentos, seu débil eco ainda permanece dentro de você quando você acorda, mas você não se lembra de todos os sonhos do sono profundo.

Tornou-se necessário investigar que sonhos ocorrem no sono profundo, pois o que a pessoa sonha nas profundezas do sono revela sua autêntica personalidade. Realmente, nós perdemos a autenticidade depois de acordar. Normalmente, dizemos: "Que importância têm os sonhos?" Mas eles revelam mais verdades sobre nós do que o nosso estado desperto. Em nosso período consciente nos cobrimos com falsos mantos. Se em algum dia conseguirmos fazer uma janela na cabeça do ser humano de onde se possa observar todos os seus sonhos, sua última liberdade será perdida; ele não seria livre nem para sonhar e ficaria com medo de sonhar, pois lá também a moralidade, com suas leis e regulamentações, montaria seus policiais. Ela diria: "Este sonho não é adequado, você não está sonhando corretamente". Contudo, no momento, temos essa liberdade; o ser humano é livre em seu sonho – mas sua liberdade não durará muito tempo, pois a intromissão no sono já começou. Por exemplo: na Rússia, começaram a educar durante o sono.

Muita pesquisa está sendo desenvolvida sobre a aprendizagem enquanto a pessoa dorme, pois nas horas de vigília são necessários mais esforços para aprender, já que ela resiste. É difícil ensinar alguma coisa a uma criança porque, basicamente, ela se recusa a ser ensinada. Na verdade, todo ser humano se recusa a aprender, pois começa com a premissa de que já sabe. A criança também se recusa, dizendo: "O que você está ensinando?" De maneira nenhuma ela está disposta a aprender, e assim temos de suborná-la dando premiações após os exames, medalhas de ouro e coisas assim. Temos de excitar o espírito de ambição dentro dela, temos de insistir em empurrá-la a fim de educá-la, e esse conflito leva muito tempo. O que pode nos tomar dois meses para incutir na criança pode ser aprendido por ela em duas horas enquanto dorme.

Assim, o método de "ensinar no sono" está sendo desenvolvido, e está ficando muito claro que uma criança pode muito bem ser ensinada enquanto dorme. A razão é simples: no sono, não há resistência. Uma fita gravada de uma lição de matemática é tocada perto da criança adormecida: "Dois mais dois são quatro, dois mais dois são quatro", e a fita segue repetindo. Pergunte à criança pela manhã e ela dirá: "Dois mais dois são quatro".

Esse pensamento transmitido no sono também pode ser levado a penetrar na mente por meio de ondas de pensamento, porque agora as conhecemos. No passado, não sabíamos, mas agora sabemos que não são as próprias palavras que são gravadas em um gravador, mas ondas sonoras. Quando a agulha entra em contato com o sulco criado, ela repete as mesmas ondas que provocaram a impressão dos sulcos.

Como disse anteriormente, se você entoar "aum", um padrão será formado na areia. O padrão não é o aum, mas, se você souber que esse padrão particular é formado por ele, algum dia será capaz de converter esse padrão no som "aum". Com a formação do padrão, o som "aum" deveria ocorrer. O padrão e o aum podem ser considerados como a mesma coisa.

Num futuro muito próximo, deveremos ser capazes de gravar pensamentos. Como a natureza física dos pensamentos foi percebida, não levará muito tempo para o ser humano gravá-los, e, então, algo maravilhoso acontecerá. Muito embora Einstein esteja morto, seria possível gravar todo o seu processo de pensamento; e o que Einstein teria pensado no futuro, se estivesse ele vivo, também seria fornecido pela máquina, pois ela gravaria todas as suas ondas de pensamento.

O sono, os sonhos e a inconsciência têm sido extensivamente investigados. Assim, todas as possibilidades científicas da mente são agora conhecidas pelo ser humano; portanto, é conveniente também entendê-las. Por exemplo: pegue um homem que está com raiva. Nossos velhos eus o aconselhariam: "Não se entregue à raiva; desse jeito você vai parar no inferno". Mas, se esse homem disser que deseja ir para o inferno, não poderemos fazer nada por ele. E, se ele insistir nisso, toda a nossa moralidade se tornará inútil. Podemos ter controle sobre uma pessoa apenas se ela tiver medo do inferno. Por esse motivo, logo que o medo do inferno deixou de existir no mundo, nossa moralidade também foi embora com ele. Agora ninguém está com medo do inferno. "Onde é o inferno?", todos querem saber.

Assim, a moralidade está completamente acabada, pois desapareceu o medo sobre o qual ela estava baseada. Mas a ciência diz que não há necessidade da moralidade, já que desenvolveu uma outra fórmula baseada na interrupção de certas secreções corporais. Quando estamos com raiva, dá-se um processo químico particular dentro do corpo, pois a raiva é um acontecimento físico. Quando há raiva por dentro, é absolutamente necessário que certas substâncias químicas sejam secretadas dentro do corpo. Os cientistas proporão que você interrompa essas secreções e, então, não haverá nenhuma raiva; não há necessidade de interromper a raiva diretamente. Se esses fluidos forem impedidos de serem formados, será impossível para o ser humano ficar com raiva. Se tentarmos aconselhar rapazes e moças a se absterem do sexo, a praticarem o celibato, eles nunca escutarão. A ciência diz: "Não tem importância! Se restringirmos o crescimento de certas glândulas, a maturidade sexual não virá antes dos 25 anos".

Isso é muito perigoso. No momento em que a mente estiver inteiramente nas garras da ciência, o ser humano começará a fazer mau uso de seu conhecimento. A ciência diz que a composição química de uma pessoa com uma mente rebelde é diferente daquela com uma mente ortodoxa. Essa descoberta contém possibilidades perigosas. Se essa composição química for conhecida pelo ser humano, poderemos transformar uma pessoa rebelde em passiva e uma ortodoxa em rebelde. Uma vez conhecida a composição química que desperta a ânsia de roubar ou de matar, deixará de haver necessidade de prisões e execuções. Para livrar a pessoa disso, tudo o que será preciso será a cirurgia ou o tratamento adequado. As substâncias químicas poderão ser removidas ou outras substâncias poderão ser introduzidas para neutralizá-las, ou antídotos poderão ser dados. Estão sendo desenvolvidas pesquisas nesse sentido.

Isso mostra que deixou de haver muitas dificuldades no caminho da ciência no que diz respeito ao quarto corpo. O único problema é que uma grande parte da ciência está envolvida em pesquisas com propósitos militares, e é por isso que esse tipo de pesquisa não recebe muito incentivo, permanecendo em segundo plano. Mesmo assim, tem havido muitos progressos, e foram obtidos resultados inesperados.

Aldous Huxley afirmou que o que aconteceu com Meera e com Kabir pode ser provocado por injeções. Essa é uma afirmação bem racional, verdadeira em certo sentido. Mahavira jejuava por um mês e sua mente ficava tranquila. O jejum é um ato físico, e, se a mente pode ficar tranquila por um ato físico, então ela também é física. Um mês de jejum muda toda a composição química do corpo, é simplesmente isso que acontece. O corpo deixa de receber os nutrientes necessários e toda a reserva corporal é usada. A gordura se dissolve e os elementos não essenciais são destruídos, enquanto os essenciais são preservados.

A ciência diz: "Por que passar por tal dificuldade durante um mês inteiro? Num instante a relação química pode ser alterada de acordo com determinadas especificações". Se essa mudança química for realizada pela ciência, você sentirá imediatamente a mesma paz que Mahavira experimentava após um mês de jejum, que não será mais necessário.

Assim, digo-lhe para respirar fundo e rápido durante determinada meditação, mas o que acontecerá após meia hora dessa respiração? A taxa de dióxido de carbono e de oxigênio dentro de você será alterada, mas isso também pode ser provocado por meios externos; não há necessidade de você se esforçar por meia hora. A taxa de oxigênio e de dióxido de carbono nesta sala pode ser alterada e todos que estão sentados aqui[*] viverão a experiência de paz, de calma e se sentirão alegres. Assim, a ciência entrou no quarto corpo a partir de todas as direções e continua a penetrar ainda mais nele.

---

[*] Este livro, como todos os livros de Osho – com exceção de dois que são coletâneas de cartas a seus amigos –, é uma transcrição de sua fala, em geral a centenas ou milhares de pessoas. (N. do T.)

Na meditação, várias experiências são vivenciadas. Você sente o cheiro de todos os tipos de fragrâncias, vê cores... Tudo isso pode ser provocado também sem a meditação, pois a ciência descobriu que parte de seu cérebro fica ativa durante essas experiências. Se a parte de trás de meu cérebro é estimulada quando vejo belas cores, a investigação científica mostrará exatamente a porção que fica ativa e o comprimento de onda produzido. Você não precisa entrar em meditação, pois as mesmas vibrações podem ser provocadas dentro de você com a ajuda da eletricidade, e você começará a ver cores. Todos esses são acontecimentos paralelos, pois não importa qual polo seguremos, o outro fica imediatamente ativo.

Mas há perigos nisso tudo. Quanto mais profundamente a ciência, através de novas pesquisas, penetrar no interior do ser humano, mais perigo haverá. Por exemplo: podemos agora prolongar a vida do ser humano; ela não está mais nas mãos da natureza, mas da ciência. Assim, na Europa e nos Estados Unidos, há milhares de pessoas idosas reclamando o direito de morrer, mas são mantidas em seus leitos de morte. Lhes é dado oxigênio e elas podem ser mantidas vivas por longos períodos. Um homem de 90 anos implora a morte, mas os médicos dizem: "Não podemos fazer isso, pois é contra a lei". Mesmo se o filho de uma dessas pessoas idosas sentir que o pai está sofrendo muito e que deveria ter o direito de morrer, ele não pode dizer isso abertamente. Há máquinas para manter uma pessoa viva, e quem está praticamente morto é mantido vivo. Isso é perigoso.

Nossas velhas leis foram elaboradas quando não havia como manter uma pessoa viva. Agora as leis precisam ser revistas, pois podemos manter um moribundo vivo por tanto tempo que ele pode sentir que isso é uma violência, uma atrocidade! "Não quero viver mais! O que vocês estão fazendo comigo?" Houve um tempo em que puníamos uma pessoa pelo seu crime com a forca. Não será surpresa se daqui a cinquenta anos castigarmos uma pessoa não permitindo que ela morra. E essa punição será pior do que a primeira, pois morrer é uma questão de segundos, enquanto continuar a viver pode se arrastar por décadas.

Assim, sempre que há uma nova descoberta no mundo interior do ser humano, ela pode trazer ou sofrimento ou benefícios para a humanidade. Quando o poder vem, ele sempre é uma faca de dois gumes.

A ciência atingiu o quarto plano do ser humano. Nos próximos oitenta anos – ou melhor, nos próximos cinquenta –, ela penetrará mais fundo no quarto corpo. Talvez você não saiba, mas tudo o que foi empreendido durante um determinado século alcança seu auge ao final dele; todo século completa seu trabalho quando chega ao seu fim. Este século* desenvolveu muitos trabalhos, que logo se completarão.

O quinto corpo – o corpo espiritual – é ainda mais sutil do que o quarto. Nele não há apenas vibrações de pensamentos, mas também vibrações do ser. Se eu me sentar absolutamente em silêncio, sem nenhum pensamento interior, mesmo então meu ser criará vibrações. Se você se aproximar de mim e não houver nenhum pensamento em mim, você ainda estará dentro do campo de minhas vibrações. E o mais interessante é que as vibrações de meus pensamentos não são tão fortes e penetrantes como as vibrações de meu ser. Portanto, quem atinge o estado da não mente fica muito poderoso. É difícil medir o efeito do seu poder porque as vibrações da existência começam a surgir dentro da pessoa. A vibração da energia do quinto corpo é a forma mais sutil de energia conhecida pelo ser humano.

Assim como no caso de Mahavira, em muitos outros aconteceu que aqueles que atingiam esse estado permaneciam em silêncio. Mahavira ou falava pouco ou não falava; ele apenas ficava sentado. As pessoas iam a ele, sentavam-se diante dele, entendiam-no e iam embora. Naquele tempo isso era possível, mas não nos dias de hoje. Agora isso é muito difícil porque você sentirá as ondas profundas do corpo espiritual apenas se estiver preparado para estar no estado de não pensamento, e não de outra maneira. Se você estiver preenchido com os ruídos de seus próprios pensamentos, perderá essas vibrações sutis. Elas simplesmente passarão por você e você não será capaz de captá-las.

Se as vibrações da existência estiverem ao alcance da pessoa, se houver um estado de não pensamento dos dois lados, então não haverá necessidade de falar. A comunicação se dá em um nível muito íntimo, e essa comunicação vai direto para o coração. Não há explicação porque não há como explicar, e você não se preocupará em saber se isso ou aquilo é ou não é. Seu ser saberá diretamente o que aconteceu.

As vibrações do quinto corpo não atingem apenas os seres humanos. Na vida de Mahavira acontecia um maravilhoso fenômeno: dizem que mesmo os animais vinham ao encontro dele. Os monges jainistas não foram capazes de explicar esse fenômeno e jamais serão. Ora, os animais não entendem a

---

* Aqui Osho se refere especificamente ao século XX, que chegava ao fim. (N. do E.)

linguagem humana, mas entendem muito bem a linguagem do ser. Se eu ficar perto de um gato e me colocar em uma condição de não pensamento... o gato já está no estado de não pensamento. Contudo, com você, terei de falar, pois levá-lo ao estado do gato de não pensamento é uma jornada muito longa. Os animais, as plantas e mesmo as pedras entendem as vibrações que partem do corpo espiritual; não há dificuldade nisso. Dessa maneira, esse corpo também está acessível, mas apenas após o quarto corpo. Ele foi penetrado a partir de muitas direções, e a ciência aceitará prontamente o estado espiritual. Mas, depois disso, haverá alguma dificuldade.

Quando digo que há fenômenos que podem ser esclarecidos cientificamente até o quinto corpo, mas que depois sobrevêm dificuldades, há razões para isso. Se entendermos bem a ciência, perceberemos que ela é uma especialização em uma direção particular; ela é uma seleção particular. A ciência só pode ir fundo quando restringe sua pesquisa ao mínimo possível de fenômenos e tenta saber o máximo possível sobre eles. O objetivo da ciência é conhecer mais e mais sobre menos e menos. Seu trabalho é duplicado: ela tenta saber mais sobre a menor coisa possível; ela torna o objeto de sua investigação tão pequeno quanto possível e aumenta seu conhecimento sobre ele.

Os médicos antigos tinham conhecimento de todo o corpo, mas os atuais não têm esse conhecimento. O clínico-geral de antigamente raramente é encontrado hoje; ele se tornou uma relíquia e não é mais confiável. Ele sabe a respeito de muitas coisas, logo não pode saber bem o suficiente sobre só uma coisa específica a ponto de ser confiável. Agora há oftalmologistas e otorrinolaringologistas, e pode-se confiar neles, pois adquiriram o máximo de conhecimento sobre um campo especializado.

Por exemplo: toda a literatura disponível sobre os olhos é tão vasta que uma só vida não é suficiente para estudá-la. É bem possível que num futuro próximo poderá haver um especialista do olho direito e um outro do esquerdo, ou talvez um especialista da pupila e outro da retina. À medida que o conhecimento aumenta, o olho será dividido em muitas partes para um estudo especial, pois cada parte é muito importante em si mesma. O objetivo da ciência é concentrar o foco de sua atenção em um ponto tão pequeno que ela possa penetrar o mais fundo possível. É assim que a ciência pode vir a saber de muitas coisas.

Como disse anteriormente, a ciência chegará ao quinto corpo porque até ele o indivíduo ainda existe; assim, ele pode estar dentro de seu foco. A partir do sexto corpo, começa o cósmico, e esse está além do foco da ciência. O corpo cósmico significa o total, e a ciência não pode entrar aí, pois a ciência vai do pequeno ao menor. Assim, ela só pode alcançar o indivíduo e achará muito difícil alcançar o cósmico. Só a religião pode alcançar o cósmico. No que se refere ao atman, ao ser, a ciência não terá problema, mas as dificuldades começarão com o brama – o ser cósmico. Não acho que a ciência venha a ser capaz de alcançar o brama porque então terá de abandonar sua especialização. No momento em que ela fizer isso, deixará de ser ciência e será tão generalizada e vaga como a religião. Com a ajuda da ciência, podemos viajar até o quinto corpo. No sexto, a ciência ficará perdida, e o sétimo será impossível para ela porque sua busca está focada apenas na vida.

Na verdade, o centro de nossa existência *é* a vida. Queremos ser menos doentes e mais saudáveis, queremos viver mais, e mais alegremente, mais confortavelmente. O objetivo da ciência é tornar a vida mais profundamente feliz, satisfatória, saudável e desfrutável. Mas o sétimo corpo é a aceitação da morte, é a morte suprema. Aqui, o meditador vai além da busca da vida. Ele diz: "Também quero conhecer a morte. Conheci a existência e o mistério do ser; agora quero conhecer a não existência, o não ser".

A ciência não tem interesse nessa área. Cientistas como Freud chamariam isso de desejo da morte e diriam que essa não é uma condição saudável da mente – que isso é suicida. De acordo com Freud, a libertação e o nirvana não são proveitosos para a vida e esses conceitos são uma prova do desejo de morrer. Ele diria que você, ao almejar isso, quer morrer e que por isso está doente. Os cientistas são contra o desejo da morte porque a ciência está baseada no desejo de viver e na expansão da vida. A pessoa que deseja viver é saudável, mas chega um momento em que o desejo de morrer é igualmente saudável. Se alguém deseja morrer antes de esse momento chegar, ele definitivamente não é saudável. Contudo, chega um momento na vida em que a pessoa deseja morrer em consideração à morte.

Alguém pode dizer que é saudável ficar acordado e que não é saudável dormir, e, gradualmente, estamos dando mais tempo ao dia do que à noite. A noite costumava começar às 18 horas, agora ela começa às 2 horas da madrugada; demos ao dia o tempo que era da noite. Há alguns pensadores modernos que vão tão longe nisso que sentem que, se a noite puder ser completamente removida da vida humana, uma enorme parte da vida deixará de ser desperdiçada. Qual é a necessidade de dormir? Eles argumentam que dormir deveria ser abolido. Mas, da mesma maneira que há prazer em ficar acordado, também há prazer em dormir. Assim como o desejo de acordar é natural e saudável, assim também o é o desejo de dormir. Se uma pessoa mantiver viva sua ânsia de viver até sua última respiração, ela não será saudável, e, se uma pessoa nutrir seu desejo de morrer desde o nascimento, isso também não será natural nem saudável. Se uma criança desejar ardentemente a morte, estará doente, será anormal e deverá receber tratamento. Se um velho desejar ardentemente a vida, também deverá receber tratamento, pois estará enfermo.

A vida e a morte são dois membros da existência. Se você aceitar apenas um, fatalmente ficará aleijado. Até que chegue o tempo de você aceitar o outro, permanecerá essa deficiência. Ambos os membros são importantes – ser e não ser. Quem abraça e aceita igualmente tanto o ser como o não ser, pode ser dito perfeitamente saudável. Quem diz: "Conheci o que é ser; agora quero conhecer o que é não ser", não está com medo do não ser.

O sétimo plano é apenas para as pessoas de coragem que, tendo conhecido a vida, desejam ardentemente conhecer a morte, estão entusiasmadas para explorar a morte, o estado de extinção. Elas estão entusiasmadas para conhecer o que é não existir, como a extinção é, o que é não ser. Elas saborearam a vida; agora querem saborear a morte.

Nesse ponto, você deveria saber que a morte desce do sétimo plano. O que normalmente conhecemos como morte vem do sétimo plano e o que conhecemos como vida vem do primeiro plano. O nascimento começa com o físico; nascimento significa o começo do físico. É por isso que o corpo físico surge primeiro no útero da mãe, e os outros corpos o seguem mais tarde. Assim, o primeiro corpo é o começo da vida, e o último corpo, o nirvânico, é de onde a morte vem. Quem se apega ao corpo físico está com muito medo da morte, e quem está com medo da morte nunca conhecerá o sétimo corpo.

Dessa maneira, à medida que ficamos cada vez mais desapegados do corpo físico, surge um tempo em que também aceitamos a morte, e somente então a conhecemos. E quem conhece a morte está liberado no verdadeiro sentido da palavra, porque então a vida e a morte tornam-se duas partes do mesmo fenômeno, e a pessoa fica além de ambas. Assim, não há esperança de a ciência chegar até o sétimo corpo, embora haja uma possibilidade de ela ir até o sexto.

As portas do quarto corpo se abriram para a ciência, e agora não há nada que possa impedir que ela evolua ao quinto corpo. Mas são necessárias pessoas que tenham mentes científicas e corações religiosos. Uma vez que elas apareçam, não será difícil entrar no quinto corpo. Essa combinação é muito rara, pois há muitos fatores na formação dos cientistas que inibem a crença religiosa. Também, da mesma maneira, a formação religiosa impede a pessoa de se tornar científica. Esses dois ramos de formação não se sobrepõem, e essa é a grande dificuldade.

Às vezes acontece, e sempre que isso acontece no mundo, surge um novo cume de conhecimento. Por exemplo: considere Patanjali. Ele era um homem com uma mente científica, mas penetrou na religião. Ele elevou a ioga a um tal patamar que até agora tem sido difícil superá-lo. Faz muito tempo que Patanjali morreu, e muito mais trabalhos poderiam ter sido desenvolvidos nesse campo, mas não surgiu nenhum homem que tivesse a inteligência de um cientista e uma prática do mundo espiritual interior. Ninguém subiu os cumes mais elevados da ioga. Sri Aurobindo tentou, mas não conseguiu.

Sri Aurobindo tinha uma mente científica, talvez mais científica do que Patanjali, pois foi educado no Ocidente. Sua educação foi soberba; quando ele tinha cerca de 6 anos, seu pai o enviou para fora da Índia e o proibiu de retornar até que estivesse completamente maduro. Mesmo em seu leito de morte, quando outros membros da família falavam em chamar Aurobindo de volta, seu pai não permitiu que isso acontecesse. Ele disse: "Tudo bem não o ver antes da minha morte. Ele deve se embeber completamente da cultura ocidental; não permitam que a sombra do Oriente paire sobre ele e nem mesmo deixem que ele saiba que morri". Ele deve ter sido um pai muito corajoso. Assim, Aurobindo sorveu profundamente a cultura ocidental. Se houve um homem ocidental no real sentido da palavra, esse foi Aurobindo. Ele teve de reaprender sua língua materna após retornar à Índia.

Seu conhecimento da ciência era abrangente, mas a religião foi uma introdução tardia e não penetrou profundamente nele; do contrário, esse homem teria escalado alturas maiores do que Patanjali, mas não era para isso acontecer. De uma maneira profunda, o treinamento do Ocidente tornou-se uma barreira, pois seu pensamento era inteiramente o de um cientista. Ele trouxe toda a teoria da evolução de Darwin para a religião, introduziu nela pensamentos que trouxe do Ocidente, mas não tinha discernimento sobre a religião para que pudesse introduzi-la na ciência. Como resultado, ele criou uma volumosa literatura científica em que a religião era muito superficial porque todo esforço para explicar os mistérios do sexto e do sétimo planos fatalmente seria um fracasso, já que eles não podem ser expressos em termos científicos e lógicos.

Sempre que foi alcançado um equilíbrio entre o intelecto científico e uma mente religiosa, houve progressos. Mas há pouca probabilidade de isso acontecer no Oriente, pois o Oriente perdeu sua religião e nunca teve a ciência. Há mais probabilidade de isso acontecer no Ocidente, porque lá a ciência tornou-se esmagadora.

Sempre que há um excesso, o pêndulo tende a ir para o outro extremo. Por isso, as pessoas muito intelectuais do Ocidente leem o Gita com um encanto não visto em nenhum lugar da Índia.

A primeira vez que Schopenhauer leu o Gita, colocou-o sobre a cabeça e dançou de alegria. Quando as pessoas lhe perguntaram o que estava acontecendo, qual era a causa de seu comportamento maluco, ele disse: "O livro não merece apenas ser lido, mas também ser colocado na cabeça e dançado! Eu não sabia que já houve pessoas sobre a Terra que falavam dessa maneira. Está expresso neste livro o que eu achava que nunca poderia ser colocado em palavras". Ora, não encontraremos nenhuma pessoa na Índia que coloque o Gita na cabeça e dance; encontraremos apenas pessoas que colocam o Gita no banco do trem e que se sentam sobre ele – mas isso não tem sentido.

Ao final deste século*, um novo ponto será atingido porque, quando surge a necessidade, muitas forças são ativadas no mundo. Antes de morrer, Einstein tornou-se um homem religioso. Durante a sua vida, ele permaneceu um cientista, mas, quando sua vida estava para terminar, tornou-se religioso. É por isso que aqueles que foram essencialmente científicos disseram: "Não devemos levar a sério as últimas declarações de Einstein; ele estava fora de si".

As últimas palavras de Einstein foram significativas: "Eu achava que saberia tudo o que havia para saber sobre o mundo, mas, quanto mais eu sabia, mais descobria que isso era impossível, pois havia uma vasta infinidade ainda a ser conhecida. Eu achava que, um dia, descobriria o mistério do mundo da ciência e o reduziria a uma equação matemática, e que, então, deixaria de ser mistério. Mas o problema matemático ficou cada vez maior e, em vez de resolver o mistério do mundo, ele tornou-se um mistério em si mesmo. Agora é impossível resolver esse problema".

Alguns cientistas eminentes dos tempos modernos estão pairando na periferia da religião. Isto acontece agora na ciência porque ela atravessou o segundo corpo e está se aproximando do terceiro e, quando chega perto

---
* Aqui também a referência é ao século XX. (N. do E.)

dele, os ecos da religião tornam-se inevitáveis. Entrar no mundo desconhecido das incertezas e das probabilidades acaba acontecendo por si mesmo. Em algum momento, em algum lugar, a ciência terá de admitir o desconhecido, terá de concordar que há mais coisas além das que podemos ver a olho nu. O que não pode ser visto existe; o que não pode ser ouvido também existe. Há cem anos dissemos que não existia o que não podia ser visto, ouvido ou tocado, mas agora a ciência diz algo diferente; ela diz que o espectro do tangível é muito pequeno e que o espectro do intangível é vasto. O espectro do som é muito pequeno, mas o que não pode ser ouvido não tem limite. O que é visto é infinitesimal, comparado com a ausência de limites do invisível.

Na verdade, o que nossos olhos contemplam é uma parte muito pequena do que existe. Nossos olhos captam um comprimento de onda específico, nossos ouvidos escutam em um comprimento de onda específico. Acima e abaixo deles há uma infinidade de outros. Às vezes, por acidente, esses comprimentos de onda também são captados pelos nossos sentidos.

Certa vez um homem caiu de uma montanha e machucou o ouvido. Depois disso, seu ouvido começou a captar as ondas de rádio da estação de sua cidade. Quando ele estava internado no hospital, ficou bastante perplexo, pois, no começo, não pôde entender o que estava acontecendo e pensou: "Ou estou enlouquecendo ou não consigo entender o que está acontecendo".

Ele começou a suspeitar que estava ouvindo uma estação de rádio e se queixou para o médico, perguntando-lhe: "Onde está o aparelho de rádio do hospital?"

O médico respondeu: "Você está ouvindo coisas? Não tem nenhum rádio aqui".

Mesmo assim ele insistiu que estava ouvindo notícias e relatou o que ouvia. O médico correu para o escritório e ligou o rádio e, para sua surpresa, ouviu exatamente as mesmas notícias, e, então, tudo ficou claro. Foi descoberto que, depois da queda na montanha, seus ouvidos ficaram receptivos a estranhos e novos comprimentos de onda, sofreram alterações.

É bem provável que, em um futuro próximo, possamos ser capazes de captar comprimentos de onda diretamente ao fixarmos um pequeno dispositivo nos ouvidos. Há um número infinito de sons à nossa volta, mas não podemos ouvi-los porque nosso campo de escuta é muito limitado. Mesmo sons muito altos não podem ser ouvidos; não podemos ouvir sons acima ou abaixo da capacidade auditiva do nosso ouvido. Quando um meteoro cai, o espantoso som de sua queda se espalha à nossa volta, mas não podemos ouvi-lo. Se a situação fosse diferente, ficaríamos surdos. De maneira semelhante, a variação de nossa temperatura corporal fica aproximadamente entre 35 e 42 graus centígrados. Se ela cair abaixo de 35 graus ou subir acima de 42, nós morremos; nossa vida oscila entre esses sete graus. A temperatura tem uma variabilidade enorme; ela pode variar mais do que esses sete graus, mas isso não seria aplicável a nós.

Da mesma maneira, temos nossas limitações em tudo. Mas *podemos* saber a respeito de muitas coisas fora desses limites, pois elas também existem. A ciência começou a aceitar a sua existência e, uma vez que haja aceitação, começa a investigação do que são essas coisas e de onde elas vêm. Tudo isso pode ser conhecido, tudo isso pode ser reconhecido, e foi por essa razão que eu disse ser possível para a ciência chegar ao quinto corpo.

Questão:

Quem conhece o não ser e em que bases ele pode ser conhecido?

A pergunta, em si, está errada. Ela não faz sentido e não pode ser formulada porque, quando perguntamos "Quem conhece o não ser?", consideramos que *alguém* permaneceu ainda após essa vivência. Então, não se trata de não ser.

Questão:

Como o conhecimento disso é relatado?

Não há relato. Por exemplo: quando você dorme à noite... Você está consciente apenas daquilo que ocorre em suas horas de vigília. Uma vez adormecido, você fica alheio a seu ambiente; assim, você só pode fazer relatos sobre suas horas de vigília, sobre a situação que existiu até o ponto em que você adormeceu. Mas, como regra, você faz o oposto, ao dizer: "Fui dormir às 20 horas". Isso está errado, pois você deveria dizer: "Eu estava acordado até as 20 horas". Você não pode relatar o sono porque, quando você dorme, quem está presente para acompanhar? O relato é possível de outra forma: "Eu estava acordado até as 20 horas". Ou: "Até as 20 horas eu sabia que estava acordado, mas depois disso não sei de nada. Sei apenas que eram 6 horas quando acordei. Há um intervalo entre as 20 horas e as 6 horas, durante o período em que estava dormindo".

Esse é um exemplo. Você saberá o que existe até o sexto corpo e, quando mergulhar no sétimo e novamente voltar ao sexto, será capaz de dizer: "Ah! Estive em um outro espaço; experimentei o não ser". Esse relato é dado apenas no sexto corpo, e muitos não falaram após atingir o sétimo plano. Há uma razão para isso: por que dizer o que não pode ser dito?

Recentemente houve um homem chamado Wittgenstein que fez algumas raras afirmações. Uma delas foi: "O que não pode ser dito não deve ser dito". Muitas pessoas disseram o que não pode ser dito e nos colocaram em dificuldade por isso, pois também nos disseram que isso não pode ser dito. Assim, esse se torna um relato negativo. Essas são as notícias emitidas da última fronteira, onde é dito: "Eu estava até esse ponto, mas depois dele eu não existia; depois desse ponto não sobrou nada para saber e ninguém para saber. Não havia relato e ninguém para relatar. Mas isso aconteceu depois de uma fronteira particular, antes da qual eu existia". Essa linha fronteiriça é a fronteira do sexto corpo.

Os Vedas, a Bíblia, o Upanixade e o Gita vão até o sexto corpo. O sétimo é o inexprimível e não pode, na verdade, ser expresso. Até o sexto, não há muita dificuldade, e, até o quinto, é muito fácil expressar o que aprendemos. Mas, no sétimo plano, não permanece nem o conhecedor nem o conhecimento. Em realidade, não permanece o que inferimos como sendo o que sobrou. Se falarmos desse intervalo vazio, teremos de usar a linguagem da negação. Portanto, os Vedas e o Upanixade precisam dizer: "Nem isso nem aquilo". Eles dizem: "Não perguntem o que existe. Podemos apenas lhes dizer o que não estava lá; podemos apenas dizer que o que era não é. Não havia nenhum pai ali, nenhuma mulher, nenhuma matéria, nenhuma experiência, nenhum conhecimento. E o 'eu' também não estava, o ego não estava, nem o mundo estava ou o seu criador. Não havia nada ali". Essa é a linha fronteiriça do sexto corpo. O que havia lá? Você permanecerá em silêncio porque isso é inexprimível.

Foram relatadas notícias sobre o brama, mas o que é transmitido além dele é inevitavelmente negativo – como o que foi dito por Buda. Buda tentou ao máximo expressar o sétimo plano. Portanto, tudo o que ele comunicou foi negativo, foi negação, e, dessa maneira, as pessoas de sua terra não compreenderam. A experiência do brama, sendo positiva, foi bem entendida pelas pessoas. O brama foi apresentado como sendo sat-chit-ananda –

verdade, consciência, bem-aventurança –, e essas asserções positivas foram bem entendidas. Pode-se falar que isso é, aquilo é, mas Buda falou sobre o que não é. Talvez ele seja o único que tenha trabalhado arduamente para tornar conhecido o sétimo plano.

Buda não foi aceito neste país porque o espaço sobre o qual ele falou não tinha raízes, formas ou contornos. As pessoas ouviam e achavam que aquilo era inútil: "O que faríamos lá, onde não há nada?" Elas diziam: "Pelo menos nos mostre um espaço em que *seremos*". Mas Buda dizia: "Você *não* será". As pessoas deste país afastaram-se dele porque queriam salvar a si mesmas até o fim.

Buda e Mahavira eram contemporâneos, mas as pessoas entenderam Mahavira melhor porque ele falava dos fenômenos até o quinto plano. Ele nem mesmo mencionou o sexto plano, pois tinha uma mente científica e sempre que tentava explicar o sexto plano, sentia que as palavras pareciam tornar-se ambíguas, nebulosas e ilógicas. Até o quinto, tudo é estável e é possível fazer um relato de que isso é dessa maneira e aquilo é daquela maneira, porque, até esse plano, as coisas têm semelhança com a nossa experiência.

Suponha que haja uma pequena ilha no meio de um oceano e que apenas um tipo de flor cresça nessa ilha. Há algumas pessoas que lá habitam e elas nunca saíram da ilha. Um dia um navio que passava por ali leva uma dessas pessoas para outras terras e lá ela vê flores de diferentes tipos. Para ela, "flor" significava um tipo particular de flor que crescia em sua ilha. Agora, pela primeira vez, o significado de "flor" se expandiu e ela percebe que a palavra flor não pertence apenas a uma flor, mas a milhares delas. Ela percebe que há rosas, lírios, lótus e jasmins. Agora ela fica preocupada, pois como explicará a seu povo que "flor" não se refere a apenas um tipo de flor? Como ela explicará que flores têm nomes, já que, em sua ilha, a flor, sendo apenas uma, não tem outro nome, sendo meramente "flor"? Ela fica se perguntando como falará aos outros sobre o lírio e o jasmim.

Ela retorna a sua ilha e, apesar de sua dificuldade, encontra uma solução. Há pelo menos uma flor como referência; sobre essa flor ela pode elaborar e tentar explicar as variedades de cores, formas e perfumes das outras, a fim de transmitir alguma ideia de sua descoberta. Ela pode dizer: "Assim como essa é branca, há outras que são vermelhas, lilás, amarelas e muitas outras cores. Assim como essa é pequena, há flores grandes também, como o lótus". Dessa maneira, ela pode se comunicar, pois uma flor já está ali como referência sobre as outras.

Mas suponha que essa pessoa não vá para uma outra terra, mas para a Lua, onde não há nenhuma flor, nenhuma planta, onde a atmosfera é estranha para ela e a pressão atmosférica é diferente. Quando ela voltar para a sua ilha e lhe perguntarem o que viu na Lua, será muito difícil explicar, pois não há nada equivalente à sua experiência para usar como ponto de partida. Não há palavras nem símbolos em sua linguagem para fazer o relato.

A situação é exatamente essa. Até o quinto plano, encontramos palavras para transmitir nossas impressões, mas isso é a mesma coisa que tentar expressar a diferença entre uma flor e mil flores. A partir do sexto plano, a linguagem fica confusa. Lá, atingimos um ponto em que mesmo a diferença entre um e mil não é suficiente para fornecer material para uma explicação. Isso é muito difícil. Mesmo então, com o uso da negação e da totalidade, alguma ideia pode ser transmitida. Podemos dizer que não há limite, que é ilimitado. Estamos familiarizados com fronteiras; então, com a ajuda desse conhecimento, podemos transmitir que ali não há fronteira. Isso dará alguma ideia e, embora ainda vaga, podemos supor que entendemos. Mas não é assim.

O resultado é muita confusão. Sentimos que seguimos o que foi dito – que não há fronteiras ali. Mas o que se quer dizer "sem fronteiras"? Nossa experiência é a de fronteira. É como se aquelas pessoas da ilha dissessem: "Sim, entendemos. Você está falando de uma flor". Então, a pessoa dirá: "Não, não! Não se trata dessa flor; não tem nada a ver com ela; tal flor não é encontrada lá". E as pessoas dirão: "Se elas não são como essas, por que você as chama de flores? Flor é só isso".

Também estamos sob a ilusão de que entendemos. Quando nos dizem que Deus é infinito, sem limite, dizemos: "Sim, entendemos". Mas nossas experiências são apenas de limites. Nós não entendemos nada; apenas conhecemos a palavra "fronteira". Acrescentamos o "sem" a ela, sentimos que sabemos que não há fronteira e ficamos seguros de que compreendemos. Mas, uma vez que você comece a conceber aquilo que não tem limite, então isso será amedrontador. Não importa o quanto você tente visualizar sua não existência, a fronteira permanece. Você segue em frente – mesmo milhões e bilhões de quilômetros além, onde terminam os anos-luz –, mas, onde você parar, a fronteira aparecerá.

No máximo, em nossas mentes, o significado da ausência de fronteira pode ser a fronteira daquilo que está muito, muito distante, tão distante que está além de nosso alcance, mas ela ainda existe. Então, de novo, teremos perdido o ponto. Assim, algo pode ser dito sobre o sexto plano, e achamos que compreendemos, mas não compreendemos.

Ora, no sétimo, nem mesmo chegamos ao ponto de dizer que entendemos; o sétimo nem pode ser proferido. Se alguém tentar, imediatamente diremos: "Que absurdo você está dizendo!" Portanto, uma palavra absurda foi usada para indicar o sétimo plano – uma palavra que não tem sentido, que não quer dizer nada.

Por exemplo: considere a palavra "aum". Ela é uma palavra sem sentido, e a usamos em relação ao sétimo corpo. Até o quinto corpo, podemos falar, mas, quando alguém insistir em falar sobre o sétimo, diremos: "aum". Portanto, quando uma escritura estava completa, eram escritas as palavras Aum Shanti. Você sabe o que isso significa? Significa que o sétimo plano chegou e que não há mais nada a dizer. As escrituras terminam tão logo aparece o sétimo; o começo do sétimo é o fim das escrituras. Dessa maneira, ao final de cada escritura, não escrevemos "Fim", e sim "Aum Shanti". Aum é o símbolo do sétimo, e ele tem o propósito de transmitir que não pode haver nenhuma discussão adicional. Daí em diante, ele nos impele a estarmos tranquilos e em paz.

Concebemos uma palavra absurda que não tem sentido e nenhuma razão por trás dela. E, se houver alguma razão por trás dela, ela será inútil, pois criamos essa palavra para aquele mundo em que todas as razões terminam. Ela é uma palavra sem razão e, portanto, não existe em nenhuma outra língua do mundo. Foram realizadas pesquisas, mas não há significado para aum. Um cristão dirá "Amém" ao final de sua prece. Ele está dizendo: "Basta! Terminado! Paz daqui para frente; agora chega de palavras". Mas isso não é equivalente a aum. Aum não pode ser traduzido; ele é o símbolo que escolhemos para o sétimo.

Ele está incrustado nos templos para nos lembrar de não parar no sexto, já que também existe um sétimo plano. Ele é colocado entre as imagens de Rama e Krishna para sugerir que aum é maior do que eles. Krishna o observa atentamente – mas aum é muito maior, é vasto. Tudo aparece a partir dele, tudo se funde a ele. Portanto, não avaliamos aum em comparação com nenhuma outra coisa do mundo. Ele é o mais sagrado dos sagrados, no sentido de ser o supremo, o além, onde tudo perde sua identidade.

Nada se pode dizer sobre o sétimo plano; ele só pode ser descrito na linguagem da negação: "Ele não é isso, não pode ser aquilo", e assim por diante. Mas isso tem sentido só até o sexto plano, o que fez com que muitos permanecessem em silêncio sobre o sétimo. Os que tentaram falar sobre ele levantaram muitas dificuldades para si mesmos, pois, mesmo enquanto falavam sobre ele, tiveram de repetir muitas vezes que ele é inexprimível. Repetidamente eles precisavam alertar seus ouvintes: "Falamos sobre ele, mas, na verdade, ele não pode ser expresso". Então, ficamos perplexos. Por que eles falam de coisas que não podem ser proferidas? Eles não deveriam falar a respeito. Dizem: "Definitivamente, é o sétimo, mas não temos palavras dignas para descrevê-lo".

Não há nada no mundo comparável a ele; ele é inexprimível. Há muito a ser dito sobre ele, muito a ser expresso, mas a dificuldade é que não há meios de comunicá-lo em palavras. Ele pode ser conhecido, mas não pode ser expresso.

Por isso, os que eram muito falantes, os que eram grandes oradores, os que podiam explicar tudo que existe, ficavam de repente com a língua presa quando retornavam do sétimo plano. Quando isso acontecia, a mudez deles transmitia uma mensagem: seus olhos silenciosos falavam do não falado. Por exemplo: em referência ao que você perguntou, Buda criou uma regra, a de que certas perguntas não deveriam ser feitas a ele. Ele disse: "Não façam essas perguntas. Não está certo levantá-las, não está certo elas serem conhecidas". Ele dizia que certo assunto era indefinível e que, portanto, não deveria ser discutido; não seria adequado discuti-lo.

Lao Tzu disse: "Por favor, não peçam que eu escreva, porque tudo o que eu escrever se tornará falso. Jamais serei capaz de comunicar o que desejo comunicar; posso apenas escrever o que não desejo comunicar. Mas qual a utilidade disso?" Assim, ele não escreveu até o fim. Mas, quando seus conterrâneos o forçaram, ele escreveu um livreto, e a primeira sentença que escreveu foi: "Tão logo a verdade é expressa, torna-se falsa". Mas essa é a verdade do sétimo plano. No sexto plano, ela não se torna falsa, mas ambígua. No quinto, a verdade expressa é indiscutível. Apenas no sétimo sua expressão é impossível. Onde nós próprios não somos, como pode permanecer nossa fala e nossa linguagem? Elas também terminam conosco.

Questão:

Quais são as características distintivas do aum que o fizeram ser escolhido para representar o sétimo plano?

Há duas razões para a escolha do aum. Uma é que era preciso uma palavra que não tivesse significado, que não poderia receber nenhum significado – porque, se ela transmitisse algum significado, estaria reduzida ao quinto plano. Assim, era requerida uma palavra que não tivesse sentido. Todas as nossas palavras são significativas; criamos palavras para que elas transmitam significado. Se elas não transmitirem nenhum significado, por que deveriam ser usadas? Nós as usamos para falar, e o propósito de falar é comunicar algum pensamento.

Quando pronuncio uma palavra, ela deve significar alguma coisa para você. Quando as pessoas retornavam do sétimo plano, sentiam que, se criassem palavras que transmitissem um significado para expressar o sétimo plano, imediatamente voltariam para o quinto plano. Então, essas palavras seriam acrescentadas aos dicionários onde as pessoas as leriam e achariam que entenderam seu significado. Mas o sétimo plano não tem sentido. Você pode dizer que ele não tem sentido ou que está além do sentido – dá no mesmo.

No contexto de que todos os significados são perdidos, de que não permanece nenhum sentido, que tipo de palavra poderia ser encontrada para isso e como ela poderia ser formada? Essa palavra foi criada com a ajuda de uma grande visão, de uma grande percepção e de uma maneira muito científica. Uma palavra raiz tinha de ser construída, uma palavra básica que deveria ser o alicerce. Como encontrar essa palavra que não deveria comunicar nenhum significado? De que maneira ela deveria ser formada? Em um sentido profundo, ela se tornaria um símbolo da fonte original.

Os três sons básicos de nossa fala são a-u-m. Todos os nossos desenvolvimentos de palavras são uma expansão desses três sons; eles são os sons raízes. Ora, os sons de a-u-m em si mesmos não contêm nenhum significado, pois é o relacionamento deles que determina o significado. Quando "a" se torna uma palavra, ela contém um significado; quando "m" se torna uma palavra, ela contém um significado. Mas, em si mesmos, eles não têm significado. Mesmo assim, são as raízes, e todos os desenvolvimentos de nossa fala são extensões e combinações desses três sons.

Esses três sons raízes estão unidos para formar a palavra aum. Aum pode ser escrito, mas, ao escrevê-lo, pode-se começar a achar que ele poderia ter um significado como qualquer outra palavra escrita; as pessoas achariam que ele significa aquilo que está no sétimo plano. Assim, nenhuma palavra foi cunhada, mas foi feita uma figura de aum; nenhuma letra foi usada para ele. As três letras a-u-m são apenas sons e não letras ou palavras. Aum veio à existência em uma forma pictórica, a fim de que não fosse relegado a um dicionário e para que fisgasse o olho e se tornasse um ponto de interrogação. Ele veio à existência dessa maneira, de tal modo que a pessoa ficasse ansiosa para descobrir o que ele significa.

Sempre que pessoas leem sânscrito ou estudam os livros antigos, essa palavra fica difícil de explicar. As palavras estão dentro de sua compreensão porque têm um significado – mas ॐ está além da compreensão. Elas sempre perguntam: "O que significa aum? Qual é a sua importância? O que quer dizer e por que não está escrito em letras, como a-u-m? Por que essa forma pictórica?" Se você observar cuidadosamente a sua figura, perceberá que ela é feita de três partes, as quais são os símbolos "a", "u" e "m".

Essa figura requer um estudo cuidadoso; ela não é uma figura comum. Pesquisas sobre ela foram desenvolvidas a partir do quarto corpo e não a partir do plano físico. Na verdade, quando uma pessoa entra no quarto corpo e está no estado de não pensamento, as notas de a-u-m começam a ressoar dentro dela, e a combinação delas forma a palavra aum. Quando há uma perfeita quietude interna, quando os pensamentos estão completamente ausentes, o sussurro do aum começa a ressoar por dentro. Esse som tem sido captado a partir do quarto plano, onde o pensamento e a linguagem não estão mais presentes. Então, o que permanece é o som do aum.

Como eu disse anteriormente, cada palavra tem um padrão próprio. Quando usamos uma certa palavra, um padrão particular se forma dentro da mente. Se alguém medita sobre o aum, a figura correspondente começará a se manifestar internamente quando ela ressoa no quarto plano. É assim que todas as sementes dos mantras foram descobertas. Quando a ressonância de um chacra particular é captada pelo meditador na meditação, o mantra daquele chacra é revelado. É assim que esses mantras sementes foram formados, e aum é a semente suprema. Ele não é a semente de nenhum chacra particular; mais exatamente, é o símbolo do sétimo, que é o infinito ou o eterno.

Dessa maneira, a palavra aum foi descoberta. E, quando ela se formou com a experiência de milhares de buscadores que lhe deram sua aprovação, essa palavra foi aceita. Ela não veio à existência com a aprovação de uma só pessoa ou mesmo de um só grupo de pessoas. Quando a mesma palavra reverberou em um número de meditadores, quando milhões deles testificaram a sua autenticidade, somente então ela foi escolhida. Portanto, a palavra aum não é uma propriedade ancestral de alguma religião ou empresa. Daí, os budistas e os jainistas fazem uso dela livremente sem nenhum medo. Ela não é a propriedade da religião hindu, e a razão é que ela foi atingida por toda a sorte de meditadores de vários caminhos. Quaisquer que sejam os equivalentes que encontremos em outros países, eles também são, de certa maneira, fragmentos dessa palavra.

Se examinarmos os achados dos buscadores romanos ou árabes, descobriremos que a nota "m" é invariavelmente mencionada. Alguns colocam "a" junto com o "m", mas o "m" está sempre presente. Isso é porque "a" e "u" são muito sutis e difíceis de captar. Assim, a primeira parte da palavra foge da nossa atenção e apenas a parte final é ouvida. Portanto, quando o som de aum começa a ressoar no interior, o "m" nele é facilmente captado. Se você ficar em um quarto fechado e recitar aum, os sons precedentes darão caminho para o som do "m". Dessa maneira, "a" e "u" tornam-se completamente inaudíveis e é o "m" que ressoa em toda parte. Assim, os meditadores chegaram à conclusão de que a nota "m" era certa, enquanto o que a precedia não estava bem claro. A diferença é apenas de audição, mas sempre que uma investigação foi feita a esse respeito, uma coisa ou outra dessa palavra foi captadapelos meditadores. Quando buscas extensivas são desenvolvidas... Por exemplo: se mil cientistas realizarem o mesmo experimento e obtiverem o mesmo resultado, sua validade será comprovada.

Este país é afortunado pois milhares de anos foram despendidos aqui na jornada em direção ao ser. Em nenhum lugar do mundo as pessoas desenvolveram esse experimento em uma escala tão vasta e em um número tão grande quanto aqui. Dez mil meditadores sentaram-se à volta de Buda; quarenta mil, tanto homens como mulheres, sentaram-se à volta de Mahavira, e eles fizeram um experimento em massa. Em um pequeno lugar como Bihar, 40.000 discípulos de Mahavira fizeram a experiência. Em nenhum outro lugar do mundo um evento desses aconteceu. Jesus, pobre camarada, estava sozinho, e Moisés teve de passar o seu tempo futilmente batalhando com pessoas ignorantes.

Neste país, aconteceu algo especial, em que as pessoas tiveram a percepção de que esse não era motivo para briga. Aqui as coisas eram claras; Mahavira ficava sentado e 40.000 pessoas praticavam meditação em frente dele. Isso deu uma grande oportunidade para observar e verificar as experiências de diferentes meditadores em diferentes planos.

Pode haver algum erro quando há apenas um ou dois praticando, mas, quando há quarenta mil, não pode haver nenhum erro. Quarenta mil pessoas estavam ocupadas em diferentes técnicas de meditação, e tudo era adequadamente considerado, tudo era verificado, tudo era corretamente compreendido.

Assim, este país fez muito mais descobertas no campo espiritual do que qualquer outro, pois, em outros países, o buscador estava sozinho. Da mesma forma que o Ocidente está hoje desenvolvendo experimentos científicos em larga escala, empregando milhares de cientistas, em um mesmo período este país empregou na ciência da alma milhares de seus gênios e de seus intelectuais. São muito úteis as descobertas que eles fizeram em suas jornadas pela alma, mas, ao irem para outras terras, esse conhecimento ficou fragmentado e distorcido.

Por exemplo: a cruz de Jesus é uma remanescente da suástica. Em sua longa jornada a terras distantes, foi isso o que permaneceu da suástica. A suástica era um símbolo como o aum. Aum é o símbolo do sétimo, a suástica é o símbolo do primeiro. Portanto, a figura da suástica é dinâmica; seus ramos se espalham e dão um efeito de movimento; ela está em rotação o tempo todo. O mundo comum contém o que está se movendo o tempo todo. Assim, a suástica tornou-se o símbolo do primeiro corpo, e aum do último. Não há movimento no aum; ele é absolutamente imóvel; há um silêncio total; tudo está parado. Com a suástica, há movimento.

Em sua jornada, a suástica tornou-se a cruz quando chegou ao cristianismo. Há toda possibilidade de Jesus ter ido ao Egito, como também à Índia. Ele esteve em Nalanda, a antiga universidade budista, como também no Egito, e coletou muitos conhecimentos, e um foi o conhecimento da suástica. Mas esse conhecimento se revelou como as notícias trazidas pela pessoa que viu muitas flores e que foi levada a um lugar onde havia apenas uma flor. A mensagem de Jesus foi destruída e permaneceu apenas a cruz.

A porção superior do sinal aum chegou ao islamismo. A lua crescente que eles reverenciam é o fragmento superior do aum, que foi separado da parte principal durante sua passagem pela Arábia. Palavras e símbolos são impropriamente distorcidos ao longo do caminho, e, após milhares de anos, tornam-se tão gastos que fica difícil reconhecer sua forma original. Quando viajam de um lugar a outro e são usados por pessoas diferentes com línguas diferentes, são adicionados a eles novos sons, novas palavras.

Todos os tipos de mudança se dão e, quando algo se separa de sua fonte original, fica difícil discernir seu lugar de origem, como ele veio à existência e o que aconteceu com ele.

O fluxo espiritual de todo o mundo está intrinsecamente conectado com este país, já que a fonte básica e original da espiritualidade se localizou aqui, e é daqui que as suas notícias se espalharam largamente. Mas os mensageiros que levaram a mensagem a outras terras e as pessoas que as receberam falavam uma língua diferente. Portanto, faltou clareza na emissãoe na recepção da mensagem. Nenhum cristão que usa a cruz em volta do pescoço imagina que ela foi parte da suástica; nenhum muçulmano jamais sonharia que a lua crescente que ele reverencia é um fragmento do aum.

De acordo com alguns eruditos católicos, amém é apenas uma forma variante de aum. Ao final de todas as preces cristãs, a palavra amém é usada como sinal de obediência ao divino. Também é crença dos pesquisadores que, na Bíblia, onde está escrito: "No começo havia a palavra, e a palavra estava com Deus", aum é a palavra implícita. Amém é referida como sendo o alfa e o ômega – o começo e o fim. Também se diz que Jesus disse ao apóstolo João: "Eu sou Amém". Em outros lugares, amém tem sido usado para significar a verdade absoluta, ou "Assim seja".

Muitas palavras em latim são utilizadas nas adorações católicas, e em todas elas está presente uma forma variante de aum. Por exemplo: *Per omnia saecula saeculorum...* Ela também está em palavras inglesas: *omnipresent* (onipresente), *omniscient* (onisciente) e *omnipotent* (onipotente).

Hoje em dia, muitas igrejas na Índia começam a usar a palavra aum em suas orações e também a gravaram em suas portas principais. Por exemplo: o Colégio St. Mary, em Darjeeling, tem o símbolo ॐ cravado na entrada do altar principal de sua capela.

6

Shaktipat: os mistérios
da eletricidade corporal

Questão:

No contexto do sétimo corpo, ontem você falou sobre o aum, mas ainda há uma pequena pergunta sobre o mesmo assunto: que chacras o "a", o "u" e o "m" influenciam e como isso ajuda o meditador?

Ontem eu lhe disse alguma coisa sobre o aum e, no mesmo contexto, há mais alguns pontos dignos de serem conhecidos. Em primeiro lugar, aum é o símbolo do sétimo corpo, uma indicação do sétimo plano, um símbolo do sétimo estado que não pode ser explicado por nenhuma palavra. Nenhuma palavra pode estar associada ou ser utilizada em relação a ele. Assim, uma palavra sem significado foi usada – uma palavra que não tem sentido. Ontem eu disse que a busca desta palavra foi realizada pelos que viveram a experiência do quarto corpo.

Essa não foi uma busca comum. Na verdade, quando a mente está totalmente vazia, sem nenhum clamor de palavras, sem mesmo uma ondulação de pensamento, mesmo então o som do vazio permanece. O vazio também fala, ele tem seus próprios sons. Vá a um lugar isolado onde não há nenhum som e perceberá que a vacuidade tem sua própria música. O isolamento tem seu próprio tipo de som e, nesse silêncio, permanecem apenas as notas básicas – a-u-m. Todas as nossas melodias e harmonias são desenvolvidas pelas permutas e combinações dessas notas básicas. Quando todas as palavras e todos os sons desaparecem, essas notas básicas permanecem.

Assim, aum é o símbolo do sétimo estado, do sétimo corpo, mas esse som é captado no quarto plano, na vacuidade do corpo mental. Se o meditador fizer uso desse som, poderá haver dois resultados. Como lhe disse anteriormente, todos os planos têm duas possibilidades. A repetição do aum pode ocasionar um estado de sonolência, um estado de transe – um estado que pode ser provocado pela repetição de qualquer palavra. A repetição modulada de uma palavra tem o mesmo impacto sobre a mente que suaves golpes sobre a cabeça, que produzem entorpecimento e sono.

Se esse estado for ocasionado pela repetição do aum, você ficará perdido no mundo dos sonhos e da imaginação, que é o potencial natural do quarto corpo. Acontecerá então um sono hipnótico em que você poderá ver tudo o que quiser ver. Você pode viajar para o paraíso e para o inferno ou ter uma visão de Deus, mas tudo isso será em sonhos. Você pode sentir a bem-aventurança e a paz, mas tudo em um sonho; nada será real.

Aum é mais frequentemente usado dessa maneira porque assim é mais fácil. É muito fácil e agradável produzir em voz alta o som aum e se perder nele; é como ter sonhos agradáveis. A qualidade do plano mental, como dada pela natureza, é a da imaginação e dos sonhos. Se a mente quiser sonhar, ela poderá; esse desfrute é possível para ela. A outra possibilidade é a da força de vontade e a das visões do divino.

Se aum for usado somente como uma repetição sobre a mente, seu impacto trará o sono hipnótico. O que se chama de ioga tandra é ocasionado pela repetição do aum. Mas, se ele for pronunciado com a testemunha bem desperta interiormente, se você estiver completamente desperto e estiver escutando o som sem se dissolver nele, sem ficar perdido nele, se o som estiver em um plano e você estiver em um outro como ouvinte, como observador, como testemunha, se você estiver inteiramente atento ao som, somente então poderá começar o trabalho relativo à segunda possibilidade do quarto plano, e você não entrará na ioga tandra, mas na ioga jagriti, no estado desperto.

Eu me empenho, sempre, em aconselhar as pessoas a manterem-se afastadas do uso de mantras; sempre aconselho a não usar nenhum mantra ou nenhuma palavra porque as chances são de 99 em 100 de você entrar em um transe imaginário, e há razões para isso. O quarto plano é vulnerável ao sono; ele conhece apenas o sono. O curso do sonho já está presente nele, pois ele sonha todos os dias. É como se fôssemos jogar água nesta sala; depois de algum tempo, a água secará, mas deixará uma marca no chão. Então, se novamente jogarmos água no chão, essa água fluirá nos mesmos trajetos anteriores.

Com o cantarolar e com os mantras, é muito provável que sua mente, com sua tendência de sonhar, imediata e mecanicamente cairá em um estado de sonho. Mas, se você estiver completamente desperto e testemunhando por dentro, observando o som do aum sem se fundir e sem se perder nele, então ele poderia fazer o mesmo trabalho que a repetição de "Quem sou eu?" – que eu defendo. Se você perguntar "Quem sou eu?" em um estado de sono e não for uma testemunha, o mesmo erro poderá acontecer, e você estará meramente sonhando. Mas a possibilidade de isso acontecer repetindo "Quem sou eu?" é menor do que com a repetição do aum, e há uma razão para isso.

Com o aum, nenhuma pergunta é colocada; ele é apenas um toque sutil. Com o "Quem sou eu?", há uma pergunta, e não um mero afago. Há um ponto de interrogação depois do "Quem sou eu", e isso o manterá desperto. É um fato interessante que, quando há uma pergunta na mente, é impossível dormir. Se uma difícil pergunta ficar remoendo na sua cabeça durante o dia, ela também perturbará o seu sono à noite. Ela não deixará você dormir; o ponto de interrogação é um incentivo ao estado desperto. Se houver alguma pergunta, alguma ansiedade, alguma curiosidade na mente, será difícil dormir.

Sugiro "Quem sou eu?" no lugar do aum porque se trata de uma pergunta, e, assim sendo, é uma busca intrínseca de uma resposta. Além disso, você terá de permanecer desperto para ter a resposta. No aum, não há pergunta; ele não tem ângulos agudos e, daí, não o golpeia; ele é absolutamente redondo. Seus contínuos golpes gentis, geralmente, levam apenas a um transe imaginário.

Além do mais, não há melodia no "Quem sou eu?", enquanto aum está repleto de melodia. Quanto mais melodia, mais depressa você entrará no sono. Como a forma masculina, "Quem sou eu?" é desproporcional; como a forma feminina, aum é bem proporcional e suas investidas gentis rapidamente o fazem dormir. Palavras têm formas e seus impactos são diferentes, suas ressonâncias são diferentes. "Quem sou eu?" não tem melodia, e é difícil dormir com ele. Se você repetir "Quem sou eu?, Quem sou eu?" perto de uma pessoa adormecida, ela acordará. E, se você repetir "aum, aum", o sono dela ficará mais profundo, porque o impacto é diferente. Isso não significa que aum não seja utilizável. É uma possibilidade válida para aquele que fica atrás da repetição como um observador, uma testemunha. Mas não defendo o uso do aum para meditação, e há muitas razões para isso.

Se você utilizar aum para meditação, inevitavelmente ele ficará associado ao quarto corpo. Aum é o símbolo do sétimo plano, mas sua ressonância é experimentada no quarto plano. Uma vez que você comece a usá-lo para meditação, seu inevitável relacionamento com o quarto plano o transformará em barreira para progressos posteriores. Assim, há essa dificuldade com a palavra; ele é experimentado no quarto plano, mas é usado para o sétimo. Não temos nenhuma outra palavra para o sétimo corpo, e nossa experiência com palavras termina após o quarto plano.

Usamos a última palavra do quarto plano como o símbolo do sétimo. Não há outra alternativa porque, a partir do quinto, deixamos de usar palavras; o sexto é absolutamente sem palavras, e o sétimo é o vazio supremo. Sobre a última linha fronteiriça de palavras no quarto plano, onde deixamos todas as palavras, a última palavra ouvida será aum. Dessa maneira, ela é a última palavra do reino da fala e a primeira palavra do reino da não palavra. Ela está na linha fronteiriça entre o reino das palavras e o estado de ausência de palavras. Ela é primariamente do quarto plano, mas não temos nenhuma outra mais próxima do sétimo plano; todas as outras estão muito atrás. Portanto, essa palavra é usada para o sétimo.

Assim, prefiro que você não a associe com o quarto corpo. Ela será experimentada no quarto, mas deveria ser mantida como símbolo do sétimo. Não há necessidade de usá-la para a meditação; para a meditação, deveríamos usar estratégias que dissolvam o quarto plano. Por exemplo: "Quem sou eu?" – isso pode ser usado no quarto plano e também ser descartado.

O significado de aum deveria permanecer simbólico. Há ainda uma outra razão para não usá-lo como estratégia. Aquilo que é o símbolo do supremo não deveria se tornar um meio; ele deveria permanecer o fim; o símbolo do absoluto deveria permanecer apenas como algo a ser atingido. Aum é o que temos de atingir; portanto, sou contra seu uso como um meio de meditação. Ele foi usado dessa maneira no passado com resultados nocivos.

O meditador que pratica o som do aum confunde o quarto com o sétimo plano porque o símbolo do sétimo é experimentado no quarto. Sendo ele experimentado no quarto, o meditador fica confiante de que chegou ao sétimo plano e toma isso como o fim da jornada; com isso, há um grande dano ao plano psíquico, e o meditador para aí.

Há muitos meditadores que tomam visões, cores e sons interiores como sendo conquistas. Isso é natural, pois o símbolo do supremo é sentido na fronteira desse plano. Então, eles sentem que chegaram ao destino. por esse motivo não sou a favor de prescrever a prática do aum para pessoas no quarto corpo, já que essa técnica não terá nenhum efeito sobre o primeiro, segundo e terceiro corpos, mas apenas sobre o quarto. É por isso que outras palavras são usadas para criar o efeito desejado sobre o primeiro, segundo e terceiro corpos.

É preciso considerar mais um ponto relacionado às notas básicas do a-u-m. Apenas como exemplo, a Bíblia não diz que Deus fez o mundo; ele não executou o ato da criação. Está escrito: "Deus disse: 'Que haja luz', e a luz se fez". Deus pronunciou a palavra. A Bíblia também diz: "No começo havia a palavra" – e muitas velhas escrituras testemunham a mesma coisa. No começo havia a palavra, e tudo o mais se seguiu depois. Mesmo na Índia dizemos: "A palavra é o brama", embora isso cause muitas interpretações equivocadas; muitas pessoas tendem a acreditar que a palavra é suficiente para atingir o brama. O brama é atingido apenas no estado de ausência de palavras. "A palavra é o brama" significa apenas isto: a partir de todos os sons que conhecemos, o mais sutil deles é o do ॐ.

Se voltarmos atrás em direção à fonte do universo até chegarmos ao vazio a partir do qual o mundo deve ter começado, lá também ouviremos a ressonância do aum. Quando nos aproximamos do vazio ao entrar no quarto plano, o som do aum é ouvido. A partir daí, começamos a cair naquele mundo que deveria existir no princípio. A partir do quarto, vamos para o corpo espiritual; daí, para o corpo cósmico e, finalmente, para o corpo nirvânico. A última ressonância, que é ouvida entre os dois últimos, também é o aum.

Em um lado está nossa individualidade dos quatro corpos, que chamamos de mundo corpóreo, e do outro lado está nossa não individualidade, que podemos chamar de brama. A ressonância que vibra na linha fronteiriça desses dois é o aum. A partir dessa experiência, viemos a compreender que, quando o mundo da matéria tomou forma a partir do brama, a ressonância do aum deve ter soado continuamente; daí, houve a palavra. Assim, a crença é que tudo veio a existir através da palavra. Se a palavra for dividida em seus componentes básicos, encontraremos nela as três notas básicas de a-u-m. Essa combinação é aum.

Por essa razão, diz-se que havia aum no princípio e que haverá aum no fim. O fim significa retornar ao princípio e, desse modo, o círculo é completado. Mesmo assim, sempre senti que aum deveria ser usado apenas como símbolo e não como uma técnica de meditação; outras coisas podem ser empregadas como estratégias. Um som puro como aum não deveria ser tornado impuro sendo usado como uma técnica.

Muitas pessoas não conseguem me entender; elas vêm a mim e dizem: "Por que você proíbe a repetição do aum?" Talvez elas achem que sou inimigo do aum, mas o fato é que elas é que são. Um som tão puro não deveria ser usado como um meio para o crescimento espiritual. Na verdade, nossas línguas não são dignas de pronunciá-lo; ele é puro demais para ser proferido pelo corpo físico. Ele começa no ponto em que a língua se torna sem sentido, em que o corpo se torna inútil, e nesse particular repousa sua ressonância, e essa ressonância vibra por si mesma. Ela pode ser experimentada, mas não pode ser criada. Aum precisa ser experimentado, e não pronunciado.

Há um outro perigo. Se você usá-lo como técnica, jamais conhecerá o som básico da palavra quando ele surgir da existência, já que sua própria articulação será imposta sobre ele, fazendo com que você nunca testemunhe sua mais pura manifestação. Quem usa o som do aum como técnica nunca experimenta o aum na realidade. Pelo uso contínuo, os praticantes sobreporão suas próprias nuanças sobre a ressonância real quando ela vier; eles serão incapazes de ouvir sua pura reverberação e fracassarão em ouvir a ressonância direta do vazio, pois estão preenchidos com seu próprio som. Isso é natural porque aquilo com o que estamos familiarizados fica implantado em nós. Portanto, digo que é melhor não se familiarizar com o aum, que é melhor não fazer uso dele. Algum dia ele aparecerá no quarto corpo e, então, terá algum significado.

Sua aparição no quarto corpo significará que você atingiu os limites desse plano. Agora você está prestes a sair da psique, de sair do reino das palavras. A última palavra veio, e agora você está posicionado no ponto em que a palavra começou, está posicionado onde o mundo inteiro se posicionou no princípio, está posicionado na soleira da criação. E, quando sua própria melodia começa a fluir, seu charme é inexprimível; não há como descrevê-lo. Nossa melhor música não pode se comparar com seu menor eco. Não importa quanto tentemos, jamais poderemos ouvir essa música do silêncio com o ouvido externo. Portanto, é melhor não ter nenhuma ideia preconcebida sobre ela. Permita-nos não dar nenhuma forma ou cor a ela, ou cairemos na armadilha de nossa imaginação, e esse será um obstáculo.

Questão:

A diferença bioelétrica entre o homem e a mulher persiste até o quarto corpo. Isso significa que o efeito de um médium masculino ou de uma médium feminina é diferente para os meditadores masculinos e femininos? Se for assim, por favor, explique o motivo.

Muitas coisas precisarão ser esclarecidas nesse contexto. Como disse anteriormente, a diferença entre o masculino e o feminino existe até o quarto corpo; depois do quarto, não há diferença. O quinto está além de qualquer diferença de gênero, mas, até o quarto corpo, a diferença é fundamental, e essa desigualdade básica trará muitos tipos de resultados. Vamos primeiro entender o corpo masculino, depois iremos para o feminino.

O primeiro corpo do homem é masculino, o segundo é feminino, o terceiro novamente é masculino e o quarto é feminino. Para uma mulher, ocorre o oposto: seu primeiro corpo é feminino, o segundo é masculino, o terceiro novamente é feminino e o quarto é masculino. Há diferenças radicais por causa disso, e são essas diferenças que influenciaram profundamente toda a história da humanidade e a religião e que deram à cultura humana um tipo particular de organização.

Há algumas características únicas no corpo masculino e algumas especialidades únicas no feminino, e eles se complementam um ao outro. Na verdade, o corpo feminino é incompleto, e o mesmo acontece com o corpo masculino; portanto, no ato da criação, eles precisam se unir. Essa união é de dois tipos. Se o masculino "a" se unir ao feminino "b" externamente, acontecerá a criação de uma criança. Se o masculino "a" se unir com o feminino "b" dentro de si mesmo, acontecerá uma criação na direção do brama. Essa é a jornada em direção a Deus, enquanto a união externa é a jornada em direção à natureza. Contudo, o sexo está envolvido em ambas: se o corpo masculino se unir externamente a um corpo feminino, acontecerá o coito; se o corpo masculino se unir a seu próprio corpo feminino interior, também acontecerá o sexo. No primeiro, a energia é derramada para fora, enquanto, no segundo, a energia começa a se mover para dentro. Isso é conhecido como o erguer da energia sexual; trata-se de uma união com a mulher interior.

A energia sempre flui do masculino para o feminino, não importa se isso acontece fora do corpo ou dentro do corpo. Se a energia sexual do corpo físico masculino fluir em direção ao etéreo feminino dentro dele, ela não será derramada, e o que acontece então é conhecido como brahma-charya. A energia flui continuamente para cima e chega ao quarto corpo, e, após este, brahmacharya não tem sentido, porque lá não existe nada como masculino ou feminino.

É por esse motivo que, após cruzar o quarto plano, o meditador não é masculino nem feminino. O conceito de ardhanarishwar – Shiva como me-tade homem e metade mulher – derivou do primeiro e do segundo corpo. Mas isso permaneceu meramente como símbolo e nunca o entendemos. Shiva é incompleto, e Parvati também; juntos eles se tornam um só. Assim, desenhamos uma figura de Shiva como sendo metade homem e metade mu-lher, mas, na vida real, essa outra metade não é visível externamente; ela se oculta atrás de cada um de nós. Um lado seu é masculino e o outro é femini-no, e é por isso que algumas vezes acontecem incidentes muito engraçados.

Não importa o quanto um homem seja destemido e forte no mundo exterior, não importa quanto seja influente, ele vive como um leão du-rante todo o dia, mas, à noite, toda a sua arrogância desaparece diante de uma simples mulher em sua casa, seja ele Alexandre, o Grande, Napoleão ou Hitler, esteja no escritório, no armazém ou no mercado. Isso é muito estranho. Qual é a razão por trás disso? O fato é que ele usa seu corpo masculino por doze ou catorze horas e, depois disso, seu primeiro corpo fica cansado. Quando ele chega em casa, o primeiro corpo pede descanso, e o segundo corpo, que é feminino, chega à frente e o corpo masculino torna-se secundário.

A mulher fez uso de seu primeiro corpo durante todo o dia e, à noite, o corpo masculino por trás dela predomina. A mulher começa a se com-portar como um homem e o homem como uma mulher.

Deveria ser lembrado que o intercurso com o próprio corpo feminino interior é o método para o fluir ascendente da energia da vida. Esse processo tem mais detalhes interiores, mas, no momento, não falaremos a respeito.

Uma outra coisa: a energia sempre flui do masculino para o feminino. A qualidade mais importante do corpo masculino é que ele não é receptivo; ele é sempre agressivo. O masculino pode dar, mas não pode receber. Nenhuma corrente flui do feminino para o masculino; ela é sempre do masculino para o feminino. O feminino é receptivo, ele pode receber, mas não pode dar.

Isso gera dois resultados, e vale a pena conhecê-los. O primeiro resul-tado é que, sendo o feminino receptivo, ele nunca pode se tornar o doador do shaktipat; shaktipat não pode se dar através do feminino. É por essa razão que há tão poucas mestras femininas no mundo, nem há nenhum guru feminino da estatura de Buda ou de Mahavira. A razão é que nenhuma energia pode ser conferida a alguém através dela. Embora um grande número de mulheres tenha se reunido à volta de Buda, de Mahavira e de Krishna, jamais nasceu nenhuma da estatura de Krishna, à volta de quem milhões de homens se reuniram. A razão disso está no fato de que as mulheres podem apenas ser recipientes.

Também é curioso que, à volta de uma pessoa como Krishna, houve poucos homens e muitas mulheres. Com Mahavira aconteceu o mesmo: havia 10.000 ascéticos masculinos, monges, e 40.000 monjas. A relação é sempre de quatro para um; se houver um homem, haverá sempre quatro mulheres em volta dele. Os homens não podiam ser tão afetados por Mahavira como as mulheres, uma vez que eles e Mahavira eram homens. As mulheres podiam absorver o que era transmitido, mas os homens não são receptivos; a receptividade deles é muito limitada. Portanto, embora seja o homem o mensageiro da religião, é a mulher que sempre a protege e a preserva; na terra, é a mulher que salva a religião, e os homens são apenas os seus pioneiros.

A mulher é receptiva; a qualidade de seu corpo é a receptividade. Biologicamente, ela também tem essa qualidade; tem de carregar uma criança por nove meses e, depois disso, também precisa educá-la; assim, ela precisa ser receptiva. Nenhuma dessas tarefas é designada ao homem pela natureza. Por um momento ele se torna um pai, e depois sai de cena; a mulher recebe o sêmen e o retém. Isso também se aplica ao shaktipat, onde, de uma maneira geral, um homem não pode receber de uma mulher, embora possa haver exceções. Mais tarde devo falar sobre esses raros casos; às vezes isso pode acontecer, mas as razões são diferentes.

Normalmente, o shaktipat não acontece através de um corpo feminino. Pode-se chamar isso de fraqueza do corpo feminino, mas ele tem uma qualidade complementar – a força e o poder de receber o shaktipat rapidamente. O homem pode conduzir o shaktipat, mas é incapaz de recebê-lo. Portanto, o shaktipat também é difícil de homem para homem, porque o meditador masculino não é receptivo; tal é a sua personalidade. No primeiro passo, onde ele tem de começar, posiciona-se o masculino nele, que não é receptivo. Há cultos em que um homem executa sua prática espiritual como se fosse uma mulher. Esse é um método para torná-lo receptivo, mas mesmo assim ele não se torna receptivo. A mulher torna-se receptiva sem nenhuma dificuldade porque ela é assim por natureza. Dessa maneira, no shaktipat, uma mulher sempre precisa de um médium. Por favor, entenda bem o motivo de ela não ser capaz de obter diretamente a graça.

O shaktipat acontece no primeiro corpo. Se eu conduzo shaktipat, ele acontece com o seu primeiro corpo. A energia emergirá de meu primeiro corpo e atingirá seu primeiro corpo. Se você for uma mulher, isso acontecerá rapidamente; se você for homem, será preciso mais esforço, será difícil. Em algum lugar fundo em seu interior, de alguma maneira você terá de adquirir o estado de completa entrega, e somente então será possível; do contrário, não. O homem não se entrega, não importa o quanto tente; ele não pode se entregar. Mesmo se ele disser "Eu me entrego", será de uma maneira agressiva. Em outras palavras, é o ego que está declarando o ato da entrega. Ele diz: "Veja! Eu me entrego". O "eu" posicionado atrás não o deixa.

Uma mulher não precisa se entregar; ela já está entregue, isso está em sua natureza. Render-se é a qualidade de seu primeiro corpo; ela é muito receptiva. Portanto, o shaktipat a partir de um homem acontece muito facilmente dentro dela. De homem para homem ele é muito difícil, e de mulher para homem é praticamente impossível. De homem para homem, embora difícil, é possível. Se houver um homem poderoso, ele poderá reduzir o outro homem a uma condição praticamente feminina. Shaktipat através de uma mulher é praticamente impossível porque, no momento do acontecimento, ela própria tende a absorver a energia vital. Seu primeiro corpo é como uma esponja e suga tudo.

Até o momento, falamos do shaktipat. No caso da graça, as condições são as mesmas. A graça vem do quarto corpo. O quarto corpo do homem é feminino, então ele recebe a graça muito prontamente. Agora, o quarto corpo da mulher é masculino, então ela experimenta a mesma dificuldade em relação à graça; ela não pode receber a graça diretamente. O quarto corpo do homem é feminino; portanto, Maomé, Moisés e Jesus estabeleceram relacionamentos com Deus instantaneamente. Como o quarto corpo era feminino neles, foram capazes de sorver a graça tão logo ela desceu sobre eles.

A mulher tem o quarto corpo masculino, e isso torna impossível para ela receber a graça. Dessa maneira, ela não tem uma mensagem direta, isto é, nenhuma mulher foi capaz de declarar que conheceu brama. No quarto plano, seu corpo masculino é um obstáculo.

O homem recebe a graça diretamente, e é difícil para ele recebê-la de alguém, como acontece no shaktipat, porque ele próprio é a barreira ali.

Mas não é assim para a mulher; ela pode receber shaktipat de qualquer médium. Mesmo pessoas muito fracas são capazes de executar o shaktipat em mulheres, e é por isso que mesmo médiuns muito comuns são bem-sucedidos nisso. O shaktipat depende menos do próprio médium e mais da receptividade do recipiente. Mas as mulheres sempre requerem um médium; é muito difícil para elas sem essa intermediação.

Estivemos falando de modo geral, mas podem ser criadas condições extraordinárias. No curso normal das coisas, houve poucas mulheres meditadoras. Isso não quer dizer que as mulheres não tiveram a experiência de Deus; é que isso sempre aconteceu através de um médium. Por mais desprezível que fosse, o médium sempre esteve presente; elas tiveram por seu intermédio. Outra coisa: pode haver diferenças causadas por condições não usuais. Por exemplo: é difícil a graça acontecer em uma mulher jovem, mas é um pouco mais fácil em uma mulher mais velha.

É interessante como, através da vida, nosso gênero permanece variável; não mantemos a mesma relação masculino-feminino, há uma mudança contínua nessa área. Assim, muitas mulheres desenvolvem pelos acima dos lábios e na face em uma idade mais avançada. Mesmo a voz muda quando chegam aos 50 anos, ficando mais profunda, aproximando-se da voz do homem. A voz feminina se altera, sua relação muda: os fatores masculinos emergem e os femininos recuam. Na verdade, seu trabalho como mulher terminou; ela esteve sujeita a determinadas leis da biologia até a idade de 45 anos e deixa de estar a partir daí; deixa de estar ligada ao seu feminino, então a possibilidade da graça é maior em mulheres mais velhas. Isso é assim porque o elemento masculino aumenta em seu primeiro corpo e o elemento feminino diminui em seu segundo corpo. Também, o elemento masculino em seu quarto corpo diminui e o elemento masculino em seu terceiro corpo aumenta. Assim, a graça é possível em mulheres mais velhas.

Sob certas condições, uma mulher muito velha pode agir como médium para uma mulher jovem. Uma mulher muito velha, aproximando-se dos 100 anos, que se esqueceu de que é uma mulher, pode agir como médium também para os homens. Mas isso será uma coisa completamente diferente. O mesmo se dá com os homens: à medida que um homem envelhece, seus traços femininos aumentam. Os velhos geralmente se comportam como mulheres; traços masculinos são substituídos pelos femininos.

Em relação a isso, é necessário saber que a personalidade de quem recebe a graça no quarto corpo desenvolve traços femininos. Por exemplo:

se fôssemos examinar o corpo e a personalidade de Mahavira ou de Buda, eles pareceriam mais femininos do que masculinos. Estão mais visíveis neles a suavidade e a beleza femininas, combinadas com a receptividade feminina. A agressividade os abandona, e assim eles ficam repletos de suavidade, compaixão e amor; a violência e a raiva são banidas para sempre.

Nietzsche acusou Jesus e Buda de serem femininos e disse que, por essa razão, eles não deveriam ser contados entre os homens. Eles não tinham qualidades masculinas e conseguiram tornar o mundo inteiro mais delicado. Há alguma verdade em sua queixa. Você ficará surpreso ao saber que retratamos Buda, Mahavira, Krishna e Rama sem barba ou bigode. Não é que eles não tivessem barba e bigode, mas, quando fizemos seus retratos, a personalidade deles tinha se tornado tão feminina que a barba e o bigode pareceriam fora de lugar. Nós os deixamos de lado porque não se encaixavam mais com sua maneira delicada.

Algo semelhante aconteceu com Ramakrishna. Sua condição poderia ter se tornado um caso único para os cientistas, pois esse foi um acontecimento muito estranho. Mais tarde seus seguidores tentaram ocultar os fatos – como falariam sobre isso? Ele desenvolveu seios e começou a menstruar; esse era um fenômeno muito estranho – um milagre, poderíamos dizer. Sua individualidade tornou-se tão feminina que ele andava como uma mulher e falava como uma mulher, e muitas outras mudanças aconteceram. Por exemplo: em tais circunstâncias, não há condição de realizar shaktipat em ninguém. Sua personalidade tornou-se completamente feminina.

Com a ajuda das técnicas de meditação de Buda e de Mahavira, centenas de milhares de pessoas atingiram o quarto corpo e, tão logo isto aconteceu, sua personalidade se tornou feminina. Com isso quero dizer que se desenvolveu o lado passivo de sua natureza. Quando a agressividade as deixou, a violência e a raiva desapareceram, e a afeição, o amor, a compaixão e a suavidade aumentaram. A feminilidade se apoderou, como natureza inerente, de todo este país, e minha impressão é que isso provocou o grande volume de agressões que ocorreu aqui. Todos os países masculinos vizinhos foram bem-sucedidos em subjugar a personalidade feminina da Índia.

De certa forma, algo muito valioso se deu – nós experimentamos coisas maravilhosas no quarto plano. Mas, no plano do primeiro corpo, estávamos em dificuldade. Tudo precisa ser compensado; os que estavam preparados para deixar os tesouros do quarto plano atingiram a riqueza e os reinos do primeiro plano, e os que não estavam preparados para deixar os prazeres do quarto plano tiveram de desistir de muitas coisas do primeiro.

Depois de Buda e de Mahavira, a Índia perdeu seu instinto agressivo e tornou-se receptiva. Assim, fizemos questão de ser receptivos aos invasores; seja lá quem viesse, os absorvíamos dentro de nós. A possibilidade de segregá-los nunca nos ocorreu; essa opção deixou de existir para sempre porque nossa personalidade tornou-se feminina. A Índia tornou-se um grande útero que abrigou todos que vieram a ela; não recusávamos ninguém, nunca tentamos remover nenhum desses agressores porque a qualidade da guerra, necessária para lutar, já não estava em nós. Os grandes homens a perderam, e as massas comuns seguiram os grandes homens; as massas tinham de permanecer dominadas por eles. A pessoa comum ouvia os grandes homens falarem sobre a mansidão e a compaixão e percebia que eles viviam de acordo com isso; então, ela aceitou suas palavras e permaneceu em silêncio. Ela poderia ter lutado, mas não tinha nenhum líder.

Se a história do mundo algum dia for escrita a partir de um ponto de vista espiritual – quando deixarmos de considerar apenas acontecimentos físicos como história, mas, em vez disso, começarmos a considerar como história os acontecimentos do plano da consciência, isto é, a história *real* –, então deveríamos entender que sempre que um país se torna espiritual, ele se torna feminino. E, sempre que ele se torna feminino, culturas menores e mais comuns o derrotarão. É um fato surpreendente que os povos que conquistaram a Índia pertencessem a uma cultura muito atrasada. De muitas maneiras eles eram bárbaros selvagens, fossem eles turcos, mongóis ou outros povos. Eles não tinham cultura, mas, por outro lado, eram completamente masculinos e bárbaros, e nós éramos femininos, passivos. Não tínhamos outra alternativa senão absorvê-los.

O corpo feminino pode absorver. Portanto, uma mulher precisa de um médium, enquanto o corpo masculino tanto pode transferir energia como receber a graça. Por esse motivo, homens como Mahavira tiveram de dizer que as mulheres terão de renascer como homens para acontecer a aquisição final. Essa foi uma das justificativas, entre muitas outras. Ela não pode receber a graça diretamente, mas não é necessário ela morrer para tornar-se um homem. Há métodos pelos quais uma transformação da personalidade pode ser realizada. O segundo corpo pode tornar-se seu primeiro corpo, e o primeiro corpo pode ser levado a tomar a posição do segundo.

Para isso há técnicas de profunda força de vontade pela qual, nesta mesma vida, se realizam transformações físicas.

Há uma história interessante sobre um dos tirthankaras jainistas. Um deles era uma mulher de nome Mallibai. A seita Swetamber a chama de Mallibai, enquanto a seita Digamber a chama de Mallinath; esses a consideram como um homem, pois os jainistas Digamber acham que as mulheres não estão habilitadas para o moksha – a libertação. Para eles, um tirthankara não pode ser uma mulher e, dessa maneira, chamam Mallibai de Malli*nath** Não há, na história da humanidade, nenhuma outra controvérsia como esta sobre uma pessoa. Houve vários outros tipos de controvérsias – sobre se um homem tinha essa ou aquela altura, sobre quando ele nasceu, sobre quando ele morreu –, mas nunca houve uma controvérsia em que o sexo do indivíduo se tornou um motivo de disputa. Uma seita acredita que Mallibai era homem e outra que era mulher.

O que sinto é que, quando Mallibai começou sua busca espiritual, ela deve ter sido uma mulher. Mas há métodos pelos quais o primeiro corpo pode se transformar em um corpo masculino, e, após isso, aconteceu de ela tornar-se tirthankara. A primeira seita, que a considera como mulher, reverencia seu primeiro estado; e a segunda seita, que a considera como homem, venera seu segundo estado. Ambas estão corretas; ela era uma mulher, mas deve ter se transformado em homem. O caminho de Mahavira é tal que toda mulher que o percorra inevitavelmente torna-se um homem. Seu caminho não é da devoção, mas do conhecimento, e completamente agressivo. Seu caminho não é da receptividade.

Se algum homem começar a cantar e a dançar por anos seguidos como Meera, dormindo com a imagem de Krishna sobre seu peito e se considerando como o amado de Krishna, permanecerá como homem apenas no nome, mas sua consciência passará por uma completa transformação. O primeiro corpo mudará e se tornará feminino, e o segundo mudará e se tornará masculino. Se a transformação for muito profunda, haverá mudanças físicas também em seu corpo; se isso não acontecer, o corpo permanecerá o mesmo, mas a mente não será a mesma: ele desenvolverá uma consciência feminina. Nesses casos especiais, outras coisas podem acontecer: o acontecimento do shaktipat pode se dar sem dificuldade, embora essa não seja uma regra geral.

---

* Nath indica que a pessoa é um homem. (N. do T.)

O shaktipat pode acontecer através do homem, e ele também pode receber a graça diretamente, mas é difícil para uma mulher atingir direto a graça. A porta da graça pode apenas se abrir para ela através do shaktipat, e esse é um fato, e não uma sentença. Não se trata de ser superior e inferior, estar acima ou abaixo; tal é o fato, como é fato que o homem ejacula o sêmen e a mulher o recebe. Se alguém perguntar se uma mulher pode ejacular sêmen em um homem, teremos de dizer não, porque não há uma lei natural para isso. Não se trata de estar acima ou abaixo, mas esse fato levou a falsas avaliações. A mulher veio a ser considerada como inferior, pois é o recipiente, e o valor do doador subiu.

A diferença no *status* entre o homem e a mulher por todo o mundo veio do fato de o homem se considerar como o doador, o provedor, enquanto a mulher se considerava como receptora. Mas quem disse que o receptor deve necessariamente ser inferior? E, se não houvesse ninguém para receber, que utilidade haveria de ser o doador? E vice-versa: se não houvesse doador, que utilidade teria o receptor? Não há nada superior e nada inferior nisso. Na verdade, esses dois são complementares um do outro e nenhum é independente do outro. Eles são interdependentes, estão ligados um ao outro. Essas não são duas entidades separadas, mas dois lados da mesma moeda.

Contudo, normalmente, o próprio conceito de dar está associado em nossas mentes com superioridade, mas não há nenhuma razão para o receptor ser inferior. Muitas coisas estão ligadas a isso, e o *status* das mulheres foi aceito como secundário pelos homens, e não apenas pelos homens, mas mesmo pelas mulheres. Na verdade, ambos são essenciais em seus respectivos lugares – ele como homem e ela como mulher. Não há um segundo lugar; ambos são complementares.

Esse conceito teve consequências extensivas em muitas áreas e permeou toda nossa civilização e cultura. É por isso que o homem passou a caçar – porque ele era agressivo. E a mulher ficava em casa e o esperava; ela o aceitava naturalmente. Ele ia aos campos, colhia o que semeava, trabalhava em sua loja, pilotava aviões, ia à Lua, saía para fazer todas essas coisas porque era agressivo. E a mulher ficava em casa e o esperava; ela também fazia muitas coisas, mas não era agressiva, e sim receptiva. Ela arrumava sua casa, ajeitava coisas e mantinha tudo no lugar. Em todas as culturas, a estabilidade é graças às mulheres.

Se a mulher não existisse, o homem seria um andarilho, um vagabundo; ele nunca poderia organizar uma casa. A mulher age como uma estaca.

182 Osho – Desvendando mistérios

Ele vagueia para lá e para cá, mas precisa retornar à estaca. Se a situação fosse outra, ele nunca teria se estabelecido e não haveria lugarejos e cidades. A cultura das cidades se desenvolveu porque a mulher queria viver em um só lugar. Ela sempre implorava ao homem: "Chega! Vamos parar, vamos esperar um pouco. Pode haver alguma dificuldade, mas permita que a gente não continue a andar". Ela estabeleceu raízes no solo, e o homem teve de criar um mundo à volta dela. Foi assim que surgiram lugarejos e cidades, que foram edificadas todas as culturas, civilizações e lares, que as mulheres embelezam e santificam. Não importava o que o homem ganhasse ou juntasse do mundo exterior, ela preservava.

O homem não tem interesse em preservar. Ele obtém, e o assunto termina aí; ele perde o interesse. Fica animado e ansioso enquanto está lutando, desafiando o mundo; sua atenção está sempre voltada a outros lugares e coisas para conquistar. Há uma outra pessoa cuidando e preservando aquilo que ele traz, que ele conquista, e essa pessoa tem seu próprio espaço, seu próprio valor. Ela é uma parte complementar de toda a situação, mas, como ela não sai para adquirir, como ela não acumula e não cria, acaba se sentindo com menos valor. Essa sensação brota mesmo em situações muito insignificantes, e, em todos os lugares, ela começa a ter uma sensação de inferioridade, absolutamente infundada.

Essa pretensa inferioridade feminina trouxe resultados maléficos. Quando a mulher não tinha instrução, tolerava essa inferioridade, mas agora deixará de tolerar. Para perder sua sensação de inferioridade, ela começou a fazer exatamente o que os homens fazem, mas isso se revelará muito prejudicial a ela. Ela pode violar sua personalidade básica, e isso pode ter profundos resultados destrutivos em sua psique. Agora ela quer estar no mesmo nível que o homem, mas não pode ser completamente como um homem. Ela apenas conseguirá fazer de si mesma um homem de segunda categoria, pois não pode ser um homem de primeira categoria. Se ela quiser, poderá colocar a si mesma na primeira categoria da feminilidade.

Não faço julgamentos, mas esses são os fatos sobre esses quatro corpos; é isso o que quero dizer.

Questão:

Nesse caso, deve haver uma diferença nas práticas espirituais do homem e da mulher.

Haverá uma diferença, e ela será maior no estado mental do que na prática espiritual. Por exemplo: quando o método for igual, mesmo então o homem o praticará agressivamente, enquanto a mulher o praticará de maneira passiva. O homem atacará, a mulher se renderá. O método será o mesmo, mas as atitudes serão diferentes. Quando um homem entra na prática espiritual, ele a agarra pelo pescoço, por assim dizer, mas, quando uma mulher começa uma prática espiritual, colocará sua cabeça a seus pés.

Essa diferença na atitude é natural, e não há mais diferença entre os dois do que essa. A atitude da mulher será a da entrega; quando ela atingir Deus, não reivindicará essa aquisição para si mesma; pelo contrário, dirá que é uma felizarda por Deus a tomar para si. Quando o homem atingir o supremo, não dirá que Deus o trouxe para dentro; ele sente que *ele atingiu* Deus. A diferença está em seus entendimentos, e essa diferença fatalmente existirá, mas só até o quarto corpo. Depois desse, não se coloca a questão de masculino e feminino.

Questão:

Você disse que a prática de entoar aum também ocasiona o som interior. Isso também acontece espontaneamente? Qual é o verdadeiro som interior?

Se ele vier espontaneamente, será mais valioso. Se ele vier com a repetição do aum, poderá ser imaginário; e aquilo que vem por si mesmo é autêntico, valioso. Se o som interior começar, você deve se tornar uma testemunha; não se funda a ele porque esse é o estado do sétimo plano. Se você tender a se perder no som interior antes de chegar ao sétimo plano, você parará aí; ele atuará como um freio.

À medida que esses sons interiores se tornarem mais e mais sutis, nosso testemunhar também terá de se tornar mais e mais sutil. Teremos de continuar a observar até o fim, até o som desaparecer completamente.

Questão:

Em quais planos o shaktipat e a graça acontecem no meditador? Se os primeiro, segundo e terceiro corpos do meditador não estiverem completamente desenvolvidos, que efeito terá para ele o shaktipat e o despertar da kundalini?

Eu já lhe disse que o shaktipat acontece no primeiro corpo e que a graça acontece no quarto. Se o shaktipat se der no primeiro corpo e a kundalini não estiver desperta, ela despertará – e muito rapidamente. Então, teremos de ser muito cautelosos, já que o shaktipat, que normalmente acontece no curso de meses, nesse caso acontece em alguns segundos. Portanto, antes do shaktipat, deveria haver uma profunda preparação dos primeiros três corpos. Pode ser prejudicial um shaktipat repentino em uma pessoa que de maneira nenhuma esteja preparada. Uma pequena preparação é necessária antes do shaktipat; não precisa ser elaborada, apenas suficiente para colocar os três corpos em foco. Esse é o primeiro ponto.

O ponto seguinte é que deveria haver uma relação entre os três corpos, de tal modo que a energia não fique bloqueada em nenhum lugar. Se o shaktipat ficar preso ao primeiro plano, isso poderá ser perigoso. Se ele se espalhar para todos os três planos, não será prejudicial, mas, se parar no primeiro, será muito prejudicial.

É como se você recebesse um choque elétrico enquanto está no chão: isso é prejudicial. Mas, se você estiver sobre uma estrutura de madeira estará em segurança: a corrente de eletricidade passa pelo seu corpo e faz um circuito. Se o circuito for completado, não haverá perigo; só haverá perigo se o circuito se interromper. Todas as energias seguem a mesma regra: elas andam em círculo. Se o circuito se interromper, você receberá um choque. Assim, se você estiver sobre a madeira, não receberá nenhum choque.

Você ficará surpreso ao saber que o uso de plataformas de madeira para a meditação não tem outro propósito que não seja o fato de não serem condutoras. Couros de cervos e de leopardos eram usados pela mesma razão: a energia liberada pela meditação não deveria dar um choque. Assim, esses materiais não condutores eram usados como assentos. Uma pessoa pode ser morta por esse choque elétrico; portanto, o meditador usa sandálias de madeira e dorme sobre uma plataforma de madeira. Ele pode não saber porque está fazendo tudo isso e simplesmente segue as regras que estão nas escrituras. Talvez o meditador pudesse achar que estava torturando seu corpo e negando-lhe bem-estar, mas essa não era a razão; o perigo era bem diferente. Em algum momento o acontecimento pode se dar no meditador a partir de alguma fonte desconhecida, e ele deve estar completamente preparado.

Se a preparação de seus três primeiros corpos estiver completa, a energia que ele recebe formará um circuito dentro dele. Se ele não estiver pronto e a energia for obstruída já no primeiro corpo, isso será prejudicial. Portanto, essa preparação mínima é necessária para o meditador fazer um circuito, e ela é fácil e não leva muito tempo. De maneira nenhuma ela é difícil.

Se você quiser ter um vislumbre do divino, o shaktipat poderá ser útil em uma certa medida, mas é necessária uma preparação preliminar, senão ele será danoso para um leigo despreparado.

A kundalini se ergue com grande intensidade através do shaktipat, mas ela pode ir apenas até o quarto corpo. Contudo, esse tanto de vislumbre é mais do que suficiente, e a jornada depois disso é inteiramente individual. Se um relâmpago em uma noite escura revelar para você um pouco do caminho, isso será mais do que suficiente. Uma vez que a estrada seja vista, tudo muda; você não será a mesma pessoa que era antes. Assim, o shaktipat pode ser usado para ver um pouco da distância que está à frente, mas a preparação inicial é necessária. Ele pode ser prejudicial se dado para as massas diretamente.

E o fato mais surpreendente é que são as massas que estão sempre procurando o shaktipat e coisas semelhantes. A pessoa comum quer obter algo gratuitamente – mas nada é gratuito. Muitas vezes chegamos a saber mais tarde o quanto aquela dádiva nos custou. Nunca tente obter alguma coisa gratuitamente; devemos sempre estar dispostos a pagar o preço. Na verdade, quanto mais demonstrarmos nossa prontidão de pagarmos o preço, mais dignos nos tornaremos. O maior preço que pagamos está em nossos esforços para o crescimento espiritual.

Há dois dias, uma senhora veio a mim e disse: "Já tenho uma idade avançada e estou me aproximando da morte. Quando atingirei a iluminação? Por favor, apresse-se e faça alguma coisa para que eu não morra". Eu lhe disse para vir à meditação por alguns dias e, depois, veríamos o que poderia ser feito.

Ela disse: "Não quero me importunar com meditações. Faça alguma coisa para que eu possa atingir a iluminação".

Ora, essa senhora está procurando obter algo sem pagar por isso, e tal procura é perigosa; você não ganha nada com ela; pelo contrário, você perde. O meditador nunca deveria nutrir tais expectativas, pois a pessoa recebe o que está pronta para receber, e você deveria confiar que é assim.

Na verdade, uma pessoa nunca obtém menos do que merece. Essa é a lei da existência, essa é a lei universal. Você obtém o tanto que estiver preparado para receber e, se não o receber, saiba que isso não é uma injustiça; certamente faltou preparação em você. Mas nossa mente sempre é seduzida a acreditar que nos está sendo feita injustiça. Estamos sempre muito seguros de nosso merecimento e ralhamos contra a existência.

Sempre recebemos de acordo com nosso próprio merecimento; o merecimento e a aquisição são dois nomes da mesma coisa. Mas a mente tem uma grande expectativa e pouco se empenha; há uma grande lacuna entre as nossas expectativas e os nossos esforços. Essa lacuna causa o próprio fracasso e pode ser muito nociva. Devido a isso, perambulamos para lá e para cá na esperança de obter algo em algum lugar. E, aumentando o número de tais pessoas, é certo que algum esperto se adiantará para explorá-las; ele dirá que lhes dará de graça o que elas desejam. Tal pessoa dificilmente sabe alguma coisa; em algum lugar ela se deparou com alguma fórmula que põe em prática com os outros, e embora seu efeito não seja muito profundo, pode ser prejudicial.

Por exemplo: considere um homem que não tenha conhecimento do shaktipat; ele também pode praticar um pouco de shaktipat com a ajuda do magnetismo corporal, mas não tem conhecimento dos outros seis corpos interiores. O corpo tem sua própria força magnética, e você pode receber choques através dela. É por isso que, antigamente, o meditador era cuidadoso sobre onde colocar a cabeça enquanto dormia. Ele não apontaria a cabeça para uma certa direção, por exemplo, ou os pés para outra determinada direção.

A Terra tem sua força magnética, e o meditador está sempre atento para estar adequadamente alinhado a ela, de tal modo que seja constantemente magnetizado por ela. Se você dormir formando um ângulo com essa força, o magnetismo de seu corpo ficará menor; se você se deitar na direção da corrente, a força que dá magnetismo à Terra e que forma os eixos do planeta também magnetizará o magneto de seu próprio corpo. Ela preenche o seu corpo com força magnética da mesma maneira que um pedaço de ferro é magnetizado ao ser colocado em frente de um ímã. Após ficar magnetizado, o ferro começará a atrair pequenos objetos metálicos como alfinetes e agulhas.

Assim, o corpo tem sua própria força magnética. Se ela estiver devidamente alinhada com a força magnética da Terra, isso será muito benéfico. As estrelas também têm forças magnéticas, e, em ocasiões especiais, certas estrelas são particularmente magnéticas. Isso pode ser verificado; temos todas as informações necessárias. Assim, se você estiver em condições específicas e se sentar em uma determinada postura, em um certo momento especial, uma estrela em particular fará com que seu corpo fique especialmente magnetizado. Então, você poderá dar choques magnéticos em alguém, e essa pessoa poderá recebê-lo como shaktipat, mas isso não será shaktipat. O corpo tem sua própria eletricidade, e, se isso for feito de uma maneira adequada, você poderá acender uma lâmpada de 5 a 10 watts ao segurá-la em sua mão; esses experimentos foram bem-sucedidos. Há pessoas que acendem lâmpadas simplesmente segurando-as nas mãos, mas a energia no corpo é infinitamente maior.

Há vinte anos, na Bélgica, uma mulher inesperadamente ficou carregada eletricamente. Ninguém podia tocá-la; quem o fizesse recebia um choque. Seu marido se divorciou dela, e a razão apresentada foi que ele recebia um choque elétrico sempre que a tocava; esse divórcio teve repercussões em todo o mundo. Após muitos testes, descobriu-se que seu corpo começou a produzir eletricidade excedente. O corpo tem muitas baterias, e, se elas estiverem funcionando adequadamente, não sentimos nada, mas, se a ordem for perturbada, uma grande quantidade de energia é produzida e liberada.

Você tira energia do alimento que come, e essa energia carrega as baterias de seu corpo. Muitas vezes você sente a necessidade de recarregar as baterias; uma pessoa está cansada e exaurida à noite, e uma boa noite de sono a recarrega, mas ela não sabe o que foi que a recarregou no sono. Durante o sono, muitas forças entram em atuação. Muita pesquisa psíquica foi feita e sabemos que tipo de forças atua sobre cada um de nósdurante o sono. Se uma pessoa quiser, poderá tirar vantagens dessas influências no estado de vigília; ela será capaz de lhe dar choques de energia que nem são magnéticos, mas que emanam da eletricidade corporal, e você poderá confundir isso com shaktipat.

Há muitas outras formas de pretensos shaktipats, que são igualmente falsos; de maneira nenhuma eles estão conectados com a verdadeira transmissão da energia divina. Se uma pessoa não tiver nenhum conhecimento do magnetismo corporal ou da eletricidade corporal, mas conhecer o segredo de quebra do circuito elétrico de seu corpo, poderá lhe dar choques de energia. Há muitas maneiras de quebrar seu circuito elétrico corporal e, quando isso é perturbado, você recebe um choque. Nada vem da outra pessoa em sua direção, mas você sente o choque; trata-se do choque de sua própria eletricidade corporal que foi perturbada.

Não posso lhe dizer tudo em detalhe porque não é conveniente fazer isso. Tudo o que digo é incompleto; mesmo os falsos métodos de que falei não são inteiramente descritos porque é muito perigoso falar extensa e completamente sobre eles, já que há a tentação de experimentá-los. Nossa curiosidade é muito fútil. Um místico se referia à curiosidade como sendo pecado: "Há apenas um pecado no ser humano, o pecado da curiosidade". Ele não tem outro pecado; comete muitos pecados a partir inteiramente da curiosidade. Não temos essa consciência, mas é a curiosidade que faz o ser humano cometer muitos crimes.

Há uma história na Bíblia em que Deus disse a Adão para comer os frutos de todas as árvores, exceto de uma, mas sua curiosidade sobre o fruto proibido o colocou em dificuldade. O pecado original foi o da curiosidade – e o homem se viu em apuros. Qual foi o segredo? Em uma floresta tão grande, repleta de árvores com frutos deliciosos, o que poderia ser tão especial no fruto daquela árvore aparentemente comum? Mas aquela árvore começou a ter um significado para ele, e todas as restantes perderam a importância. Sua mente ficava rondando a árvore, até que ele não pôde mais descansar sem provar o fruto proibido. A curiosidade arrancou o melhor dele, e o cristianismo diz que esse foi o pecado original que o ser humano cometeu. Ora, que pecado poderia haver em provar um certo fruto? O pecado original foi sua curiosidade.

Nossa mente está repleta de curiosidade – mas raramente investigamos. A investigação acontece naquele que foi além da curiosidade. Lembre-se: há uma diferença fundamental entre a curiosidade e a investigação. Uma pessoa curiosa nunca investiga; ela está apenas cheia de curiosidade sobre tudo e não percebe uma única coisa em sua inteireza. Mal ela se fixa em uma coisa, dez outras atraem a sua atenção, e ela nunca é capaz de investigar.

Os falsos métodos de que falei não estão completos. Algumas partes importantes deles foram propositalmente omitidas, e é necessário assim fazer porque nossas mentes curiosas nos forçam a experimentá-los, e não há dificuldade em fazer esses experimentos. Quando falsos buscadores vão à procura de poder, à procura de Deus, também se deparam com falsos doadores de poder. É como o cego guiando outro cego; o líder cego fatalmente cairá e levará ao chão a longa fila de cegos que está atrás dele, e o mal estará feito, e não apenas para um período de vida, mas por muitas vidas. É fácil quebrar uma coisa, mas muito difícil consertá-la.

Por isso, não tente investigar a partir da curiosidade e se prepare da maneira certa. Então, o que você precisa virá a você; certamente virá.

7

Kundalini:

a disciplina da transcendência

Questão:

Ontem você nos falou sobre o efeito do shaktipat e do despertar da kundalini sobre pessoas cujos três primeiros corpos não estão preparados. Por favor, explique mais sobre que tipo de efeito acontecerá se o segundo e terceiro corpos não estiverem preparados. E também, como um meditador deveria preparar seus corpos físico, etéreo e astral para o evento?

O primeiro ponto a ser entendido em relação a isso é que é absolutamente essencial a completa harmonia entre o primeiro, o segundo e o terceiro corpo. Se não houver uma ligação harmoniosa entre esses três corpos, o despertar da kundalini poderá ser prejudicial. Algumas coisas são muito necessárias para causar essa harmonia, esse relacionamento.

Em primeiro lugar, enquanto estivermos inconscientes e insensíveis em relação ao primeiro corpo, esse corpo não poderá estabelecer harmonia com os outros corpos. Por insensibilidade quero dizer que não estamos completamente conscientes do corpo. Quando caminhamos, dificilmente estamos conscientes do fato de estarmos caminhando; quando ficamos em pé, dificilmente estamos conscientes do fato de estarmos em pé; quando comemos, dificilmente estamos conscientes do fato de estarmos comendo. Tudo o que fazemos com o corpo, fazemos inconscientemente, como sonâmbulos. Se estivermos inconscientes deste corpo, estaremos duplamente inconscientes dos outros corpos interiores, pois eles são mais sutis. Se estivermos inconscientes deste corpo bruto que é visível ao olho, não será possível estarmos conscientes dos corpos sutis invisíveis. A harmonia não pode existir sem a consciência; ela só é possível no estado de consciência. Em um estado de inconsciência, toda a harmonia é quebrada.

Assim, o primeiro ponto é estar consciente do corpo físico; é absolutamente necessária a consciência de toda pequena ação que o corpo faça. Deveria haver atenção em tudo o que fazemos. Como Buda costumava dizer: "Quando você caminhar na rua, esteja consciente de que está caminhando; quando você erguer a perna direita, sua mente deveria estar ciente do fato de que a perna direita foi levantada; quando você dormir à noite, deveria saber quando muda de lado".

Houve um incidente na vida de Buda quando ele ainda era um buscador. Ele estava passando por uma vila com um companheiro, e os dois conversavam quando uma mosca se assentou no pescoço de Buda. Ele estava no meio da discussão quando ergueu a mão para afugentar a mosca, e ela foi embora, mas Buda parou de repente e disse a seu companheiro: "Cometi um erro grave". Então, ele levantou novamente a mão como se estivesse afugentando a mosca.

O camarada buscador exclamou surpreso: "O que você está fazendo? A mosca já foi embora!"

Buda replicou: "Estou agora afugentando a mosca como eu deveria ter feito antes. Agora estou completamente consciente do que estou fazendo; agora, quando a mão se levanta, estou completamente ciente de que ela está sendo erguida e que está indo em direção a meu pescoço para afugentar a mosca. Na primeira vez, eu estava conversando com você e minha ação foi mecânica. Cometi um pecado contra meu corpo".

Se começarmos a fazer todos os nossos atos físicos com plena consciência, então a identificação com o físico será quebrada. Se você erguer uma mão com plena atenção, se sentirá separado da mão – porque quem levanta é diferente daquilo que é levantado. A sensação de estar separado do corpo físico é o começo da consciência do corpo etéreo. Então, como disse anteriormente, você também deveria estar completamente consciente desse segundo corpo.

Suponha que haja uma orquestra tocando. Muitos tipos de instrumentos são tocados na orquestra, e, se houver alguém na audiência que nunca ouviu música, ele ouvirá apenas os tambores, pois esse é o instrumento que provoca os sons mais altos; ele não será capaz de captar as suaves notas dos outros instrumentos. Mas, se ele começar a ficar consciente da música, gradualmente ouvirá cada vez mais as notas suaves. À medida que essa consciência aumenta, começará a ouvir as notas mais sutis e delicadas. Então, quando sua consciência aumentar ainda mais, não apenas ouvirá as notas, mas ficará consciente do intervalo entre duas notas – o silêncio entre duas notas. Então, ele terá captado a música completamente. O intervalo, a lacuna, é o último ponto a ser captado, podendo então ser dito que o seu alcance musical está completo.

O intervalo, o silêncio entre duas notas, tem o seu próprio significado. Na verdade, as notas se destinam apenas a acentuar esse silêncio. Na música, a coisa real é o quanto esse silêncio é induzido à composição.

Se você viu pinturas japonesas ou chinesas, deve ter ficado surpreso ao notar que a pintura está sempre em um canto da tela e que o restante dela está vazio. Em nenhum outro lugar do mundo encontramos esse método de pintura porque em nenhum outro lugar o artista pinta com um caráter tão meditativo. Na verdade, em nenhum lugar, exceto na China e no Japão, os meditadores se dedicaram à pintura. Se você perguntar a um desses artistas porque ele desperdiçou uma tela tão grande com uma pintura tão pequena, quando poderia facilmente usar uma tela com um oitavo do seu tamanho, ele responderá que trabalhou especificamente na pequena parte da tela para manifestar o espaço vazio em sete oitavos dela. Em realidade, essa é a relação.

Geralmente, quando é pintada uma árvore que está em um espaço aberto, toda a tela é ocupada. Na verdade, a árvore deveria estar em um pequeno canto, já que, em comparação com o vasto céu, ela é insignificante. Essa é a relação real. Quando a árvore está em sua proporção espacial correta na tela, somente então ela pode estar viva. Dessa maneira, todas as pinturas usuais estão fora de proporção. Se um meditador produzir música, haverá menos som e mais silêncio nela, já que as notas são muito pequenas, comparadas com o silêncio que as une. Os sons têm apenas uma utilidade: dar um impulso ao vazio, ao silêncio, e depois desaparecer. Quanto mais fundo você penetrar na música, mais profundo se tornará sua sensaçãode silêncio.

O propósito de nosso corpo físico é apenas nos dar uma percepção de nossos corpos mais sutis, mas nunca o usamos com esse fim. Permanecemos fixados apenas no corpo físico por causa da nossa adormecida identificação com ele. Estamos dormindo e, assim, vivemos no corpo de uma maneira inconsciente. Se você ficar consciente de cada ação desse corpo, começará a sentir a presença do segundo corpo. O segundo também tem sua própria atividade, mas você não conhecerá o etéreo até ficar completamente consciente das atividades do corpo físico, uma vez que o etéreo é mais sutil. Se você estiver completamente consciente das atividades de seu corpo físico, começará a sentir os movimentos do segundo corpo e ficará surpreso: há vibrações etéreas dentro de você que estão o tempo todo ativas.

Um homem fica com raiva. A raiva nasce no corpo etéreo, mas se manifesta no primeiro corpo. A raiva é basicamente uma atividade do segundo corpo; o primeiro é usado como meio de expressão. Portanto, se você quiser, poderá impedir a raiva de chegar ao primeiro corpo, e é isso o que é feito na repressão. Suponha que estou repleto de raiva; quero bater em você com uma vara, mas posso me segurar. O bater é uma atividade do primeiro plano, e na base está a raiva, mas agora não há a manifestação da raiva. Posso me segurar e impedir o ato de bater; se eu quiser, poderei até sorrir para você. Mas, por dentro, a raiva se espalhou por todo o meu segundo corpo. Assim, na repressão, o que acontece é que nos seguramos no plano da manifestação, mas ela já está presente em sua fonte original.

Quando você começa a ficar consciente do processo no corpo físico, começa a entender os movimentos do amor, da raiva e do ódio dentro de você e fica consciente dessa presença. Até você captar os movimentos dessas emoções que surgem do segundo corpo, tudo o que você pode fazer é reprimi-las; você não pode se livrar delas porque só ficará consciente delas quando elas alcançarem o primeiro corpo – e, geralmente, nem mesmo então, pois frequentemente você só fica consciente delas quando atingem o corpo de uma outra pessoa. Você é tão insensível que só quando seu tapa atinge o rosto de alguém é que percebe o que fez. Após o tapa, você percebe que algo aconteceu.

Todas as emoções surgem do corpo etéreo. Por esse motivo, também chamo o segundo corpo, o etéreo, de corpo emocional. Ele tem seus próprios impulsos, seus próprios movimentos de raiva, amor, ódio e inquietação. Você conhecerá essas vibrações.

No medo, o corpo etéreo se encolhe. O processo de encolhimento que sentimos no medo não pertence ao primeiro corpo. O primeiro corpo permanece o mesmo; não há nenhuma mudança nele, mas o efeito dessa contração do corpo etéreo revela-se no caminhar da pessoa e na maneira como ela se senta. Ela parece subjugada o tempo todo e não se posiciona de forma ereta. Quando ela fala, gagueja; suas pernas estremecem quando ela caminha; suas mãos tremem quando ela escreve.

Todo mundo pode reconhecer a diferença entre a caligrafia de um homem e a de uma mulher; isso de maneira nenhuma é difícil. A caligrafia de uma mulher nunca será reta; não importa o quanto seja simétrica e bem formada, sempre haverá o sinal de tremor nela. Essa é uma característica muito feminina e ela vem do corpo da mulher. A mulher está o tempo todo com medo; sua personalidade tornou-se acometida pelo medo. Assim, pode-se facilmente distinguir a caligrafia de uma mulher e a de um homem; também, pela sua escrita, podemos descobrir o quanto um homem é medroso. Não há diferença entre os dedos de um homem e os de uma mulher e não há diferença na maneira como eles seguram uma caneta. No que se refere ao primeiro corpo, não há diferença entre os dois, mas, no plano do segundo corpo, a mulher é tímida*

Mesmo a mulher contemporânea é incapaz de ser destemida por dentro. Nossa sociedade, nossa cultura e o estado de nosso pensamento ainda são tais que não fomos capazes de tornar a mulher destemida. Ela está o tempo todo com medo, e as vibrações de seu medo se espalham por toda a sua personalidade. O grau de destemor ou de temor nos homens também pode ser medido pela sua escrita. O estado de medo se sobrepõe ao plano do etéreo.

Eu lhe disse para ficar consciente de cada acontecimento do corpo bruto, mas também deveria ficar consciente dos processos do corpo etéreo. Quando você está amando, sente como se tivesse se expandido; a liberdade experimentada no amor deriva dessa expansão. Ora, há alguém diante de quem você não precisa temer; perto da pessoa que você ama, não há razão para ter medo. A verdade é que amar significa estar livre do medo na presença de alguém diante de quem podemos desabrochar em nossa plena capacidade, não importa quem sejamos. Portanto, uma sensação de expansão é experimentada em momentos de amor. O corpo físico permanece o mesmo, mas o corpo etéreo interior floresce e se expande.

Na meditação, sempre há experiências do corpo etéreo. O meditador pode sentir que seu corpo se expandiu – a tal ponto que preencheu o aposento. Contudo, o corpo físico permanece o mesmo. Quando ele abre os olhos, fica chocado: o corpo é exatamente o mesmo. Mas a sensação da experiência permanece com ele e o faz perceber que o que ele sentiu não

---

* Como já mencionado, este livro é a transcrição da fala de Osho a um público indiano, e era essa a realidade da grande maioria das mulheres indianas na época. (N. do T.)

era falso. Realmente aconteceu – ele preencheu todo o aposento. Esse é um acontecimento do corpo etéreo, e as possibilidades de sua expansão são ilimitadas. Ele também se expande e se contrai de acordo com as emoções. Ele pode expandir-se até preencher a Terra e pode contrair-se até o tamanho menor do que um átomo.

Assim, você começará a notar os movimentos do corpo etéreo – suas expansões e suas contrações, em quais situações ele se contrai e em quais situações ele se expande. Se o meditador começar a viver naqueles processos em que ele se expande, a harmonia será criada. Se ele começar a viver nas condições que o fazem encolher, a harmonia não será estabelecida entre os dois corpos. A expansão é sua natureza inata; quando ele tiver se expandido até sua capacidade total, quando ele desabrochar inteiramente, estará conectado com o primeiro corpo por uma ponte. Quando ele ficar com medo e se encolher, todos os seus contatos com o primeiro corpo se quebrarão e ele ficará isolado em um canto.

Há outros processos do segundo corpo que podem ser conhecidos por outros métodos. Por exemplo: você vê um homem perfeitamente saudável, perfeitamente normal, mas, se alguém lhe disser que ele foi condenado à morte, imediatamente ele ficará pálido. Nenhuma mudança se deu em seu primeiro corpo, mas há uma mudança imediata em seu corpo etéreo. Seu corpo etéreo está pronto para deixar seu corpo físico. Se o proprietário de uma casa perceber que precisa sair imediatamente da casa, toda alegria e leveza desaparecerão; tudo será perturbado, e, em certo sentido, o segundo corpo quebrará suas conexões com o primeiro. A execução acontecerá mais tarde ou talvez não aconteça, mas é quebrada sua ligaçãocom o primeiro corpo.

Um homem o ameaça com uma arma ou um leão o ataca na selva: embora nada tenha ainda acontecido com o corpo físico, o corpo etéreo prontamente faz arranjos para deixá-lo e é criada uma grande distância entre os dois. Assim, você pode observar o funcionamento do segundo corpo de uma maneira sutil, e isso pode ser feito muito facilmente. A dificuldade está em que deixamos de observar também os processos do corpo físico. Se fizermos isso, começaremos a sentir os movimentos do segundo corpo. Quando você tiver um claro conhecimento do funcionamento dos dois, isso criará harmonia entre eles.

Então, há o terceiro corpo – o astral. Seus movimentos são definitivamente mais sutis – mais sutis do que o medo, a raiva, o amor e o ódio. É difícil captá-los, a menos que o conhecimento do segundo corpo esteja completo. É difícil até de entender o terceiro corpo a partir do primeiro, porque o intervalo é agora maior; estamos inconscientes do primeiro plano. O segundo corpo está mais próximo do primeiro, e podemos entender algumas coisas sobre ele. É como se o segundo corpo fosse nosso vizinho: às vezes ouvimos os sons das panelas ou o choro de uma criança na casa ao lado. Mas o terceiro corpo é vizinho do vizinho, e não escutamos nenhum som de sua casa.

O fenômeno do terceiro corpo é ainda mais sutil. Ele só pode ser captado se começarmos a captar completamente as emoções.

Quando as emoções ficam condensadas, elas se tornam ação. E as vibrações do astral são mais sutis do que as ondas das emoções. Por isso, não saberei se você está com raiva de mim a menos que você mostre a sua raiva, pois só posso vê-la quando ela se torna uma ação. Mas você pode muito bem vê-la antecipadamente, pode senti-la surgindo em seu corpo etéreo. Essa raiva que surgiu tem seus próprios átomos que vêm do corpo etéreo, e, se esses átomos não surgirem, você não poderá ficar com raiva.

Você pode chamar o corpo astral de uma coleção de vibrações e será capaz de entender melhor as diferentes condições desse corpo por meio de um exemplo. Podemos ver a água e podemos ver o hidrogênio e o oxigênio separadamente; no oxigênio não há nenhum traço de água, na água não há nenhum traço de oxigênio. Nem o oxigênio nem o hidrogênio têm qualquer propriedade da água, mas esses dois combinam-se para formar a água; cada um tem uma qualidade oculta que se manifesta quando combinadas. A raiva e o amor não são vistos no corpo astral, nem o ódio ou o medo, mas têm vibrações que se tornam manifestas quando combinadas no segundo corpo. Assim, quando você estiver completamente consciente do segundo corpo, quando estiver completamente atento à sua raiva, saberá que algumas reações acontecerão antes do advento da raiva. Em outras palavras, a raiva não é o começo, mas a próxima parte de um acontecimento que já se deu em algum outro lugar.

Uma bolha surge do fundo de um lago e começa a subir. Quando ela surge da areia do fundo do lago, não podemos vê-la; quando ela está no meio do caminho até a superfície, ainda é invisível; quando ela está perto da superfície, começa a ser visível, embora seja muito pequena. Então ela fica cada vez maior à medida que se aproxima da superfície, pois o peso e a pressão da água diminuem quando ela sobe, e também podemos vê-la mais claramente. Na profundidade, a pressão da água a mantém pequena, mas, à medida que sobe, a pressão diminui cada vez mais até ela atingir seu pleno tamanho na superfície. Mas, no momento em que isso acontece, ela estoura.

Ela percorreu uma grande distância; houve pontos em que não podíamos vê-la, mas ainda assim ela estava ali, oculta sob a areia. Ela se ergueu dali, mas ainda era invisível, pois a água a pressionava; então, ela se aproximou da superfície, onde podíamos vê-la, embora ainda estivesse muito pequena; depois, deslizou na superfície onde podíamos vê-la inteira – mas, então, estourou.

Dessa maneira, a bolha da raiva se desenvolve inteiramente e estoura no momento em que chega ao primeiro corpo; quando chega à superfície, ela se revela. Você pode interrompê-la no segundo corpo se assim quiser, mas isso seria supressão. Se você investigar seu corpo etéreo, ficará surpreso ao descobrir que ela já percorreu alguma distância. Mas, em seu lugar de origem, ela está na forma de vibrações de energia.

Como lhe disse anteriormente, não existem diferentes tipos de matéria; mais exatamente, há diferentes combinações das mesmas partículas de energia. Carvão e diamante são a mesma coisa: a diferença está apenas na combinação das partículas de energia. Se você separar qualquer matéria em seus componentes, no final o que permanecerá será energia elétrica. As diferentes combinações dessas vibrações de energia ocasionam formações de diferentes substâncias. Na superfície, todas essas substâncias são diferentes; no fundo, são uma só.

Se você despertar o corpo etéreo e seguir as emoções até sua origem, repentinamente se perceberá no corpo astral. Lá você descobrirá que a raiva não é raiva, que o perdão não é perdão; a mesma energia vibra nos dois. A energia nas vibrações do amor e do ódio é a mesma; a diferença está apenas na natureza das vibrações.

Quando o amor se transforma em ódio e o ódio se transforma em amor, nos perguntamos como dois sentimentos diametralmente opostos transformam-se um no outro. Por exemplo: um homem, a quem até ontem eu chamava de amigo, hoje se tornou meu inimigo. Eu me consolo que, talvez, eu estivesse enganado – que ele nunca foi meu amigo, porque, como um amigo pode virar um inimigo? A energia que vibra na amizade e na inimizade é a mesma; a diferença está apenas na natureza das vibrações, na estrutura das ondas. O que chamamos de amor é amor pela manhã e ódio à tarde. Ao meio-dia, há amor, e esse se transforma em ódio à tarde. Esta é uma situação difícil: quem amamos pela manhã, odiamos à tarde.

Freud tinha a impressão de que amamos aqueles que odiamos e que odiamos quem amamos. A razão que ele apresentou estava correta em certa medida, mas, como não tinha conhecimento dos outros corpos do ser humano, não pôde prosseguir com suas investigações. A razão que ele apresentou é muito superficial; ele diz que o relacionamento com a mãe é o primeiro relacionamento que a criança experimenta: a mãe é o primeiro objeto que a criança ama. Quando a mãe lhe dá todo o seu cuidado e atenção, a criança a ama, e odeia a mesma mãe quando ela a repreende ou a pune. Assim, dois sentimentos preenchem sua mente em relação ao mesmo objeto – a mãe: ela a odeia e também a ama. Às vezes, ela tem vontade de matá-la e, em outras ocasiões, sente que não pode viver sem ela – ela é sua própria respiração. Esse pensamento dual torna a mãe seu primeiro objeto de amor e de ódio. Dessa maneira, mais tarde na vida, graças a essa associação mental, seja quem for que ela ame, também odiará.

Esse é um achado muito superficial; a bolha foi pega na superfície onde estava para estourar. Se uma criança pode amar e também odiar sua mãe, isso significa que a diferença entre o ódio e o amor é quantitativa, e não qualitativa. O amor e o ódio não podem se manifestar juntos ao mesmo tempo. Se ambos estiverem presentes, isso poderá ser possível apenas em uma condição – eles serem convertíveis: suas ondas podem oscilar de um para outro. Apenas no terceiro corpo o meditador vem a saber porque a mente está preenchida com emoções conflitantes. Um homem vem e me reverencia pela manhã e me aclama como o abençoado – amado mestre. O mesmo homem vem ao entardecer e me insulta, dizendo: "Este homem é o próprio demônio". Na manhã seguinte, ele volta e se dirige a mim como o mestre amado e toca os meus pés. Então, outros veem e me aconselham a não prestar atenção a suas palavras, pois às vezes ele me chama de Deus e outras de demônio.

Digo que ele é o único digno de confiança. O homem que assim fala não deve ser condenado; ele não está fazendo declarações conflitantes; pelo contrário, suas afirmações pertencem ao mesmo espectro, elas são degraus da mesma escada, sendo a diferença apenas quantitativa. Na verdade, tão logo ele diz "amado mestre", ele se agarra a um degrau.

A mente é feita de pares de opostos; e aonde irá a segunda parte? Ela se posicionará sob a primeira, esperando-a exaurir a si mesma. A primeira fica cansada porque, afinal de contas, por quanto tempo esse homem poderá continuar a repetir "amado mestre"? Quando ele estiver cansado, surgirá a segunda parte, que o incitará a dizer: "Este homem é o próprio demônio". Ora, essas não são duas coisas, mas uma só.

Não seremos capazes de solucionar os problemas humanos até chegar o tempo em que formos capazes de entender que todas nossas emoções conflitantes são formas da mesma energia. O maior dos problemas com que nos confrontamos é o de que, quando amamos, também odiamos; estamos prontos a matar a pessoa sem a qual não podemos viver. Quem é nosso amigo também é nosso inimigo em nossa profundidade. Este é nosso maior problema e, sempre que há relacionamentos, isso levanta uma grande questão. Um ponto a ser bem entendido é que a energia subjacente nas diferentes emoções é a mesma; não há diferença.

Geralmente, consideramos a luz e a escuridão como duas coisas opostas, o que está errado. Em termos científicos, a escuridão é o estado mínimo de luz. Se tentarmos, também encontraremos luz na escuridão; não há escuridão onde não haja luz. Se nossos instrumentos de investigação falharem em reconhecê-la, essa será uma outra questão. Nossos olhos podem ser incapazes de discernir a luz na escuridão, mas a luz e a escuridão estão no mesmo plano, são diferentes formas e vibrações de uma só energia.

Será mais fácil entender isso de uma outra maneira: acreditamos que a luz e a escuridão sejam absolutamente opostas entre si, mas não acreditamos na mesma medida que o frio e o calor sejam opostos um ao outro. Seria interessante fazer um experimento: deixe que uma de suas mãos seja aquecida sobre um fogão e mantenha a outra no gelo. Agora, coloque as duas dentro de um balde com água na temperatura ambiente. Você achará difícil decidir se a água está quente ou fria; uma mão dirá que ela está quente e a outra, que está fria, e você ficará impossibilitado de decidir porque ambas as mãos são suas. Na verdade, frio e calor não são duas coisas diferentes, mas experiências relativas.

Ao chamarmos algo de frio, isso apenas significa que estamos mais quentes; e, ao o chamarmos de quente, isso apenas significa que estamos mais frios. Estamos apenas expressando a diferença quantitativa de temperatura entre esse objeto e nós mesmos – e nada mais. Não há nada quente e nada frio – ou, você pode dizer que aquilo que é quente também é frio. Na verdade, quente e frio são termos que induzem ao erro. Deveríamos falar em termos de temperatura; essa é a expressão correta. Os cientistas também não utilizam as palavras quente e frio; eles dizem que a temperatura de uma determinada coisa tem tantos graus. Quente e frio são palavras poéticas; elas são perigosas para a ciência porque não transmitem nada.

Se uma pessoa entrar em um quarto e disser que ele está frio, não poderemos saber o que ela quer dizer. É possível que essa pessoa esteja com febre e que o quarto pareça frio para ela, embora de maneira nenhuma esteja frio. Portanto, até que essa pessoa saiba qual é sua temperatura corporal, sua avaliação da temperatura do quarto não tem sentido. Poderemos dizer: "Não comente se o quarto está quente ou frio; diga apenas qual é a temperatura do quarto". O grau não dá indicação de quente ou frio; ele apenas informa qual é a temperatura. Se a temperatura for menor do que a sua temperatura corporal, você sentirá frio; se for maior, sentirá calor. O mesmo é verdadeiro para a luz e a escuridão; depende de nossa capacidade de ver.

A noite parece escura para nós, mas não para a coruja. Ela acha o dia muito escuro e deve ficar pensando: "Que estranha criatura é o ser humano! Ele fica acordado à noite!" O ser humano considera a coruja tola, mas não sabe qual é a opinião dela sobre ele. Para a coruja, o dia é à noite, e é noite quando é dia. Ela deve estar admirada com a tolice do ser humano! Ela pensa: "Há muitos sábios entre os seres humanos, mesmo assim eles ficam acordados à noite e, quando é dia, vão dormir. Quando é a hora certa de estar em pé e ativo, essas pobres criaturas vão dormir". Os olhos da coruja são capazes de ver à noite, então a noite não é escura para ela.

As vibrações do amor e do ódio são como aquelas da escuridão e da luz: elas têm sua própria relação. Quando você começa a ficar consciente do terceiro plano, fica em uma estranha condição: amar e odiar não serão mais uma questão de sua própria escolha. Agora você saberá que são dois nomes para uma mesma coisa.

Se você escolher um, automaticamente escolherá o outro; você não pode escapar da segunda escolha. Se você pedir amor a uma pessoa do terceiro plano, ela perguntará se você também está preparado para o ódio. Você naturalmente dirá: "Não, quero só amor. Por favor, dê-me amor!" Ela replicará que isso não é possível porque o amor é uma forma de vibração do ódio. Na verdade, o amor é a forma que lhe é agradável, enquanto o ódio é a forma das mesmas vibrações que lhe é desagradável.

A pessoa que desperta o terceiro plano começa a se libertar dos pares de opostos. Pela primeira vez ela virá a saber que aquilo que considerava como opostos são exatamente a mesma coisa; dois ramos opostos se tornaram parte do mesmo tronco da árvore. Então, ela rirá de sua estupidez ao tentar destruir um para manter o outro. Mas ela não sabia que isso era impossível e que, no fundo, a árvore era a mesma. Só depois de despertar o segundo plano é que o terceiro plano pode ser conhecido, pois o terceiro corpo tem vibrações muito sutis. Nesse plano, não há emoções – só vibrações.

Se você vier a compreender as vibrações do terceiro corpo, começará a ter uma experiência única. Então, ao ver uma pessoa, você será capaz de dizer diretamente que vibrações a circundam. Se você não está consciente de suas próprias vibrações, não é possível reconhecer as de uma outra pessoa. As vibrações que emanam do terceiro corpo juntam-se em torno da cabeça de todas as pessoas. O halo desenhado nas figuras de Buda, Mahavira, Rama e Krishna é essa aura. Ela tem cores especiais, que foram detectadas; se você tiver a experiência verdadeira do terceiro corpo, começará a ver essas cores. Quando você começar a vê-las, não verá apenas as suas próprias, mas também as de outras pessoas.

Na verdade, quanto mais profundamente começarmos a nos perceber por dentro, mais profundamente também começaremos a perceber o interior dos outros – na mesma proporção. Uma vez que conhecemos apenas nosso próprio corpo físico, conhecemos apenas o corpo físico dos outros. No dia em que viermos a conhecer nosso próprio corpo etéreo, começaremos a ficar conscientes do corpo etéreo dos outros.

Antes de você ficar com raiva, pode saber de antemão que vai ficar com raiva; antes de expressar amor, facilmente pode ser predito que você está fazendo preparações para o amor. Assim, afinal de contas, o que expressamos como "vir a conhecer os sentimentos dos outros" não é uma grande proeza. À medida que você fica consciente de seu próprio corpo emocional e de todas as suas variações, fica mais fácil captar os sentimentos dos outros. Ao despertar o terceiro plano, muita coisa fica mais clara porque também poderemos ver as cores da personalidade.

As cores das roupas dos monges foram determinadas pela cor vista a partir do terceiro corpo. De acordo com o corpo enfatizado, a escolha era diferente. Por exemplo: Buda escolheu o amarelo porque enfatizava o sétimo corpo. A aura à volta da pessoa que atingiu o sétimo plano é amarela; portanto, Buda escolheu a cor amarela para seus monges. Foi por causa dessa cor que os monges budistas tiveram dificuldade de permanecer na Índia, onde a cor amarela está identificada com a morte. E, na verdade, ela *é* a cor da morte, já que o sétimo plano é o da morte suprema. Assim, dentro de nós, a cor amarela está profundamente conectada com a morte.

A cor laranja dá a sensação de vida. Portanto, parecem mais atraentes as vestes de cor laranja dos monges hindus do que as de cor amarela; eles parecem vivos. Essa cor é a cor do sangue, a cor da aura do sexto corpo e a cor do alvorecer.

Os jainistas escolheram o branco, que é a cor do quinto corpo – o espiritual. Os jainistas insistem em deixar Deus em paz – em deixar Deus e o nirvana fora da discussão – porque discussões científicas são possíveis apenas até o quinto corpo. Mahavira tinha uma mente científica, por isso falava sobre assuntos que pudessem ser abordados matematicamente; fora disso, ele se recusava a falar. Ele não queria tocar em áreas em que suas palavras fossem passíveis de erro; então, recusou-se a fazer elaborações sobre o misticismo. Mahavira disse: "Não falaremos sobre isso; permita-nos entrar nisso e experimentá-lo". Dessa maneira, ele não falava dos planos após o quinto, e por isso escolheu o branco; essa é a cor do quinto plano.

A partir do terceiro plano você começará a ver cores, efeito das sutis vibrações interiores. Em um futuro muito próximo, será possível fotografá-las; como elas podem ser vistas a olho nu, não poderão escapar por muito tempo dos olhos de uma câmera fotográfica. Então, desenvolveremos uma maravilhosa capacidade de avaliar pessoas e seu caráter.

Há um pensador alemão de nome Luschev que estudou o efeito da cor em milhões de pessoas. Muitos hospitais da Europa e dos Estados Unidos estão colocando essa ideia em prática. A cor que você escolhe revela muita coisa sobre sua personalidade. Uma pessoa com uma doença em particular prefere uma cor em particular; uma pessoa saudável escolhe uma outra cor bem diferente; uma pessoa tranquila prefere ainda uma outra cor; uma pessoa ambiciosa escolhe uma cor diferente da cor escolhida por quem não é ambicioso. A partir da sua escolha, você tem um indício do que está acontecendo dentro de seu terceiro corpo. É um fato interessante que, se a cor que emana de seu terceiro corpo for captada e se sua preferência de cor for testada, elas se revelarãoa mesma cor; você escolherá uma cor semelhante à cor que emana de seu terceiro corpo.

Cores têm maravilhosos significados e usos, e não se sabia que elas podiam comunicar tanto de cada personalidade. Também não se sabia que o efeito das cores pode tocar nossa personalidade interior. Você não pode escapar delas. Por exemplo: a cor vermelha sempre está conectada com revolução, é a cor da raiva, e é difícil escapar dela. Os revolucionários carregam bandeiras vermelhas, e há uma aura vermelha à volta de uma mente colérica; ela é a cor do sangue, a cor do assassinato, a cor da raiva e da destruição.

É muito interessante que, se tudo em uma sala tiver a cor vermelha, a pressão arterial de todos que estiverem ali poderá subir. Se uma pessoa viver continuamente com a cor vermelha, sua pressão arterial nunca poderá ser normal. A cor azul faz com que a pressão sanguínea caia; ela é a cor dos céus e da suprema tranquilidade. Se houver azul à sua volta, sua pressão sanguínea cairá.

Deixando o ser humano de lado, se enchermos uma garrafa azul com água e a deixarmos sob o sol, a composição química da água mudará. A água absorve a cor azul que, então, muda a sua composição, e essa água tem um efeito na pressão sanguínea do ser humano. De maneira semelhante, se enchermos uma garrafa amarela com água e a colocarmos sob o sol, suas características ficarão diferentes. A água na garrafa azul permanecerá fresca por dias, enquanto a água na garrafa amarela ficará imediatamente insalubre. A cor amarela é a cor da morte e desintegra coisas.

Você começará a ver os círculos de todas essas cores à sua volta, e isso se dará no terceiro corpo. Quando você estiver consciente desses três corpos, essa própria consciência ocasionará uma harmonia entre eles. Então, nenhum shaktipat será capaz de trazer resultados prejudiciais. A energia do shaktipat entrará em seu quarto corpo por meio de camadas harmoniosas de seus três primeiros corpos; essa será a estrada pela qual ela viajará. Se esse caminho não estiver pronto, poderá haver muitos perigos, e por essa razão eu disse que os primeiros três corpos deveriam ser fortes e ajustados; somente então o crescimento acontecerá suavemente.

Questão:

Se pessoas estabelecidas no quarto, quinto, sexto ou sétimo chacra morrerem, qual será o estado de seus chacras na próxima vida? Pessoas de que plano permanecem no reino dos seres superiores incorpóreos após a morte? Seres superiores incorpóreos precisam renascer como seres humanos para a realização final?

Você terá de entender algumas coisas antes. Falei sobre os sete corpos, e, tendo isso em mente, também podemos dividir a existência em sete dimensões. Em toda nossa existência, todos os sete corpos estão sempre presentes; despertos ou adormecidos, ativos ou inativos, feios ou belos, eles estão sempre presentes. Tome um pedaço de metal, por exemplo, um pedaço de ferro; todos os sete corpos estão presentes nele, mas estão adormecidos, inativos. Portanto, um pedaço de ferro parece morto. Tome uma planta: seu primeiro corpo tornou-se ativo; portanto, temos o primeiro vislumbre da vida nas plantas.

E há o animal: seu segundo corpo tornou-se ativo. Nos animais, começam movimentos que não existem nas plantas. A planta se enraíza e permanece sempre em um mesmo lugar; ela não é móvel porque, para isso, o segundo corpo deve ser ativado – o corpo etéreo, a partir do qual todos os movimentos decorrem. Se apenas o corpo físico estiver desperto, ele será imóvel, fixo. A planta é um animal fixo, embora haja algumas plantas que se movimentem um pouco; esse é o estado entre planta e animal. Em muitas áreas lamacentas da África, há certas plantas que deslocam de 6 a 8 metros por ano. Por meio de suas raízes, elas podem se prender ao chão e se soltar, e assim executam movimentos. Esse é o elo revolucionário entre planta e animal.

O segundo corpo também começou a funcionar no animal, mas isso não quer dizer que tenha atingido a consciência; apenas significa que se tornou ativo. O animal não tem ciência disso. Com um segundo corpo ativado, ele sente raiva, pode expressar amor, pode correr, defender-se, sentir medo, pode atacar ou se esconder.

No ser humano, o terceiro corpo, o astral, é ativado. Portanto, ele não apenas se move corporalmente, mas também com a mente: ele pode viajar com ela. Ele viaja no passado e também no futuro. Não há futuro para o animal, e, por essa razão, ele nunca fica preocupado ou tenso, já que toda a ansiedade se refere ao futuro. O que acontecerá amanhã é nossa maior preocupação, mas, para os animais, não existe amanhã; para eles, o hoje é tudo. De certa maneira, mesmo o hoje não existe para eles porque o que o hoje significa para aquele que não sabe da existência do amanhã? O que é *é*.

No ser humano, há um movimento mais sutil – o movimento da mente, que vem do terceiro, do corpo astral. Ele pode pensar no futuro com a ajuda da mente; ele também pode se preocupar com o que há após a morte – para onde irá, para onde não irá. Ele também reflete sobre onde estava antes do nascimento.

O quarto corpo está ativo em algumas pessoas, não em todas. Se uma pessoa morrer após seu quarto corpo ser ativado, ela nascerá no plano dos devas, dos deuses, onde há muitas possibilidades para a ativação do quarto corpo. Se o terceiro corpo permanecer ativo, somente então um ser humano permanecerá como ser humano. A partir do quarto corpo, começa o nascimento em planos superiores.

Com o quarto plano, há uma diferença que precisa ser entendida. Se ele estiver ativado, haverá menos possibilidade da aquisição de um corpo físico novamente e mais possibilidade de um ser incorpóreo. Mas, como eu disse,

lembre-se da diferença entre ativação e consciência. Se o quarto corpo estiver meramente ativado e a pessoa não estiver consciente, chamamos isso de
o plano dos pretas, dos espíritos malignos; se ele estiver ativado e também
completamente consciente, chamamos isso de plano dos devas, dos espíritos
divinos. Essa é a única diferença entre pretas e devas. Um espírito maligno
não está ciente de que seu quarto corpo está ativado, enquanto o divino está.
Portanto, com a atividade de seu quarto corpo, o preta pode causar muito
mal tanto para si mesmo como para os outros, já que a inconsciência pode
somente trazer o mal. O deva será instrumento do bem tanto para si mesmo
como para os outros, já que a consciência só pode ser benéfica.

Aquele cujo quinto corpo se torna ativo vai além da existência dos
devas. O quinto é o corpo espiritual, e, nele, a ativação e a consciência são
a mesma coisa. Ninguém pode atingir o quinto plano sem a consciência;
portanto, aqui a ativação e a consciência se dão simultaneamente. Pode-
-se atingir o quarto plano também sem a consciência. Se você despertar, a
jornada tomará um outro rumo: ela irá na direção do plano deva, do plano
dos deuses. Se você continuar a ser inconsciente, sua jornada irá para o
reino dos espíritos malignos.

No quinto plano, a ativação e a consciência existem simultaneamente
porque esse é o corpo espiritual, e a inconsciência não tem sentido no que
se refere ao ser. Atman significa consciência; portanto, este é seu outro
nome. Aqui, a inconsciência não tem sentido.

Assim, a partir do quinto corpo, ativação e consciência são a mesma coisa, mas, antes disso, as duas maneiras estão separadas. Até o quarto plano
existe diferença entre o masculino e o feminino, entre o sono e a vigília. Aliás,
a dualidade e o conflito existem somente até o quarto corpo. A partir do
quinto, começa o não dual – o não dividido. A unidade começa a partir daí,
e antes disso há a diversidade, a diferença. O potencial do quinto não vem
nem do plano dos pretas nem do plano dos devas. Isso precisa ser entendido.

O quinto corpo não é possível para os pretas porque a existência deles é
inconsciente. Eles não têm o corpo necessário para a consciência e não têm
o primeiro corpo, que é o primeiro passo em direção à consciência. Por essa
razão, o preta precisa retornar a uma forma humana. A existência humana
está, de certa maneira, em um cruzamento. O plano dos devas está acima
dela, mas não além dela, porque, para ir além, é necessário voltar a uma existência humana. O preta precisa retornar para desfazer sua inconsciência, e
uma forma humana é absolutamente necessária para isso. Os devas precisam

retornar porque, em sua existência, não há nenhuma espécie de sofrimento. Na verdade, trata-se de uma existência desperta, mas em tal existência não pode haver a dor e o sofrimento, que dão nascimento ao anseio pela meditação. Onde não há sofrimento, não há pensamento de transformação e de aquisição.

Assim, o reino dos devas é uma existência estática onde não há progresso. Esta é uma peculiaridade da felicidade: ela bloqueia todo progresso posterior. Na dor e no sofrimento há um anseio pelo crescimento. O sofrimento nos estimula a encontrar maneiras e meios de se livrar da dor e da angústia. Na felicidade, toda busca cessa. Esse, na verdade, é um estado de coisas muito estranho, e as pessoas geralmente têm dificuldade de entender.

Nas vidas de Mahavira e de Buda, há descrições de devas vindo a eles para serem ensinados, mas esses são acontecimentos muito excepcionais. É estranho os devas precisarem ir a seres humanos, já que essa é uma existência acima da existência humana. Isso parece estranho, mas na verdade não é, porque a existência no paraíso é uma existência estática que não permite crescimento. Se você quiser seguir em frente, assim como você dá um passo para trás antes de saltar, precisará dar um passo para trás, para a existência humana, e então dar um salto.

A felicidade é peculiar no sentido de que não há movimento adiante. Um outro aspecto: a felicidade torna-se entediante. Não há nenhum outro fator que possa causar tanto tédio quanto a felicidade. A infelicidade não é entediante; uma mente infeliz nunca fica entediada. Por esse motivo, uma pessoa infeliz nunca está descontente, e uma sociedade em que a dor e a miséria prevalecem também não está. É apenas a pessoa feliz ou a comunidade feliz que fica descontente. A Índia não está tão descontente como os Estados Unidos, e a razão é apenas esta: eles são ricos e felizes, enquanto somos pobres e miseráveis. Nos Estados Unidos, não há nada para eles aguardarem ansiosamente e não há sofrimento para estimulá-los a se desenvolver mais. Além disso, a felicidade é repetitiva, e as mesmas formas de prazer e de desfrute repetidas tornam-se sem sentido.

Dessa maneira, o reino dos devas é o auge do tédio. Não há lugar mais monótono no universo, mas leva tempo para o tédio se desenvolver, e, ainda por cima, isso depende da sensibilidade do indivíduo. Quanto mais sensível for uma pessoa, mais cedo ficará entediada; quanto menos sensível, mais tempo levará. Também é possível ela não ficar entediada. O búfalo come a mesma grama todos os dias e não se cansa dela.

A sensibilidade é muito rara, e o tédio será proporcional à sensibilidade da pessoa. A sensibilidade sempre procura o novo, sempre procura inovação a cada dia; ela é um tipo de inquietação, e isso, por sua vez, é um tipo de vivacidade. O reino dos devas é um tipo de existência morta, como também é o reino dos pretas. Mas o reino dos devas é mais mortal porque, no mundo dos pretas, há muito sofrimento e muitas maneiras de impor sofrimento, como também o prazer de provocar sofrimento em si mesmo e nos outros. Ali há uma provisão suficiente para a inquietação; então, absolutamente, não há tédio.

O reino dos devas é muito pacífico: não há perturbação de nenhuma espécie. Assim, o desejo de retornar do reino dos devas pode apenas vir a partir do tédio. Lembre-se: ele está acima da vida humana, e a sensibilidade aumenta ali. O prazer que não fica entediante para nós ao longo dos anos na vida corporal torna-se desinteressante e entediante uma vez que seja desfrutado no reino dos devas.

É por isso que nos Puranas está escrito que os deuses anseiam nascer como seres humanos. Ora, isso parece muito surpreendente, pois aqui na terra desejamos ardentemente ir para o reino dos devas. Até há histórias de alguns devas que descem à terra para se apaixonar por uma mulher. Essas histórias são indicações do estado da mente; elas mostram que, naquele reino, há felicidade, mas que ela é entediante porque gera apenas prazer e desfrute, sem nenhum traço de dor ou sofrimento. Se for dada a alguém a escolha entre felicidade infinita sem um momento de sofrimento, ou sofrimento e angústia infinitos, o sábio escolherá o último. Precisamos retornar do reino dos devas e também precisamos retornar do reino dos pretas.

A existência humana está em um cruzamento: todas as jornadas são possíveis a partir dela. Contudo, a pessoa que atinge o quinto corpo não precisa ir a lugar nenhum; ela entra em um estado no qual não há mais nascimento por meio do útero; ela não renasce por meio do útero de uma mãe.

Em certo sentido, quem atinge o ser termina sua jornada. O estado no quinto corpo é um estado de libertação, mas, ao se sentir satisfeito dentro de si mesmo, ele pode parar nesse plano por um número infinito de eras, pois, aqui, não há nem dor nem prazer, nem escravidão nem sofrimento. Há apenas o próprio ser – não o ser universal, não o todo. Assim, uma pessoa pode seguir vivendo nesse estado por um número infinito de eras, até chegar o tempo em que fique curiosa de conhecer o todo.

A semente da investigação está dentro de nós; portanto, ela crescerá. Se, desde o princípio, o meditador nutrir sua curiosidade de conhecer tudo, poderá escapar do perigo de ficar estagnado no quinto corpo.

Se você conhecer tudo sobre os sete corpos, começará sua investigação com a intenção de completá-la. Se você começar com o objetivo de parar no meio do caminho, então, quando atingir o quinto, sentirá que chegou ao fim, ao seu destino, e perderá o ponto.

A pessoa do quinto corpo não precisa renascer, mas está atada a si mesma; ela se liberta de todos, mas permanece atada a si mesma. Seu ego desaparece, mas não a sensação de "eu sou". O ego é uma asserção contra os outros.

Entenda bem isso: quando digo "eu", é para dominar algum "você". Portanto, quando consigo dominar um você, o ego se sente vitorioso. Quando ele é dominado pelo eu de um outro, fica infeliz. O eu está sempre fazendo um esforço para sobrepujar o você; o ego sempre existe em contraste com o outro.

No quinto plano, o outro não existe mais e não há mais nenhuma competição com ele. Esse estado do eu, asmita, é autoabrangido, e essa é a única diferença entre ego e asmita. Agora eu não tenho nada a ver com você; não há pretensão do eu, mas ainda existe o meu ser. Não preciso mais me posicionar contra o outro, mas "eu sou", embora não haja o você para gerar comparação.

Por essa razão, eu disse que o ego diria "eu" e que o ser diria "sou"; essa é a diferença. No "eu sou", há dois conceitos: o "eu" é o ego, o "sou" é o ser.

A sensação do "sou" não é contra ninguém; ele está a favor de si mesmo. Então, deixe que não haja mais ninguém no mundo, deixe que haja uma terceira guerra mundial e deixe que todos pereçam enquanto eu permaneço. Embora não haja nenhum ego em mim, a sensação do "sou" ainda permanecerá: sei que eu sou, embora não diga eu para os outros, já que para mim não sobrou nenhum você a quem eu possa dizê-lo. Assim, quando você está absolutamente sozinho e não há nenhum outro, então você é – no sentido de ser existente.

O ego desaparece no quinto corpo e, assim, quebra-se o elo mais forte na corrente da escravidão, mas permanece a sensação do "sou" – livre, independente, sem fronteiras e sem nenhum apego. Contudo, o "sou" tem seus próprios limites. Todas as outras fronteiras se desfazem, exceto a fronteira do "sou". No sexto, isso também se desvanece ou é transcendido. O sexto é o corpo cósmico.

O processo de nascer de um útero termina no quinto corpo, mas o nascimento ainda deve ser suportado. Essa diferença deve ser corretamente entendida. Um nascimento se dá a partir do útero materno, e outro nascimento acontece a partir do próprio interior. É por esse motivo que, neste país, chamamos o brâmane de dwij – nascido duas vezes. Na verdade, esse termo era usado para o brama gyani, aquele que conhece o brama –, a realidade cósmica. Não está certo chamar uma pessoa não iluminada de brâmane. Quando acontecia um segundo nascimento, de um tipo inteiramente diferente, a pessoa era chamada de dwij – nascida duas vezes; uma pessoa iluminada era chamada de brâmane.

Assim, um nascimento se dá a partir do útero de uma outra pessoa, outro é a partir do próprio ser. Uma vez atingido o quinto corpo, você não pode nascer de outra pessoa. Agora você terá de nascer por meio do quinto corpo para o sexto corpo. Essa é sua jornada, sua própria gravidez interior, seu próprio nascimento interior. Agora não há ligação com um útero externo ou com um meio externo de criação; agora você não tem pai ou mãe; você é o pai, a mãe e o filho. Essa é uma jornada inteiramente individual. Quando uma pessoa entra no sexto corpo por meio do quinto, ela pode ser chamada de nascida duas vezes, e não antes disso. Ela nasce sem os meios externos de criação, sem a ajuda de um útero externo.

Um vidente do Upanixade orou: "Senhor, abra as coberturas de ouro deste útero interior em que a realidade está oculta". As coberturas são definitivamente de ouro. Elas são tais que não desejamos descartá-las, são tais que ficamos ávidos por mantê-las. O "sou" é a cobertura mais inestimável que está sobre nós, e nós próprios não queremos nos separar dela, e não há nenhuma obstrução externa para nos impedir. A própria cobertura é tão adorável que não podemos deixá-la. Portanto, o vidente diz: "Remova as coberturas de ouro e abra o útero que faz com que uma pessoa nasça pela segunda vez".

Os nascidos duas vezes eram chamados brama gyanis, o que quer dizer "aquele que atingiu o sexto corpo". Do quinto ao sexto, a jornada é a de renascer. O útero é diferente, o modo de nascer é diferente; o útero é da própria pessoa e agora somos "autonascidos".

Do quinto ao sexto há um nascimento, e do sexto ao sétimo há uma morte. Portanto, aquele que passou pelo último não é mencionado como nascido duas vezes; não há sentido nisso. Você entende? Agora é fácil acompanhar.

Do quinto ao sexto há nascimento por meio da própria pessoa; do sexto ao sétimo há morte por meio da própria pessoa. Nascemos por intermédio dos outros – por meio do corpo dos outros – e a morte que se segue também acontece por intermédio dos outros. Devo explicar isso.

Sendo o seu nascimento a partir de uma outra pessoa, como a sua morte pode ser própria? Como isso pode se dar? Os dois extremos não estariam relacionados. Se uma outra pessoa me dá nascimento, então a morte não pode ser minha. Quando o nascimento vem de um outro, a morte também vem de um outro. A diferença é esta: primeiro eu apareço por meio de um útero e, na segunda vez, entro em um outro útero – mas não estou consciente. Quando vim a esta vida, isso era aparente, mas o meu partir não é aparente. A morte precede o nascimento: você morreu em um lugar antes de nascer em outro. O nascimento é aparente, mas você não está consciente da morte.

Você nasceu por meio de uma mãe e de um pai, obteve um corpo, um aparato que funcionará por setenta ou cem anos; após cem anos, esse instrumento deixará de funcionar. A partir do momento do nascimento, está predestinado o dia em que ele deixará de funcionar, e a data real não é importante; o importante é que ele *deixará* de funcionar. Com o nascimento, está decidido que você morrerá. O útero que o carregou até seu nascimento também carregou sua morte. Na verdade, a morte está oculta no útero que deu nascimento; há apenas um intervalo de cem anos.

Nesses cem anos, você completará sua jornada de um extremo a outro e voltará exatamente ao lugar de onde veio. A morte de seu corpo é recebida por um outro na hora de seu nascimento; portanto, a morte também acontece a partir de um outro. Assim, nem você nasceu, nem é você quem morre. No nascimento, havia um médium, e, na morte, também. Quando você entrar no sexto, no corpo cósmico, a partir do quinto, que é o corpo espiritual, você nascerá pela primeira vez e será "autonascido", ou seja, seu nascimento será sem um útero. Mas a "automorte" o aguardará na mesma hora – uma morte sem útero também o aguardará. Seja onde for que esse nascimento se dê, a partir daí a morte o levará ainda mais adiante. O nascimento o leva ao brama, e a morte, ao nirvana.

Esse nascimento pode ser muito prolongado; ele pode ser infindável. Tal pessoa, se permanecer, se tornará Deus. Tal consciência, se ela viajar por um longo período, será venerada por milhões; preces lhe serão oferecidas. Aqueles a quem chamamos de avatar, Ishwara, filho de Deus, tirthankara, são os que entraram no sexto a partir do quinto. Eles podem permanecer naquele plano por tanto tempo quanto quiserem e podem ser de grande ajuda. Eles são inofensivos e podem ser grandes indicadores; tais pessoas estão para sempre se empenhando e trabalhando para que os outros façam a jornada. A consciência das pessoas do sexto plano também pode transmitir mensagens de várias maneiras, e quem tiver o menor contato com tais pessoas não pode colocá-las em nenhum lugar inferior ao Bhagwan, o abençoado. Elas são Bhagwan porque atingiram o sexto, o corpo cósmico.

Nesta própria vida é possível entrar no sexto plano por meio do quinto. Sempre que alguém entra no sexto plano nesta vida, o chamamos de um Buda, de um Mahavira, de um Rama, de um Krishna ou de um Cristo; aqueles que o reconhecem como tais o consideram como Deus. Para os que não podem perceber, a questão não se coloca.

Um homem em uma vila reconhece Buda como Ishwara; para um outro ele é absolutamente comum. Ele pega resfriado como nós, adoece exatamente como nós, come, dorme, caminha e fala como nós; ele até morre da mesma maneira que morremos. "Então, qual é a diferença entre ele e nós?", é como pessoas argumentam. O número daqueles que não veem é infinitamente maior do que o daqueles que veem; então, aqueles que veem parecem ser loucos ou iludidos, pois não têm nenhuma evidência a apresentar.

Na verdade, não há evidência. Por exemplo: este microfone está diante de mim. Se os presentes não puderem vê-lo, como lhes provarei que ele está aqui? Se eu disser que ele está aqui e você não puder vê-lo, serei julgado como louco. Ver o que os outros não podem ver é uma prova de que você não está em seu juízo perfeito.

Medimos a iluminação também pela maioria dos votos; também aqui temos o sistema de votos! Para algumas pessoas, Buda é Deus, e, para outras, não. Os que não podem vê-lo como Deus dirão: "Que loucura é essa? Ele é o filho do rei Shuddhodana e da mãe tal e sua mulher é tal... Ele é o mesmo Gautama, e não uma outra pessoa". Até mesmo seu próprio pai não pôde perceber que Gautama tinha se tornado um homem totalmente diferente. Ele o olhava como seu filho; ele disse: "Em que tipo de tolice você se meteu? Volte ao palácio! O que você está fazendo? O reino irá se dilacerar e entrará em ruínas, e estou velho. Retorne e cuide de tudo". O pobre pai não conseguiu reconhecer que Buda se tornou o mestre de um reino infinito. Aqueles que tinham olhos para ver consideravam tal pessoa como um tirthankara, como Bhagwan ou como o filho de Deus. Eles fazem uso de tais palavras para se referir às pessoas do sexto corpo.

O sétimo corpo nunca é atingido neste corpo. Podemos no máximo nos posicionar na linha fronteiriça do sexto corpo para dali podermos ver o sétimo. Esse salto, esse vazio, esse abismo, essa eternidade é visível daí, onde podemos nos posicionar. Portanto, na vida de Buda foram mencionados dois nirvanas. Um nirvana ele atingiu sob a árvore bodhi, nas margens do rio Niranjana; isso aconteceu quarenta anos antes de sua morte, e é chamado de nirvana. Naquele dia, ele se posicionou na periferia de seu sexto corpo – e lá permaneceu por quarenta longos anos. O dia em que ele morreu é chamado de mahaparinirvana; naquele dia ele entrou no sétimo plano. Portanto, quando alguém lhe perguntava "O que acontecerá com Tathagata* após a morte?", Buda respondia: "Não haverá nenhum Tathagata".

Mas isso não satisfaz a mente, e repetidamente as pessoas lhe perguntavam: "O que acontecerá com Buda no mahaparinirvana?" A isso Buda respondia: "Onde todas as atividades cessam, onde todos os acontecimentos cessam, isso é chamado de mahaparinirvana". Enquanto alguma coisa continua a acontecer no sexto corpo, trata-se de existência; além daí, trata-se de não existência. Assim, quando Buda deixar de existir, nada permanecerá. Em certo sentido, pode-se dizer que ele nunca existiu. Ele se dissolverá como um sonho, como uma linha desenhada na areia, como uma linha desenhada na água, que desaparece enquanto é formada. Ele desaparecerá e nada permanecerá, mas isso não satisfaz nossas mentes, e dizemos que em algum lugar, em algum nível, em algum recanto, não importa a distância, ele deve existir. Mas, no sétimo, ele torna-se apenas o vazio, o amorfo.

Além do sétimo, não há como trazer nova forma. Há pessoas que se posicionam na linha fronteiriça e percebem o sétimo, percebem esse abismo; portanto, tudo o que se conhece do sétimo plano é o que foi relatado por aqueles que estão na divisa. Não se trata de um relato de pessoas que chegaram lá, porque não há meio de dar qualquer relato. É como se uma pessoa na fronteira com o Paquistão olhasse de lá e relatasse que há uma casa, uma loja, uma estrada, algumas pessoas e que pode ver árvores e o sol se erguendo. Mas essa pessoa está posicionada no lado indiano da fronteira.

---

* Em páli, a língua usada por Buda, Tathagata significa "aquele que acordou" ou "aquele que chegou". (N. do T.)

212 Osho – Desvendando mistérios

Entrar no sétimo a partir do sexto é a morte suprema. Você ficará surpreso ao saber que o significado de acharya* nos tempos antigos era "aquele que ensina a morte final". Há máximas que dizem: "Acharya é morte". Assim, quando Nachiketa chega ao deus da morte, chega ao acharya. O deus da morte só pode ensinar a morte e nada mais.

Mas, antes dessa morte, é necessário que você renasça. No momento, você não existe; o que você considera como sendo você é emprestado, não é seu ser real. Mesmo se você perdê-lo, *você* nunca foi o possuidor. É como se eu fosse roubar alguma coisa e depois a desse a uma instituição de caridade; como a coisa não me pertencia, como poderia ser minha doação? Não posso dar o que não é meu. Dessa maneira, quem chamamos de renunciante deste mundo de maneira nenhuma é um renunciante, já que ele renuncia ao que não é seu. E como você pode ser o renunciante daquilo que não é seu? É loucura afirmar que desistiu do que não é seu.

A renúncia se dá quando você ingressa no sétimo plano a partir do sexto. Lá você abandona o que *é* você – porque você não tem mais nada. Você abandona seu próprio ser.

A única renúncia significativa é a passagem do sexto plano para o sétimo. Antes disso, toda conversa de renúncia é infantil. É um tolo aquele que diz: "Isso é meu". Também é tola a pessoa que diz "Desisti de tudo o que era meu", porque ainda se declara possuidora. Somente nós próprios somos nossos – mas não temos entendimento disso.

Do quinto para o sexto você saberá quem é você, e do sexto para o sétimo você será capaz de renunciar aquilo que é você. E, no momento em que alguém renuncia aquilo que ele é, não há mais nada a ser alcançado, não há mais nada a ser renunciado; não sobra nenhuma dúvida e há infinita serenidade, eterno silêncio. Depois disso, não se pode dizer que haja a bem-aventurança ou a paz, a verdade ou a falsidade, a luz ou a escuridão; nada pode ser dito. Esse é o sétimo estado.

Questão:
Sendo o quinto plano atingido no corpo físico, em que forma a pessoa renasce após a morte?

---

* Hoje em dia, em hindi, acharya significa "professor". (N. do T.)

Atingir o quinto corpo e despertar é a mesma coisa; então, você não precisa mais dos corpos iniciais e pode atuar a partir do quinto plano; agora você é uma pessoa desperta. Daí, não há dificuldade. Os corpos iniciais são requeridos apenas até o quarto plano. Se ele estiver ativo e desperto, a pessoa se tornará um deva – uma alma celestial. Se repousar inativo e adormecido, a pessoa entrará no reino dos pretas – dos espíritos malignos. Você terá de retornar à forma humana de ambos desses estados porque ainda não tem ideia de sua identidade. E, para conhecer sua identidade, você ainda tem necessidade do outro porque apenas com a ajuda dele será capaz de se conhecer.

No momento, para se conhecer, você precisa do outro; sem ele você não será capaz de se reconhecer, pois o outro formará a fronteira a partir da qual você se conhecerá. Portanto, até o quarto plano, você terá de renascer sob quaisquer circunstâncias. Após o quinto plano, o outro não é necessário; ele não tem sentido. No quinto, será possível você existir sem os primeiros quatro corpos. Mas, a partir do quinto, começa o processo de um tipo inteiramente novo de nascimento, e essa é a entrada para o sexto plano. Esse é um assunto completamente diferente e não envolve os primeiros quatro corpos.

Questão:

Quando uma pessoa entra no quinto plano a partir do quarto, ela não adquire novamente um corpo físico após a morte?

Não.

Questão:

Se um tirthankara desejar nascer, ele poderá tomar um corpo físico?

Esse é um assunto completamente diferente. Se um tirthankara desejar renascer, acontecerá algo muito interessante: antes da morte, ele não descarta seu quarto corpo. Há uma maneira de fazer isso, e é a de querer ser um tirthankara. Assim, quando o quarto corpo estiver se dissolvendo, um desejo vivo precisa ser mantido, de tal modo que o quarto corpo não desapareça. Se o quarto corpo desaparecer completamente, será impossível o nascimento na forma física, pois deixa de haver a ponte, a ligação por meio da qual você veio. Consequentemente, o desejo de ser um tirthankara precisa ser mantido vivo por meio do quarto corpo.

Nem todos que merecem se tornam tirthankaras; eles seguem direto em seu caminho sem isso. Há apenas uns poucos que se tornam tais mestres, e esse número é definido de antemão. A razão de esse número ser predeterminado é para assegurar que em qualquer era particular haja tirthankaras suficientes à volta.

O desejo de se tornar um tirthankara precisa ser muito forte. Esse é o último desejo e, se ele vacilar, a chance será perdida. A pessoa deve sentir: "Mostrarei aos outros o caminho; explicarei aos outros, preciso voltar para os outros". Então o tirthankara pode descer a um corpo físico, mas isso significa que o quarto plano ainda não foi abandonado. Ele pisa sobre o quinto, mas prende uma estaca no quarto. Essa estaca pode ser facilmente solta, o que torna muito difícil mantê-la no lugar.

Há um processo de preparação de tirthankaras: eles são preparados em escolas de mistério; esse não é um acontecimento individual. Um grupo de buscadores meditará enquanto estiver na escola e, entre eles, encontra um que demonstra sinais de se tornar um tirthankara; ele pode expressar o que sabe, pode partilhar o que sabe e pode comunicá-lo aos outros. Então, toda a escola começa a trabalhar em seu quarto corpo. Ele é orientado a se concentrar em seu quarto corpo para prevenir que ele se desintegre, pois será útil no futuro. Assim, ele aprende meios e maneiras de salvar seu quarto corpo, sendo necessários mais esforços e trabalhos árduos para salvar esse corpo do que para descartá-lo.

É muito fácil se entregar e deixar que o quarto corpo se dissolva. Quando todas as âncoras são içadas, quando todas as velas estão abertas e recebendo o vento, quando o vasto oceano brada e há bem-aventurança em todos os lugares, você pode imaginar o quanto deve ser difícil resguardar uma pequena estaca. Por essa razão, quando nos dirigimos a um tirthankara, dizemos: "Você é muito compassivo".

Essa é a única razão de um tirthankara ser assim chamado. A maior parte de sua compaixão foi a de que, quando tudo estava pronto para a sua partida, ele ficou para aqueles que ainda estavam na margem e cujos barcos ainda não estavam prontos para navegar. Seu barco está absolutamente pronto; mesmo assim, ele toma sobre si o sofrimento dessa margem, ele suporta as pedras e os abusos. Ele poderia ter partido a qualquer momento; seu barco estava pronto. Mas, por razões inteiramente não egoicas, ele escolheu permanecer entre aqueles capazes de atormentá-lo e mesmo de matá-lo. Sua compaixão não conhece limites, mas a aspiração por essa compaixão é ensinada em escolas de mistério. Portanto, meditadores que trabalham individualmente não podem se tornar tirthankaras porque, quando a estaca for perdida, eles nada saberão sobre ela. Apenas quando o barco partir é que eles perceberão que a margem já ficou bem para trás.

Até as pessoas que atingiram o sexto plano – aquelas a quem chamamos Ishwara – algumas vezes ajudam na instrução de um tirthankara. Quando elas encontram uma pessoa digna o suficiente de não partir, tentam de mil e uma maneiras mantê-la. Até os devas que, como eu disse, são instrumentos do bem, tomam parte nisso. Eles tentam persuadir tal pessoa a salvar uma estaca; eles dizem: "Podemos ver a estaca; você não pode vê--la, mas precisa salvá-la".

Dessa maneira, o mundo não é anárquico, desordenado. Há arranjos feitos em um nível profundo; há ordem dentro da ordem. Frequentemente são feitos esforços de todos os tipos – mas, às vezes, os planos se desencaminham, como no caso de Krishnamurti. Toda uma escola de buscadores fez um imenso esforço para preservar uma estaca em seu quarto corpo, mas todos os esforços falharam. Muitas pessoas contribuíram para esse esforço, havendo também a contribuição de almas superiores – pessoas do sexto e do quinto planos e pessoas despertas do quarto plano. Milhares tomaram parte nisso.

Foram escolhidos Krishnamurti e outros poucos meninos que demonstraram potencial de se tornar tirthankaras, mas a oportunidade passou sem dar frutos. A estaca não pôde ser fixada e, assim, o mundo nunca desfrutou o benefício do tirthankara que Krishnamurti poderia ter sido. Mas essa é uma outra história...

8

As dimensões esotéricas
do tantra

Questão:

Você disse que a diferença entre o masculino e o feminino termina no quinto corpo. Como os polos positivos e negativos da eletricidade dos primeiros quatro corpos se ajustam para ocasionar esse acontecimento? Por favor, explique isso em detalhe.

Foi-lhe dito que o primeiro corpo da mulher é feminino, enquanto o segundo é masculino, e que para o homem é exatamente o oposto, sendo o terceiro corpo da mulher novamente feminino e o quarto masculino. Eu lhe disse anteriormente que o corpo feminino é incompleto e que o masculino também é. Os dois juntos fazem um corpo completo, e essa união é possível de duas maneiras. Se o homem externo se combinar com a mulher externa, juntos criarão uma unidade, e, com essa unidade, segue em frente o trabalho da procriação, o trabalho da natureza. Se um homem ou uma mulher se voltar para dentro e se unir ao feminino ou ao masculino interior, começará uma jornada diferente, que é o caminho em direção ao divino. A união externa, contudo, é uma jornada em direção à natureza.

Quando o primeiro corpo do homem se encontra com seu segundo, o feminino, o corpo etéreo, esses dois formam uma unidade. Quando o primeiro corpo de uma mulher se encontra com o seu segundo, masculino, o corpo etéreo, também forma uma unidade, e essa é uma maravilhosa unidade. A união externa só pode ser momentânea; ela dá um período de felicidade muito breve, que torna a dor da separação infinitamente maior. E essa dor ocasiona uma nova ânsia para obter o mesmo prazer, que de novo prova ser momentâneo, havendo novamente uma separação, que é longa e dolorosa. Dessa maneira, o prazer exterior só pode ser momentâneo, enquanto a união interior dura para sempre. Uma vez que ela aconteça, nunca se desfaz.

Portanto, enquanto não se der a união interior, haverá dor e sofrimento, e uma corrente de felicidade começa a fluir tão logo a união interior aconteça. Esse prazer é semelhante ao que é experimentado momentaneamente na união exterior que acontece durante o ato amoroso – uma união que é infinitesimal em sua duração, praticamente terminando tão logo começa. Frequentemente, ela nem é experimentada; ela acontece com tal rapidez que nem é registrada.

Do ponto de vista da ioga, quando o intercurso interno se torna possível, o instinto do intercurso sexual externo desaparece imediatamente, e a razão é que essa união interna é completamente satisfatória e preenchedora. Imagens de coito esculpidas nas paredes de templos são indicações nessa direção.*

O intercurso interno é um processo de meditação. Portanto, surgem conflitos entre os conceitos do intercurso interno e o externo, e isso se deve ao fato de que aquele que entra no intercurso interno imediatamente perde todo interesse no intercurso sexual externo.

Isto também deveria ser lembrado: quando uma mulher se une a seu corpo etéreo masculino, a unidade resultante será feminina; quando um homem se une a seu corpo etéreo feminino, a unidade será masculina. Isso acontece porque o primeiro corpo absorve o segundo; o segundo se funde ao primeiro. Mas agora esses são masculino e feminino em um sentido muito diferente. Não se trata do homem exterior e da mulher exterior que vemos: o homem exterior está incompleto e, portanto, pouco à vontade e insatisfeito. A mulher exterior também está incompleta e, portanto, inquieta e não preenchida.

Se examinarmos o desenvolvimento da vida sobre a Terra, descobriremos que, nos organismos primários, o masculino e o feminino estão ambos presentes. Por exemplo: a ameba é metade masculina e metade feminina. Portanto, não há outra criatura mais satisfeita neste mundo; nela, nunca surge a insatisfação. Essa também é a razão de ela ter falhado em sua evolução:

---

* Essas esculturas são encontradas nos antigos templos de Khajuraho, Puri e Konark, na Índia. (N. do T.)

ela sempre permaneceu uma ameba. Assim, todo organismo elementar no desenvolvimento biológico não tem corpos separados para cada sexo. Ambos, masculino e feminino, estão contidos dentro do mesmo corpo.

Quando o primeiro corpo da mulher se une ao seu masculino, ao seu corpo etéreo, surge uma nova mulher, completa. Não temos ideia da personalidade de uma mulher completa, pois todas as mulheres que conhecemos são incompletas. Não temos estimativa de um homem completo, pois todos os homens que conhecemos são incompletos; todos eles são apenas metades de um todo. Tão logo essa unidade se complete, uma satisfação suprema torna-se penetrante, uma satisfação que bane todo descontentamento. Agora será difícil para esse homem completo e essa mulher completa estabelecerem quaisquer relacionamentos externos, já que no mundo material há somente meios-homens e meias-mulheres, com quem não podem se relacionar harmoniosamente. Contudo, é possível para um homem perfeito – cujos primeiros dois corpos se uniram interiormente – ter um relacionamento com uma mulher perfeita, cujos dois primeiros corpos também se uniram.

O tantra* tentou muitos experimentos para alcançar tal relacionamento, passando por muito assédio e sendo mal interpretado. Não podíamos entender o que os tântricos faziam – naturalmente, pois estava além de nossa compreensão. Quando uma mulher e um homem unidos ao corpo complementar faziam amor sob as circunstâncias do tantra, para nós isso nada mais era do que um intercurso sexual comum; nunca poderíamos avaliar o que estava acontecendo.

Mas esse era um tipo de acontecimento muito diferente e de uma enorme ajuda ao buscador; tinha muito significado para ele. A união externa de um homem completo com uma mulher completa era o começo de uma nova maneira de estar junto; tratava-se de uma jornada em direção a uma nova união. Um tipo de jornada já tinha acabado: a mulher incompleta e o homem incompleto se tornaram um todo. Era então alcançado um platô particular de realização, pois agora não havia nenhum pensamento de desejo.

Quando um homem completo e uma mulher completa se encontravam dessa maneira, pela primeira vez experimentavam a bem-aventurança e o

---

* Tantra é uma abordagem de desenvolvimento da consciência que, entre muitas outras coisas, usa o encontro sexual consciente como um instrumento para esse desenvolvimento. (N. do T.)

prazer da união entre dois seres inteiros. Eles começaram a entender que, se uma tal união perfeita pudesse acontecer dentro deles, haveria uma ilimitada torrente de bem-aventurança. O meio-homem desfruta a união com a meia--mulher; depois, ele se une à meia-mulher dentro de si mesmo e experimenta uma bem-aventurança ilimitada; depois, o homem completo se une à mulher completa. É simplesmente lógico que ele deveria partir para atingir uma mulher perfeita dentro de si mesmo, então ele parte em busca da mulher perfeita interior, em que se dá o encontro do terceiro e do quarto corpo.

O terceiro corpo do homem é novamente masculino, e o quarto feminino; o terceiro corpo da mulher é feminino, e o quarto masculino. O tantra toma cuidado para que a pessoa não fique estagnada após atingir a primeira perfeição. Há muitos tipos de perfeições dentro de nós, e a perfeição nunca obstrui, mas há muitos tipos de perfeições imperfeitas, comparadas com a perfeição que está à frente. Contudo, elas são perfeitas em relação às precedentes. As imperfeições precedentes podem ter desaparecido, mas ainda não temos ideia das perfeições maiores que estão à frente. Isso pode criar um obstáculo.

Dessa maneira, muitos métodos surpreendentes foram desenvolvidos no tantra, os quais não podem ser imediatamente entendidos. Por exemplo: havendo intercurso sexual entre um homem completo e uma mulher completa, não há perda de energia, não pode haver, porque cada um forma um circuito completo dentro de si mesmo. Não haverá descarga de energia dos parceiros; pela primeira vez eles sentirão o prazer sem perda de energia.

No intercurso físico, o prazer experimentado no momento do orgasmo invariavelmente é seguido de sofrimento. É inevitável o abatimento, a angústia, a fadiga e o remorso que se seguem à perda de energia. O prazer passa em um momento, mas a perda de energia leva de 24 a 48 horas ou mais para ser restabelecida. Até que a energia seja restabelecida, a mente fica repleta de agonia.

O tantra desenvolveu métodos estranhos e maravilhosos para o intercurso sexual sem ejaculação e atuou corajosamente nessa direção. Deveremos falar separadamente sobre esse assunto em algum outro momento, já que, em si mesma, a prática tântrica forma uma rede completa. E, desde que essa rede foi rompida, toda a ciência gradualmente se tornou esotérica. Ainda, nossas crenças morais tornam difícil falarmos aberta e diretamente sobre práticas tântricas. Além do mais, nossos tolos "sábios" que nada sabem, mas que são capazes de dizer qualquer coisa, tornaram impossível manter viva alguma sabedoria preciosa. Assim, as práticas do tantra tiveram de ser abandonadas ou ocultas, e os experimentos tântricos tiveram de ser mantidos em segredo. Por essa razão, a corrente do conhecimento tântrico deixou de fluir claramente em nossa vida.

O intercurso sexual entre um homem completo e uma mulher completa é de um tipo totalmente diferente. É um intercurso em que não há perda de energia; um acontecimento inteiramente novo se dá, o qual só pode ser sugerido. Quando um homem incompleto e uma mulher incompleta se encontram, ambos sofrem uma perda de energia; a quantidade de energia após o seu intercurso sexual é muito menor do que era antes dele.

Bem diferente é o que acontece na união de um homem completo com uma mulher completa. A quantidade de energia após o seu intercurso sexual será maior do que era antes; a energia de ambos aumenta. Essa energia repousa no interior deles e é ativada pela proximidade com o outro parceiro. No primeiro, no ato sexual comum, a ejaculação resulta da aproximação do homem com a mulher. No segundo encontro, o de um homem completo com uma mulher completa, as próprias energias individuais ficam despertas e ativas na presença do outro; tudo o que estava oculto no interior de cada um manifesta-se completamente. A partir desse acontecimento, há uma indicação se a união do homem completo com a mulher completa pode se dar no interior. A primeira união é a de dois seres incompletos; agora, a segunda fase do trabalho começa a juntar seus terceiros e quartos corpos.

O terceiro corpo do homem é novamente masculino, e o quarto feminino; o terceiro corpo da mulher é novamente feminino, e o quarto masculino. Na união do terceiro com o quarto, só o masculino permanecerá dentro do homem; seu terceiro corpo se tornará proeminente. Dentro da mulher, o feminino permanecerá proeminente. Então, os dois femininos completos se fundirão em um, já que agora não haverá divisão entre os dois para separá-los. O corpo masculino é requerido para mantê-los separados. De maneira semelhante, entre os dois corpos masculinos, um corpo feminino é requerido para manter uma distância entre eles.

Quando o feminino do primeiro e do segundo corpo encontrar o feminino do terceiro e do quarto corpo, naquele mesmo momento de encontro eles se fundirão em um só. Então, a mulher atingirá a feminilidade perfeita em uma dimensão dupla. Não é possível nenhuma feminilidade maior do que essa, já que, depois disso, não há crescimento adicional da feminilidade; esse será o estado feminino perfeito, essa é a mulher perfeita, que não tem desejo nem mesmo de encontrar o homem perfeito.

Na primeira completude, havia o fascínio de encontrar uma segunda pessoa completa, e o encontro criava mais energia. Agora, isso também está terminado; agora, em um certo sentido, mesmo encontrar Deus não terá significado. Dentro do homem, ambos os masculinos também se fundirão em um só. Quando os quatro corpos se unem, o que permanece no homem é o masculino e o que permanece na mulher é o feminino, e do quinto corpo em diante não há masculino nem feminino.

Portanto, após o quarto plano, o acontecimento que se dá em um homem e em uma mulher será diferente; é inevitável que seja assim. O acontecimento será o mesmo, mas a atitude de cada um em relação a ele será diferente. O homem ainda será agressivo e a mulher terá se rendido. Após a aquisição do quarto corpo, a mulher se entrega completamente; nem mesmo uma ínfima parcela será negada em sua entrega. Essa entrega, esse deixar acontecer, a levará à jornada do quinto plano, em que uma mulher deixa de ser uma mulher, já que, para permanecer como mulher, é necessário reter algo.

Na verdade, somos o que somos porque seguramos um pouco de nós mesmos. Se tivéssemos que nos entregar completamente, teríamos nos tornado algo que nunca fomos antes. Mas há um segurar-se o tempo todo no próprio ser. Se uma mulher ceder completamente, mesmo a um homem comum, haverá uma cristalização dentro dela e ela irá além do quarto corpo. É por esse motivo que, muitas vezes, algumas mulheres atravessaram o quarto corpo com o seu amor para com homens muito comuns.

A palavra sati não tem outro significado esotérico. Sati não significa uma mulher cujos olhos não repousam em um outro homem, mas a mulher que não tem mais o impulso feminino de olhar para outro homem.

Se uma mulher ficar tão completamente rendida ao amor até mesmo para com um homem comum, não terá de passar por essa longa jornada. Todos os seus quatro corpos se combinarão e se posicionarão na entrada do quinto. Portanto, foram as mulheres que passaram por essa experiência que disseram: "O marido é Deus". Isso não significa que elas na verdade achavam que o marido era Deus, mas que as portas do quinto se abriam para elas por meio do marido. O que elas diziam não estava errado; o que elas diziam estava absolutamente correto. O que um outro meditador obtém por meio de um grande esforço, ela obtém com facilidade por meio de seu amor. O amor por uma só pessoa a leva a esse estado.

Tome o caso de Sita: ela pertence à categoria de mulheres que chamamos de sati. Ora, a entrega de Sita é única. No que se refere à entrega, ela é perfeita; sua entrega é total. Ravana é um homem incompleto, enquanto Sita é uma mulher completa. A radiância de uma mulher completa é tal que um homem incompleto não pode ousar tocá-la; ele nem pode olhar para ela, e apenas uma mulher incompleta pode ser vista por ele de maneira sexual.

Quando um homem aborda sexualmente uma mulher, o homem não é inteiramente responsável. Essa incompletude da mulher inevitavelmente também é responsável. Quando um homem toca sexualmente uma mulher em uma multidão, ele é apenas meio responsável; a mulher que atrai isso é igualmente responsável. Ela provoca isso, pede isso e porque ela é passiva, sua agressão não é notada. E, sendo o homem ativo, fica muito evidente que ele a tocou; mas não podemos ver a sedução do outro lado.

Ravana nem podia erguer os olhos para Sita, e ele não tinha nenhum significado para ela. Mesmo assim, após a guerra, Rama insistiu que Sita se submetesse ao teste do fogo para confirmar sua pureza, e Sita não resistiu. Tivesse ela resistido, teria perdido sua posição como sati. Ela poderia ter insistido em que os dois passassem pelo teste do fogo, pois, se ela ficou sozinha com um outro homem, Rama também perambulava pelos bosques sozinho – e quem sabe que tipo de mulher ele encontrava?

Mas essa questão nunca se levantou na mente de Sita. Ela prontamente passou pelo teste do fogo. Se ela tivesse questionado a autoridade de Rama mesmo uma vez, teria caído de sua posição porque, então, a entrega não seria total, haveria alguma coisa faltando nela. E, se ela tivesse levantado a questão mesmo uma vez e depois passado pelo fogo, ela teria se queimado; ela não teria passado ilesa. Mas a sua entrega era total; para ela, não havia outro homem. Contudo, achamos que foi um milagre ela passar pelo fogo sem se queimar.

Se uma pessoa comum também atravessasse o fogo enquanto estivesse em um estado interior particular, ela não se queimaria. Se, em um estado de hipnose, for dito a um homem que o fogo não o queimará, ele poderá andar sobre ele sem se queimar.

Quando o circuito de energia está completo dentro de si, um faquir comum caminha sobre o fogo em um estado mental particular. O circuito de energia se quebra com a dúvida. Se um pensamento de dúvida passar pela sua mente mesmo uma vez, se ele duvidar que não se machucará, o circuito se quebrará e fatalmente ele se queimará. Se dois faquires saltarem no fogo e, ao vê-los, você pensar se esses dois podem pular no fogo sem serem afetados, como posso me queimar?", então, você também poderá saltar no fogo, também não será afetado por ele. Toda uma fila de pessoas pode assim atravessar o fogo sem se queimar. Aquele que duvida não ousará entrar no fogo; ele ficará de fora. Mas quem vê tantas pessoas atravessando sem serem afetadas acaba pensando: "Se tantos não se queimaram, por que o fogo me queimaria?" Por essa razão, ele pode atravessar e o fogo não o tocará.

Se o circuito dentro de nós estiver completo, até mesmo o fogo não tem como nos tocar. É muito compreensível aquele fogo não ter afetado Sita. Após o teste do fogo, quando Rama a expulsou de seu reinado, mesmo então ela não o questionou. Ela se submeteu ao teste do fogo para provar sua castidade, mas a sua entrega era tão total, tão completa, para ela não havia razão de questionar.

Se uma mulher completa atingir a perfeição do amor para uma pessoa, ela saltará sobre os primeiros quatro passos da prática espiritual. Para um homem, isso é muito difícil porque ele não está propenso a se render. Mas é interessante saber que mesmo a agressão pode ser perfeita. Contudo, para a agressão ser perfeita, muitas coisas estarão envolvidas e não apenas você. Na entrega, entretanto, só você é responsável por essa perfeição, e nada mais importa. Se eu quiser me entregar a alguém, poderei fazê-lo totalmente sem lhe dizer, mas, se tiver de ser agressivo com alguém, esse alguém também estará envolvido no resultado final.

Portanto, em nossa fala sobre shaktipat, você pode ter sentido que havia algo faltando nas mulheres, que havia uma ligeira dificuldade no que se refere a elas. Eu lhe disse que há regras de compensação na vida, e, no caso da mulher, sua deficiência é compensada por sua capacidade de se render. Um homem nunca é capaz de amar completamente, não importa o quanto ame alguém. A razão é que ele é agressivo e tem menos capacidade de se render. Assim, se os primeiros quatro corpos da mulher se tornarem completos e se fundirem em uma só unidade, ela poderá se render muito facilmente no quinto. E, quando uma mulher nesse quarto estado atravessar esses dois passos do intercurso interior e se tornar perfeita, nenhum poder nesta terra poderá interferir em seu caminho. Então, para ela, só Deus existe. Na verdade, aquele que ela ama em seus primeiros quatro corpos também se tornou Deus para ela; daí em diante, tudo o que existir é Deus.

Há um belo incidente na vida de Meera. Certa vez ela foi a Vrindavan. Lá, o sacerdote do grande templo não olhava para mulheres, e assim as mulheres não tinham permissão de entrar naquele templo. Sinos em punho, imersa em seu senhor

Krishna, Meera entrou no templo. As outras pessoas do templo se apressaram em lhe dizer que o templo era fechado para mulheres, já que o sacerdote não olhava para elas. Meera disse: "Isso é muito estranho, eu tinha a impressão de que havia apenas um homem no mundo – Krishna. Quem é esse outro homem? Há um outro homem? Gostaria de vê-lo".

Elas correram ao sacerdote e lhe contaram sobre Meera, e, depois de ouvir, ele foi correndo a Meera, caiu a seus pés e disse: "Não faz sentido chamá-la de mulher, pois, para ela, há apenas um homem; para ela, o assunto de homem e mulher se encerrou. Toco seus pés e peço perdão. Ao ver mulheres comuns, eu me considerava como homem, mas, para uma mulher de seu calibre, não tem sentido eu ser homem".

Quando um homem alcança o quarto corpo, torna-se um homem perfeito; ele deu os dois passos para atingir essa perfeição. Daí em diante, não haverá mulher para ele; a palavra mulher não terá nenhum significado para ele. Agora ele é apenas uma força de agressividade, assim como uma mulher que atinge a feminilidade perfeita no quarto corpo torna-se apenas a energia da entrega. Agora eles são apenas uma energia de agressividade e uma energia de entrega, respectivamente. Agora eles não sustentam o nome de homem e mulher; eles são apenas energias.

A agressividade do homem se desenvolveu em várias práticas de ioga, e a entrega da mulher desabrochou em vários caminhos de bhakti, de devoção. A entrega torna-se bhakti, a agressividade torna-se ioga. Ambos, masculino e feminino, são os mesmos; agora não há diferença entre eles. A diferença do homem e da mulher agora é meramente externa e aplica-se apenas ao corpo físico. Agora, se a gota d'água cair no oceano ou se o oceano desaguar na gota, o resultado final será o mesmo. A gota do homem saltará no oceano e se fundirá nele; a gota da mulher se tornará um abismo e invocará todo o oceano a preenchê-la. Ela se entregará e todo o oceano mergulhará nela.

Mesmo agora ela é negativa, inteiramente negativa; ela é o útero que sustenta todo o oceano dentro de si mesmo. Toda a energia do universo entrará nela. O homem, mesmo nesse estágio, não pode ser receptivo; ele ainda mantém a qualidade da força, então ele saltará e mergulhará no oceano. Na íntima profundidade de seus seres, suas personalidades carregarão essa diferenciação masculino/feminino – até o final do quarto corpo.

Contudo, o reino do quinto corpo é absolutamente diferente. Lá, apenas a alma permanece. Deixa de haver qualquer discriminação baseada no sexo e, dali em diante, a jornada é a mesma para todos. Até o quarto, há apenas uma diferença – se a gota cai no oceano ou se o oceano cai na gota –, mas o resultado final é o mesmo. Até o último limite do quarto corpo, a diferença é bem óbvia. Lá, se uma mulher quiser saltar no oceano, criará dificuldades para si mesma, e, se um homem quiser se render, acabará em apuros. Assim, você deve tomar cuidado com a possibilidade de tal erro.

Questão:

Em um de seus discursos, você disse que intercursos sexuais prolongados levam à formação de um circuito elétrico entre o homem e a mulher. O que é esse circuito, como ele é formado e quais são seus usos em relação aos primeiros quatro corpos? Também, no que se refere à meditação, qual é a forma do acontecimento acima mencionado?

Como eu disse anteriormente, a mulher é uma metade de um todo, e o homem também. Ambos são energia, ambos são eletricidade; a mulher é o polo negativo, o homem é o polo positivo. Sempre que estes polos de eletricidade se encontram e formam um circuito, a luz é criada. Essa luz é de vários tipos: pode não ser visível, pode ser visível apenas algumas vezes ou pode ser visível para alguns e invisível para outros. Mas a união do homem e da mulher é tão momentânea que se quebra tão logo o circuito é formado. Portanto, há métodos e sistemas para prolongar o intercurso sexual. Se o intercurso exceder meia hora, o circuito elétrico poderá ser visto envolvendo o casal; muitas pinturas retratam isso. Há muitas tribos primitivas cuja união sexual dura um longo período, e daí o circuito é formado.

Geralmente, é difícil encontrar esse circuito de energia no mundo civilizado. Quanto mais a mente for dominada pela tensão, mais breve será o intercurso sexual; quando a mente está tensa, a ejaculação acontece mais cedo. Quanto maior a tensão, mais precoce a ejaculação, pois uma mente dominada pela tensão não está procurando o intercurso, mas o alívio. No Ocidente, o sexo não serve a nenhum propósito maior do que o de um espirro. A tensão é aliviada, a carga é aliviada; quando a energia é liberada, você se sente dissipado. Relaxar é uma coisa, sentir-se dissipado é outra bem diferente. Relaxamento significa que a energia está dentro e que você está descansando, enquanto que sentir-se dissipado significa que a energia é gasta e que você fica exausto, fica enfraquecido com a perda e apenas acha que está relaxando.

À medida que a tensão aumenta no Ocidente, o sexo se torna um alívio da tensão, uma liberdade da pressão de uma energia interna. Há pensadores no Ocidente que estão prontos a considerar o sexo como sendo tão valioso como um espirro. O nariz coça, você espirra, e assim a mente é aliviada. No Ocidente, eles não estão dispostos a dar ao sexo nenhum reconhecimento maior do que esse. Eles estão certos, pois o que estão fazendo com o sexo não é mais do que isso.

No Oriente, lentamente as pessoas estão chegando a esse ponto... porque o Oriente também está ficando tenso. Em algum lugar, em alguma caverna distante, é possível encontrar um homem que não esteja tenso; ele vive no mundo de montanhas e rios, árvores e bosques e ainda está intocado pela civilização. Lá, mesmo agora, o circuito de energia é formado durante o intercurso sexual.

Também há métodos tântricos em que qualquer um pode produzir tal circuito de energia. A experiência desse circuito é maravilhosa, já que apenas quando ele se forma é que você tem a sensação de unidade; ela nunca é experimentada antes da formação desse circuito. Tão logo o circuito é formado, duas pessoas envolvidas em um intercurso sexual deixam de ser duas entidades separadas; elas se tornam um fluxo de uma só energia, de um só poder. Algo é experimentado como indo e vindo ciclicamente; as duas entidades separadas desaparecem.

Dependendo da intensidade desse circuito, o desejo do intercurso sexual diminuirá e o seu intervalo aumentará. Pode acontecer que, uma vez formado o circuito, por todo um ano pode não haver nenhum desejo de repetição, pois o preenchimento é total.

Coloque isso desta maneira: um homem come uma refeição e depois a vomita. Ele não obterá nenhuma satisfação dela. Sentimos que o ato de comer traz saciedade, mas não assim; a saciedade só vem quando a comida é digerida.

O intercurso sexual é de dois tipos: um que é como meramente comer e outro que é como digerir. O que geralmente conhecemos como intercurso sexual é como meramente comer e vomitar, e nada é digerido. Se algo é digerido, a satisfação que isso dá é profunda e duradoura. Contudo, a absorção se dá apenas quando o circuito de energia é formado. O circuito de energia indica que as mentes dos dois parceiros se fundiram e se tornaram absorvidas uma na outra. Agora não há dois, mas um só. Há dois corpos, mas a energia interior tornou-se uma só; as energias de ambos se misturam.

O que quero dizer é que essa condição de absorção sexual é sucedida por um estado de profunda satisfação. Ela é muito útil para a ioga e para o meditador. Se tal intercurso interior for possível para o meditador, a necessidade do intercurso sexual será menor. Então, o período intermediário deixa a pessoa livre para a sua jornada interior. Uma vez iniciada a jornada interior e havendo o intercurso interior com a mulher ou com o homem interior, a mulher externa torna-se inútil, o homem externo torna-se inútil.

Para uma pessoa comum, o termo brahmacharya, celibato, significa que o ato sexual deveria ser tão preenchedor que a pessoa poderia desfrutar anos de brahmacharya antes do próximo ato. Uma vez atingido esse estado de brahmacharya e o buscador partindo para uma jornada interior, diminui a necessidade externa para o intercurso sexual.

Estou dizendo que esse é o caso para uma pessoa comum. Para os iniciados no sannyas*, no tipo tradicional de sannyas, para aqueles que não aceitaram a vida de uma pessoa comum, o significado de brahmacharya é antarmaithun, a união sexual entre o masculino e o feminino interiores. Para eles, há necessidade do intercurso interior. Uma pessoa dessas terá de começar imediatamente a descobrir um meio para o intercurso interior, ou evitará a mulher exterior apenas aparentemente, enquanto sua mente continuará a correr e a gastar mais energia em seus esforços de se afastar da mulher exterior do que gastaria pelo intercurso sexual.

Assim, o caminho é um pouco diferente para o sannyasin tradicional. A diferença é apenas esta: a união sexual com a mulher exterior é o passo inicial para o homem comum e, depois, ele encontra a mulher interior após o segundo passo. O sannyasin tradicional une-se diretamente à mulher interior dentro de si, omitindo o primeiro passo.

Portanto, no conceito tradicional de sannyas, é tolice tornar qualquer pessoa um sannyasin. Na verdade, a iniciação no sannyas tradicional só é possível

---

* Tradicionalmente na Índia, sannyas é um processo de transcendência do ego, e sannyasins são as pessoas que se comprometem a seguir esse processo. Nele, os sannyasins se comprometem a afastar-se das ambições materiais e das relações humanas habituais, inclusive jurando total celibato, e dedicam-se integralmente à ascensão da consciência, geralmente ligados a algum mestre ou a alguma escola espiritual que os inicia nesse processo. Osho também usa a palavra sannyasins para seus discípulos, mas não lhes sugere que forcem nada ou se afastem de nada, e sim que se mobilizem a ser os mestres de si mesmos ao estarem presentes em cada uma de suas ações, sejam elas quais forem, e permitindo que, a partir dessa presença, atitudes e comportamentos fluam conscientemente de si. Assim, para Osho, não apenas o conceito de sannyas é diferente do conceito oriental, mas o próprio conceito de discípulo é diferente do conceito ocidental. (N. do T.)

quando pudermos olhar dentro da pessoa para ver se seu primeiro corpo está no estado de prontidão para encontrar a mulher de seu segundo corpo. Se houver essa prontidão, somente então a iniciação ao brahmacharya deveria ser concedida; do contrário, isso apenas iria ocasionar loucura e nada mais.

Mas há pessoas que continuam dando iniciação indiscriminadamente. Há um guru de mil sannyasins, um outro de 2.000, e eles não sabem o que estão fazendo. Os que eles iniciam estão prontos e ajustados para o intercurso interior em estados meditativos? Não, de maneira nenhuma – eles nem sabem que isso existe. Por esse motivo, sempre que um sannyasin tradicional vem a mim, seu problema mais profundo e íntimo é o sexo. As pessoas comuns que encontro também têm outros problemas, mas ainda não me deparei com um sannyasin tradicional cujo problema não seja outro senão o sexo.

O sexo é uma das muitas preocupações de uma pessoa comum, mas é a única aflição do sannyasin tradicional. Portanto, toda a sua mente está centrada nesse único ponto. Seu guru lhe sugere muitas maneiras de se salvar da mulher exterior, mas ele não tem ideia de como um meditador pode encontrar a mulher interior. Assim, torna-se impossível descartar a mulher exterior; ele pode apenas fazer de conta que está escapando dela – e isso é muito, muito difícil.

A bioenergia precisa se mover para algum lugar. Se ela puder ir para dentro, somente então poderá ser prevenida de fluir para fora. Se ela não for para dentro, fatalmente fluirá para fora. Não faz diferença se a mulher está corporalmente presente ou na imaginação; ela pode fluir para fora também com a ajuda de uma mulher imaginária. O mesmo se dá com as mulheres, mas aqui também há uma pequena diferença entre os dois, que deve ser considerada.

O sexo não é um grande problema para uma buscadora feminina como o é para um buscador masculino. Conheço muitas monjas jainistas e, para elas, o sexo é uma preocupação diminuta. A razão é que a natureza sexual da mulher é passiva. Uma vez desperta, ela torna-se um problema; se ela não estiver desperta, a mulher poderá atravessar toda uma vida e nunca sentir que há algum problema aí.

Uma mulher requer iniciação, mesmo no sexo. Uma vez que um homem inicie uma mulher no sexo, a energia sobe rapidamente dentro dela, mas, se isso não acontecer, ela poderá permanecer virgem por toda uma vida. Para ela, isso é muito fácil graças à sua natureza passiva; sua mente não é agressiva e ela pode esperar indefinidamente. Por essa razão, sinto que é perigoso iniciar uma mulher casada, a menos que lhe seja ensinado a se unir ao homem interior.

Uma jovem virgem pode ser iniciada; ela está em uma posição melhor do que um rapaz; ela pode esperar indefinidamente até ser introduzida no sexo, pois não é agressiva. E, se não houver agressão de fora, gradualmente o homem interior começará a se unir à mulher exterior. Seu segundo corpo é masculino e agressivo.

Assim, o intercurso interior é muito mais fácil para uma mulher do que para um homem. Você entende o que quero dizer? O segundo corpo de uma mulher é masculino e é agressivo. Portanto, mesmo se uma mulher não encontrar um homem exterior, isso não importa para ela. E, se ela não tiver a experiênciado sexo de uma fonte exterior, o homem interior começará a ser agressivo. Seu corpo etéreo começará a invadi-la; então, ela se voltará para dentro e ficará imersa em um intercurso interior.

Para um homem, o intercurso interior é difícil porque seu corpo agressivo é o primeiro, enquanto seu segundo corpo é feminino, e esse corpo não pode se sobrepor ao primeiro; só quando o primeiro corpo for a ele é que ele o receberá.

Essas são as diferenças e, uma vez entendidas, teremos de mudar todo o nosso sistema. Se uma pessoa comum conseguir criar o circuito elétrico no intercurso sexual, isso será de muita ajuda para ela. O mesmo circuito de energia também será formado no caso do intercurso interior. O circuito de energia envolve uma pessoa comum apenas na hora de um intercurso normal, e a mesma energia envolverá o homem que estiver unido ao segundo corpo 24 horas por dia. O círculo de energia ficará mais amplo a cada plano.

Nenhuma imagem de Buda foi feita até quinhentos anos após sua morte, e esse tipo de fenômeno aconteceu muitas vezes ao longo da história. Em vez disso, uma imagem da árvore bodhi era esculpida e venerada nos templos, mas se mantinha vazio o lugar sob a árvore onde se supunha que Buda tivesse sentado. Os que estudam história e mitologia ficam muito intrigados: por que imagens de Buda não eram esculpidas, por que Buda era simbolizado por uma árvore, por que sua imagem só foi feita ao pé da árvore após quinhentos anos e por que o lugar sob a árvore era retratado como vazio o tempo todo? Esse é um mistério que nem os historiadores nem os mitólogos podem resolver.

Na verdade, aqueles que observaram Buda muito profundamente afirmavam que Buda não podia ser visto; só a árvore e a aura de energia permaneciam; seu corpo físico desaparecia. Por exemplo: se você me observar profundamente, também desaparecerei e só a cadeira permanecerá. Assim, quem o observava a partir de um plano superior declarava que Buda não poderia ser visto, porém os mais terrenos declaravam que ele podia ser visto. Contudo, a primeira afirmação era mais autêntica. Por quinhentos anos foi respeitada a palavra daqueles que diziam que Buda nunca era visível e que havia apenas a árvore e o lugar vazio sob ela. Mas isso funcionou apenas enquanto havia pessoas com uma visão espiritual mais profunda. Quando as pessoas desse calibre começaram a diminuir, ficou difícil venerar só a árvore sem Buda; sua imagem foi inserida quinhentos anos após sua morte, e esse é um fato muito interessante.

Aqueles cuja visão espiritual era mais desenvolvida não podiam ver o corpo de Jesus; podiam ver apenas luz, e o mesmo acontecia com Mahavira e Krishna. Se pessoas desse calibre forem observadas com plena atenção, será visível apenas a luz da energia; ninguém será visto ali.

Após cada dois corpos, a energia vital aumenta. Após o quarto corpo, ela atinge uma consumação; no quinto corpo, há apenas energia; no sexto corpo, essa energia aparecerá não como separada, mas uma com as estrelas e os céus; no sétimo plano, mesmo isso desaparecerá. Primeiro a matéria desaparecerá, depois a energia.

Questão:

Em que plano o meditador atinge o estado de não pensamento? Os pensamentos são possíveis sem a identificação da consciência com os objetos, ou a identidade é essencial para o pensamento?

O estado perfeito de não pensamento é atingido no quinto corpo, mas pequenos vislumbres começam no quarto corpo. Os pensamentos persistem no quarto corpo, mas a pessoa começa a observar intervalos entre dois pensamentos. Antes do quarto, há pensamentos, pensamentos e mais pensamentos, e não percebemos o intervalo entre eles. No quarto, os intervalos começam a aparecer e a ênfase muda. Se você observou imagens da *gestalt,* será capaz de entender isso. Suponha que haja um desenho de uma sequência de passos; ele pode ser desenhado de tal modo que, se você olhar com atenção, observará os passos subindo; depois você olha de novo e perceberá os passos descendo. Mas a parte mais interessante é que você não pode ver simultaneamente os passos subindo e descendo, mas apenas um dos dois. A segunda imagem substituirá a primeira e vice-versa.

Podemos fazer um desenho em que duas faces completas podem ser vistas encarando uma à outra, com nariz, olhos e barba. Primeiro ela aparecerá como se dois homens estivessem se encarando. Agora pinte as faces de preto e deixe o espaço entre elas em branco, e você será capaz de ver um vaso, e o nariz e os olhos se tornam as linhas externas do vaso. Você não será capaz de ver o vaso e as duas faces ao mesmo tempo. Quando você vê as duas faces, o vaso não é visto; quando o vaso é observado, as faces desaparecem. Não importa todo seu esforço para tentar vê-los juntos, a forma mudará a sua ênfase. Quando a sua ênfase muda para as faces, o vaso desaparece; quando a ênfase está no vaso, as faces desaparecem.

Até o terceiro corpo, a configuração de nossa mente tem a sua ênfase no pensamento. Rama vem, então ele é visível e a sua vinda também. O espaço vazio entre Rama e a sua vinda, ou o espaço vazio antes de sua vinda e depois de sua partida não é visível para nós. A ênfase está na vinda de Rama, e o espaço intermediário não é observado. A mudança começa a partir do quarto corpo; de repente lhe ocorrerá que a vinda de Rama deixará de ser importante. Quando Rama não estava vindo, havia espaço vazio; quando Rama se foi, há espaço vazio. O espaço vazio começa a entrar no foco de nossa mente: as faces desaparecem e o vaso torna-se visível. E, quando sua atenção estiver no espaço vazio, você não poderá pensar.

Você pode fazer apenas uma destas duas coisas: enquanto você perceber pensamentos, você pensará, mas, quando você perceber o espaço vazio, estará vazio por dentro. Contudo, isso seguirá se alternando no quarto corpo. Às vezes você perceberá as duas faces e às vezes o vaso, isto é, às vezes você perceberá pensamentos e às vezes o intervalo. O silêncio virá e os pensamentos também.

A diferença entre o silêncio e o vazio é apenas esta: silêncio significa que os pensamentos ainda não terminaram, mas a ênfase mudou. A consciência se desligou do pensamento e tem prazer com o silêncio, mas o pensamento ainda permanece. A atenção vai para o silêncio, mas os pensamentos voltam às vezes – e, quando conseguem atrair a sua atenção, de novo o silêncio é perdido e começam os pensamentos.

Nos últimos momentos do quarto corpo, a mente ficará se alternando entre os dois. No quinto plano, todos os pensamentos desaparecerão e permanecerá apenas o silêncio. Esse não é o silêncio supremo, porque ele existe em comparação com o pensamento e a fala; silêncio significa não falar, e vazio significa um estado em que não há nem silêncio nem fala; nem as faces permanecem nem o vaso, somente o papel em branco. Se lhe perguntarem se estão presentes as faces ou o vaso, você dirá que nenhum deles.

O estado de absoluto não pensamento ocorre no quinto corpo. No quarto, obtemos vislumbres desse estado; ele será observado de uma maneira inconstante entre dois pensamentos. No quinto, o estado de não pensamento se tornará evidente e os pensamentos desaparecerão.

Agora a segunda parte de sua pergunta: "A identificação é necessária para a formação dos pensamentos, ou os pensamentos podem ocorrer sem nenhuma identificação?" Até o terceiro corpo, a identificação e o pensamento vêm simultaneamente. Há a sua identificação e há a vinda do pensamento, sem intervalo entre os dois. Seus pensamentos e você são um só, e não dois. Quando você está com raiva, está errado dizer que *você* está com raiva. Seria mais correto dizer que você se tornou a raiva porque, para estar com raiva, também poderia ser possível para você não estar com raiva. Por exemplo, digo: "Estou movendo a minha mão". Então, suponha que você diga: "Agora pare a sua mão". E eu diga: "Isso não é possível, ela continua a se mover". Você poderá questionar o que quero dizer quando digo que estou movendo a minha mão. Eu deveria dizer "A mão está se movendo", porque, se eu estiver movendo a mão, deveria ser capaz de pará-la. Se eu não puder parar a minha mão, não poderei dizer que sou o seu dono; isso não tem sentido. Desde que você não pode parar seus pensamentos, sua identificação com eles é completa até o terceiro corpo; até aí, você *é* pensamentos.

Dessa maneira, até o terceiro corpo, alfinetar os pensamentos de alguém significa que estamos alfinetando a própria pessoa. Se você disser a umapessoa "O que você diz está errado", ela nunca sentirá que o que ela diz está errado, mas que *ela* está errada. Brigas e discussões acontecem não por causa de uma afirmação, mas pelo eu – porque há uma identificação completa. Atacar seus pensamentos é atacar você. Mesmo se você disser: "Tudo bem você não concordar com a minha maneira de pensar", sentirá que *você* foi contraposto. Muitas vezes acontece de a ideia em pauta ser deixada de lado e começarmos a brigar por ela meramente porque fomos *nós* que a lançamos, e não por uma outra razão. Você a apoia meramente porque a lançou como o seu ponto de vista – porque você a declarou como a sua escritura, o seu princípio, o seu argumento.

Até o terceiro corpo, não há distância entre você e os seus pensamentos; você é o pensamento. No quarto, começa a hesitação; você começará a ter vislumbres de que você é uma coisa e seus pensamentos são outra. Mas, até então, você não é capaz de interromper seus pensamentos porque a associação está profundamente enraizada. Acima, em outro patamar, você sente a diferença. Você se senta em um galho e seus pensamentos estão em outro, e você percebe que eles não são você. Mas, em sua profundidade, você considera que você e seus pensamentos são um só. Portanto, parece que os pensamentos estão separados e também parece que, se minha associação com eles for quebrada, os pensamentos cessarão; mas eles não cessam. Em algum nível profundo, a associação com os pensamentos continuará.

Mudanças começam a acontecer no quarto plano; você começa a ter uma vaga noção de que os pensamentos e você são diferentes. Entretanto, você ainda não pode declarar isso, e o processo do pensamento ainda é mecânico. Você não pode interromper seus pensamentos nem ocasioná-los. Tanto posso lhe dizer "Pare com a raiva e mostre que você é o mestre", como posso lhe dizer "Cause a raiva e mostre que você é o mestre", e você perguntará: "Como isso pode ser feito? Não podemos ocasionar a raiva". No momento em que você puder, você será o seu mestre e poderá interrompê-la a qualquer momento. Quando você é o mestre, os processos de geração e interrupção da raiva estão ambos em suas mãos. Se você puder gerar a raiva, também poderá interrompê-la.

É interessante notar que interrompê-la é um pouco difícil, mas gerá-la é mais fácil. Assim, se você quiser ser o mestre, comece por gerar a raiva, já que isso é mais fácil. Ao gerá-la, você está tranquilo, mas, quando tem de interrompê-la, já está com raiva e nem está ciente de si mesmo. Como você a interromperá? Sempre é mais fácil começar o experimento gerando a raiva, e não a interrompendo. Por exemplo: você começa a rir, mas então descobre que não pode parar de rir, que é difícil parar de rir. Mas, se você não estiver rindo e quiser gerar gargalhadas, poderá fazê-lo em um ou dois minutos. Então, você conhecerá o segredo da risada – de onde ela vem e como – e depois também conhecerá o segredo de interrompê-la, e ela *pode* ser interrompida.

No quarto plano, você começará a perceber que está separado dos pensamentos, começará a perceber que você não é seus pensamentos. Portanto, como disse anteriormente, sempre que ocorre o estado de não pensamento, a testemunha também vem, e onde há pensamentos, a testemunha é perdida. Nos intervalos entre os pensamentos, você perceberá sua identidade como separada deles e não haverá nenhuma associação entre você e os pensamentos. Mas, mesmo então, você será um observador impotente e não será capaz de fazer muita coisa, embora todos os esforços devam ser feitos no quarto plano.

Assim, defini duas possibilidades nesse plano – uma natural e outra obtida por meio de meditações, e você se alternará entre elas. A primeira possibilidade é o pensamento e a segunda é a compreensão. No momento em que você atingir o segundo potencial do quarto corpo – vivek, ou compreensão –, o quarto corpo se dissolverá, como também a identificação da consciência com a mente. Em outras palavras, quando você atingir o quinto corpo, duas coisas se dissolverão: o quarto corpo e essa identificação.

No quinto corpo, conforme a sua vontade, você pode convocar pensamentos ou não convocá-los. Pela primeira vez os pensamentos serão um meio e não dependerão da identificação. Se você quiser gerar raiva, poderá gerar raiva; se quiser convocar o amor, poderá fazê-lo; se você não quiser convocar nada, tem liberdade para isso; se quiser interromper a raiva semiformada, poderá ordenar que ela se interrompa. Todo pensamento que você quiser ter virá a você, e aquele que você não quiser ter não terá poder de invadir a sua mente.

Há muitos exemplos desses na vida de Gurdjieff. Era considerado um homem peculiar; se duas pessoas estivessem sentadas diante dele, ele poderia olhar para uma com uma imensa raiva e para a outra com o mais intenso amor. Ele mudaria de expressão tão rapidamente que cada uma dessas pessoas faria relatos diferentes sobre ele. Embora ambas tivessem se encontrado com ele juntas, uma diria: "Ele parece ser um homem perigoso"; enquanto a outra diria: "Ele é uma pessoa repleta de amor". Isso é muito fácil no quinto plano.

Gurdjieff estava além da compreensão das pessoas à sua volta. Ele poderia estampar instantaneamente qualquer tipo de expressão no rosto; não havia dificuldade para ele.

A razão por trás disso é que, no quinto corpo, você é mestre de si mesmo; você pode evocar o sentimento que quiser. Então, a raiva, o amor, o ódio, o perdão e todos os seus pensamentos tornam-se meras brincadeiras; dessa maneira, você pode relaxar quando quiser. É muito fácil relaxar depois de uma brincadeira, mas é muito difícil relaxar na vida. Se eu estiver apenas brincando de raiva, não ficarei com raiva depois que você for embora; se eu estiver brincando de falar, deixarei de falar depois de você ir embora. Mas, se o falar for minha *raison d'être*[*], então deverei continuar a falar mesmo depois de sua partida. Mesmo se ninguém escutar, eu escutarei. *Eu* continuarei a falar porque essa é a minha própria vida; não se trata de uma brincadeira após a qual eu possa relaxar; isso é minha própria vida, isso se apoderou de mim. Tal pessoa falará até mesmo à noite; em sonhos, ela juntará uma multidão, falará e também discutirá, brigará e fará tudo o que tem feito durante o dia. Ela continuará a fazer isso em todas as 24 horas do dia porque essa é a sua vida, essa é a sua própria existência.

Sua identificação se desfaz no quinto corpo. Então, pela primeira vez, você fica à vontade e fica vazio por sua própria vontade. Mas, quando surgir a necessidade, você também pensará. Assim, no quinto corpo, pela primeira vez você estará colocando em uso o seu poder de pensar. Seria melhor dizer que, antes do quinto corpo, os pensamentos fazem uso de você; após o quinto, você faz uso deles. Antes disso, não está certo dizer: "Eu penso". No quinto corpo, você também vem a saber que seus pensamentos não são seus: pensamentos de pessoas à sua volta também entram em sua mente. Entretanto, você nem está ciente de que os pensamentos que você considera como seus poderiam ser de uma outra pessoa.

Nasce um Hitler e toda a Alemanha se impregna com os seus pensamentos – mas cada alemão sente que esses são seus próprios pensamentos. Uma pessoa muito dinâmica incute seus pensamentos na mente de outras pessoas, e essas tornam-se ecos de sua mente. Esse dinamismo é tão sério quanto arraigado. Por exemplo: faz 2.000 anos que Jesus morreu, e as ondas de pensamento que ele deixou no mundo ainda permeiam a mente dos cristãos, que as consideram como seus próprios pensamentos. O mesmo acontece com Mahavira, Buda, Krishna e outros. Os pensamentos de uma pessoa dinâmica, boa ou má, podem exercer uma influência na mente humana. O poder de Tamerlane e Genghis Khan[**] sobre nossa mente ainda não foi liberado, nem o poder de Krishna e Rama. Suas ondas de pensamento sempre se movem à nossa volta, somos capazes de recebê-las, e elas nos conduzem a nosso estado mental particular.

---

[*] É pouco usual Osho usar expressões em francês em sua fala, por isso ela foi mantida; sua tradução é "razão de ser". (N. do T.)

[**] Dois bárbaros que conquistaram com crueldade diferentes povos. (N. do T.)

Sempre acontece: um homem que é muito bom pela manhã torna-se ruim ao entardecer. Pela manhã, ele absorve as ondas de Rama; à tarde, pode ser influenciado pelas ondas de Genghis Khan. A receptividade e o tempo causam a diferença. O mendigo sempre vem mendigar de manhã porque o efeito das vibrações maléficas está em seu mínimo no alvorecer. À medida que o dia prossegue e que o sol se cansa de sua longa jornada no céu, as influências maléficas ganham força; dessa maneira, o mendigo não tem esperança de receber caridade de outros ao final da tarde. Se um mendigo pedir a alguém pela manhã para lhe dar alguns trocados, esse alguém não será capaz de recusar de imediato; à medida que o dia segue em frente, fica mais difícil dizer sim ao mendigo. Ao entardecer, a pessoa está cansada depois de um dia de trabalho e agora está completamente preparada para recusar. A condição de sua mente é bem diferente então, assim como toda a atmosfera ao seu redor. Assim, os pensamentos que sentimos como nossos não nos pertencem.

Você sentirá isso apenas no quinto corpo e ficará surpreso ao perceber as maneiras como os pensamentos vêm e vão. O pensamento vem, depois vai embora; ele se apodera de você, depois o deixa em paz. Há incontáveis tipos de pensamentos – e também muito contraditórios; portanto, há confusão em nossa mente. Toda pessoa está confusa, e, se os pensamentos fossem inteiramente seus, não haveria confusão. Primeiro você se agarra a Genghis Khan e depois a Krishna, o que fatalmente criará confusão. Esses dois conjuntos de ondas de pensamento ficam esperando você e, tão logo você mostre sua prontidão, eles passam ao seu interior. Eles estão presentes à sua volta.

Você virá a saber de tudo isso quando sua identificação com os pensamentos se quebrar completamente. A maior mudança será que, até esse momento, você teve pensamentos, mas, a partir de então, terá o pensar. Há uma diferença entre os dois. Os pensamentos são atômicos: eles vêm e vão e são sempre de fora. Está correto dizer que os pensamentos são sempre de fora. O pensar é nosso, mas os pensamentos são de fora. Esse pensar começará dentro de você após o quinto corpo e, então, você será capaz de pensar e deixará de meramente coletar os pensamentos dos outros. Portanto, o pensar do quinto corpo nunca é um fardo sobre você porque ele é seu próprio. Esse pensar que nasce no quinto corpo pode ser chamado de sabedoria, de compreensão ou de algum outro nome que você queira lhe dar.

No quinto plano, você tem sua própria intuição, sua própria compreensão, sua própria inteligência. Nele terminará a influência de todos os pensamentos exteriores e, nesse caso, você será o mestre de si mesmo, atingirá o seu ser e se tornará você mesmo. Terá seus próprios pensamentos, seu próprio poder de pensar, seus próprios olhos e sua própria visão. Depois disso, virá a você apenas o que você quiser; o que não quiser, nunca se aproximará de você. Você pode pensar o que quiser; os outros pensamentos não podem invadi-lo. Você é o mestre, e aqui a questão da identificação não se coloca.

No sexto corpo, o pensar também não é requerido. Os pensamentos são necessários até o quarto corpo; o pensar e a sabedoria são necessários no quinto. No sexto, mesmo esses terminam, já que de maneira nenhuma são requeridos aí. Você se torna cósmico, torna-se uno com brama. Agora não há o outro.

Na verdade, todos os pensamentos estão sempre relacionados com o outro; os pensamentos antes do quarto corpo são elos inconscientes com os outros. Os do quinto corpo são elos conscientes, mas ainda estão relacionados com os outros. Afinal, por que os pensamentos são necessários? Eles são necessários apenas para estabelecer um relacionamento com os outros. Até o quarto, eles são elos inconscientes; no quinto, são elos conscientes. Mas, no sexto, não permanece nenhum "outro" para se estabelecer elos. Todo relacionar-se está terminado; permanece apenas o cósmico. Eu e tu são agora um só, e agora não há lugar nem razão para o pensamento existir.

O sexto é o brama – a realidade cósmica, onde não há pensamentos. Portanto, pode ser dito que no bramanhá o saber. Em realidade, os pensamentos que existem até o quarto corpo são inconscientes; eles contêm uma profunda ignorância. Isso mostra que precisamos de pensamentos para lutar contra essa autoignorância. No quinto, há conhecimento do ser interior, mas ainda somos ignorantes em relação ao que é o outro; para nós, o outro ainda existe. Dessa maneira, no quinto corpo há a necessidade de pensar. No sexto, não há interior ou exterior, não há eu ou tu, não há isso ou aquilo. Agora não há distância que justifique pensamentos; agora o que é é. Assim, no sexto há apenas o saber, e não pensamentos.

No sétimo, o saber também não existe, pois aquele que sabe já não existe e aquilo que poderia ser sabido já não existe. Assim, mesmo o saber cessa no sétimo plano. O sétimo plano não é "sem saber", mas além do saber. Se você quiser, também poderá chamá-lo de um estado de ignorância. É por isso que sempre é o caso de parecerem idênticas uma pessoa de consciência suprema e uma pessoa de absoluta ignorância – porque frequentemente seu comportamento é semelhante. Por esse motivo, sempre há uma grande semelhança entre uma pequena criança e um velho que atingiu a iluminação; eles não são realmente iguais, mas superficialmente se parecem. Às vezes, um iluminado age como uma criança; às vezes, no comportamento de uma criança, temos um vislumbre da santidade; às vezes, um iluminado parece uma pessoa absolutamente ignorante, um tolo completo, e parece que ninguém poderia ser tão tolo como ele. Mas o iluminado foi além do conhecimento, enquanto a criança ainda precisa chegar ao conhecimento. A semelhança repousa no fato de que ambos estão fora do conhecimento.

Questão:

Em que corpo é obtido o que você se referiu como samádi?

Na verdade, há muitos tipos de samádi. Um samádi se dará entre o quarto e o quinto corpo. Lembre-se: o samádi não é um acontecimento de um só plano; ele sempre acontece entre dois planos, ele é o período crepuscular. Pode-se também perguntar se o crepúsculo pertence ao dia ou à noite. Ele não pertence nem ao dia nem à noite; ele é um acontecimento entre o dia e a noite. E assim é o samádi.

O primeiro samádi ocorre entre o quarto e o quinto plano. Esse samádi leva à autorrealização, atma gyan. Outro samádi ocorre entre o quinto e o sexto plano; esse, por sua vez, leva ao brama gyan – saber cósmico. O samádi que ocorre entre o sexto e o sétimo plano é o que leva ao nirvana. Assim, falando de uma maneira genérica, há esses três samádis que ocorrem entre os últimos três shariras, os últimos três corpos.

Há um falso samádi, que também precisa ser reconhecido. Ele ocorre no quarto corpo, mas não é samádi, embora pareça um. No Japão, o termo zen budista para ele é satori; é um falso samádi. Trata-se daquele estado que um pintor, um escultor ou um músico alcança quando está completamente imerso em sua arte, experimentando grande bem-aventurança. Esse é um acontecimento do quarto plano, o psíquico. Se, ao olhar o sol pela manhã, ao ouvir uma melodia, ao ver uma dança ou a abertura de uma flor, a mente ficar completamente imersa no acontecimento, ocorrerá um falso samádi. Ele pode ser ocasionado pela hipnose ou por um falso shaktipat, e também pode ser induzido pelo álcool e por outras drogas, como a maconha, o LSD, a mescalina e o haxixe.

Há quatro tipos de samádi. Em realidade, há três samádis autênticos e eles acontecem em sequência. O quarto é uma experiência absolutamente falsa que simula o samádi; nesse, não há uma experiência real – apenas uma sensação ilusória de samádi; muitas pessoas são desencaminhadas pelo satori. Ele ocorre no quarto plano – o psíquico. Ele não é o processo transitório entre o quarto e o quinto plano, acontecendo bem dentro do quarto corpo. Os três samádis autênticos ocorrem fora dos corpos, em um período transitório, quando passamos de um plano a outro. O samádi é uma porta, uma passagem.

Entre o quarto e o quinto corpo ocorre o primeiro samádi autêntico; nós atingimos o autorrelaxamento e podemos ficar estagnados aí. Geralmente, as pessoas param no falso samádi do quarto corpo porque ele é muito fácil; precisamos despender somente pouca energia, sem fazer nenhum esforço, e ele é obtido facilmente. Dessa maneira, a maioria dos meditadores fica estagnada aí. O primeiro samádi real, que se dá na jornada do quarto para o quinto corpo, é muito difícil; e o terceiro, do sexto ao sétimo, é o mais difícil de todos. O nome escolhido para o terceiro samádi é vajrabhed – penetração do meteorito. Ele é o mais difícil porque é uma transição do ser para o não ser, um salto da vida para a morte, um mergulho da existência para a não existência.

Os três samádis autênticos são o primeiro, que pode ser chamado de atma samádi; o segundo, brama samádi; e o último, nirvana samádi; o falso pode ser chamado de satori. Desse último você deveria se resguardar, pois é fácil ser atingido por ele.

Um outro método para testar a validade do samádi é que, se ele se der dentro de um plano, é falso; ele deve se dar *entre* planos. Ele é a porta e não tem o direito de estar dentro da sala; ele deve estar fora da sala, contíguo à próxima sala.

Questão:

Por que a serpente foi escolhida como um símbolo da kundalini? Por favor, explique todas as razões. No símbolo usado pela teologia, é mostrada uma serpente enrolada com a cauda na boca. No símbolo da missão Ramakrishna, a cauda da serpente toca a cabeça. Por favor, explique o significado disso tudo.

A serpente é um símbolo muito apropriado e significativo para a kundalini. Talvez não haja melhor símbolo do que esse, o que pode explicar sua onipresença. Em nenhum lugar no mundo há uma religião em que a serpente não tenha sido retratada em algum lugar. Isso porque ela tem muitas qualidades que correspondem à kundalini.

A primeira característica que vem à mente quando se menciona a serpente é seu movimento – o rastejar. A primeira experiência da kundalini é a de algo se movendo no interior; você sente como se algo se moveu por dentro – assim como a serpente se move. Outra característica que vem à mente com a noção da serpente é que ela não tem pernas, e mesmo assim se move. Ela não tem um instrumento de movimento – ela é pura energia – e mesmo assim se desloca. A terceira é que, quando uma serpente se acomoda, ela se enrola. Quando a kundalini repousa adormecida dentro de nós, ela também fica da mesma maneira.

Quando algo longo precisa se acomodar em um lugar pequeno, precisa se enrolar; não há outra maneira para isso. Um poder muito grande fica assentado em um centro muito pequeno, então ele pode apenas se enovelar. E, quando a serpente se ergue, ela desenrola os anéis um por um; à medida que se ergue, os anéis se desenrolam. Da mesma maneira, quando a energia da kundalini se ergue dentro de nós, sentimos seu desenrolar.

Às vezes, a serpente, de maneira brincalhona, segura a cauda com a boca. Esse segurar a cauda com a boca também é um símbolo significativo e valioso, e muitos o reconheceram como tal. Ele é valioso porque sugere que, quando a kundalini estiver completamente desperta, ela se tornará circular e começará a formar o próprio circuito interior. Sua cabeça apanhará a própria cauda; a serpente se tornará um círculo. Ora, um símbolo do caminho masculino, da prática espiritual masculina, mostrará a cauda segura pela boca da serpente; isso será agressivo. Um símbolo do caminho feminino, de práticas espirituais femininas, terá a cauda apenas tocando a cabeça; essa é uma cauda rendida – a que não está presa pela boca. Essa é a única diferença.

A cabeça da serpente tem seu próprio significado. A cauda é muito fina, enquanto a cabeça é muito larga. Quando a kundalini desperta completamente, ela chega ao sahasrara. Ela se abre e se espalha como a cabeça da serpente; ela se expande enormemente. É como se muitas flores desabrochassem nela. Então, a cauda fica muito pequena.

Quando a serpente se ergue, esse é um maravilhoso sinal; ela fica ereta sobre a ponta da cauda, e isso é praticamente um milagre. A serpente é um invertebrado, uma criatura sem ossos, e mesmo assim pode realizar esse ato. Isso só pode se dar com a ajuda da energia vital interior dela, pois não há nenhuma outra explicação física. Ela fica em pé pela força da própria vontade; ela não tem uma força material com a qual possa contar. Isso também acontece quando a kundalini desperta: ela não tem apoio físico; trata-se de uma energia imaterial.

Essas foram as razões de a serpente ser escolhida como símbolo, mas há também muitas outras. Por exemplo: ela é uma criatura inocente; daí o deus hindu Shiva – que também é chamado de "o inocente Shiva" – carregá-la na cabeça. Deixada em paz, a serpente nunca perturba ninguém, mas, se for importunada, pode ser muito perigosa. O mesmo se aplica à kundalini. Ela é um poder inocente e não sai de seu caminho para perturbá-lo. Mas, se você a perturbar da maneira errada, ficará em dificuldade; ela pode ser muito perigosa. Dessa maneira, o símbolo da serpente nos lembra que é perigoso perturbar a kundalini de maneira errada. Considerando todos esses aspectos, não havia um símbolo mais adequado do que a serpente.

Por todo o mundo, a cobra é o símbolo da sabedoria. Jesus disse: "Seja esperto e inteligente como uma cobra e inocente como uma pomba". A cobra é uma criatura muito inteligente – alerta, observadora, muito penetrante e rápida, e a kundalini também é assim. Você atinge o cume supremo da sabedoria por meio dela; ela é muito rápida e também muito poderosa.

No passado, quando esse símbolo foi escolhido para a kundalini, talvez não houvesse nada melhor do que a serpente. Mesmo agora não há nada melhor. Talvez no futuro possa haver um novo símbolo – como um foguete. Algum buscador do futuro poderá imaginar a kundalini como um foguete. Sua jornada é a mesma; ele viaja de um céu a outro, de um planeta a outro, e há um vazio no meio. Isso pode tornar-se um símbolo, já que a era decide o símbolo.

Esse símbolo foi escolhido quando o ser humano estava muito próximo do reino animal. Todos os nossos símbolos daquela época foram tirados dos animais porque eles eram tudo o que conhecíamos. A serpente era assim o símbolo mais adequado para definir a kundalini.

Naqueles dias, não podíamos dizer que a kundalini era como a eletricidade, mas agora podemos. Há cinco mil anos, ela não poderia ser mencionada em termos de eletricidade porque não havia noção de eletricidade. Mas a cobra tem a qualidade da eletricidade. É difícil acreditarmos nisso porque muitos de nós não temos experiência com cobras. Podemos não ter nenhuma experiência com a kundalini, mas também dificilmente temos alguma experiência com cobras. Para nós, a serpente é um mito.

Recentemente, foi desenvolvida uma pesquisa em Londres e foi descoberto que 700.000 crianças nunca viram uma vaca. Ora, essas crianças que nunca viram uma vaca não podem ter nenhuma ideia de uma cobra. Assim, será muito diferente toda a maneira de elas pensarem e refletirem – e os seus símbolos.

Hoje a serpente é obsoleta; ela deixou de ser uma parte importante de nossa vida. Houve um tempo em que ela esteve muito próxima de nós; era nossa vizinha e estava conosco 24 horas por dia. Foi então que o ser humano notou sua agilidade, sua inteligência, seus movimentos e a maneira fácil com que ela vai de um lado a outro. Foi então que o ser humano também percebeu que criatura perigosa ela poderia ser. Há histórias de serpentes tomando conta de um menino sem nenhuma intenção malévola, e há situações em que ela mordeu a pessoa mais valente e a matou, de tão perigosa que pode ser. Ela abriga as duas possibilidades.

Quando o ser humano estava muito próximo da serpente, ele deve tê-la observado minuciosamente. O estudo da kundalini também começou aproximadamente na mesma época, e descobriram que tanto a serpente como a kundalini possuíam qualidades semelhantes. Todos os símbolos são significativos e, se eles vieram a nós através das eras, há uma adequação, uma ressonância neles. Mas esse símbolo em particular fatalmente cairá no desuso; o símbolo da serpente não durará muito tempo. Não poderemos chamar a kundalini de poder da serpente, pois onde está agora a pobre serpente? Ela não é mais nossa vizinha, não temos relação com ela, nem mesmo a vemos nas estradas. Em razão da ausência de cobras em nossa vida diária, levanta-se a questão de sua adequação como símbolo. Quando ela era o único símbolo, essa questão não se colocava.

Questão:

Dizem que, quando a kundalini desperta, ela come a carne e bebe o sangue. O que isso significa?

Isso significa alguma coisa, sim, e essa descrição é literalmente quase verdadeira. Quando a kundalini sobe, muitas transformações se dão dentro do corpo. Sempre que uma nova energia se manifesta no corpo, sua velha composição passa por uma completa mudança, inevitavelmente; o corpo funciona de muitas maneiras desconhecidas, e nem estamos cientes delas. Por exemplo: tome o caso de um avarento. A avareza é uma qualidade da mente, mas seu corpo também ficará avarento; seu corpo começará a coletar aquelas substâncias que possam ser requeridas no futuro. Ele as vai acumulando sem nenhuma razão até atingir um ponto em que se torna um incômodo e um mal-estar.

Vamos considerar uma outra pessoa que seja covarde. Seu corpo coletará todos os elementos que estão ligados ao medo. Suponha que o corpo queira tremer de medo e não tenha as substâncias necessárias para isso – o que ele faria? Você demanda medo do corpo e ele não tem as glândulas e os hormônios necessários; o que ele fará? O corpo mantém um estoque pronto, já que sabe de suas necessidades. O corpo de uma pessoa medrosa estimula glândulas relacionadas ao medo para facilitar que ela penetre no medo; a pessoa que transpira de medo terá glândulas muito fortes de perspiração; ela tem a capacidade de perspirar intensamente. Esse arranjo é absolutamente necessário porque suas demandas podem ser muitas no curso de um único dia. Assim, o corpo armazena elementos de acordo com a requisição da mente – e com excedentes.

Quando a mente muda, o corpo também muda; quando a kundalini se ergue, há uma mudança completa em seu corpo. Nessa transformação, sua massa corpórea pode diminuir e também seu sangue, mas diminuirão exatamente de acordo com sua necessidade. Assim, o corpo será completamente transformado e permanecerão só as matérias e o sangue necessários; o restante será eliminado. Somente então você se sentirá leve, somente então você será capaz de voar no céu interior. Essa será a diferença.

O que foi dito está certo. O meditador precisa ter uma alimentação especial e arranjos especiais para viver, senão se encontrará em dificuldade. Quando a kundalini se ergue, produz muito calor no interior, pois se trata de uma força elétrica; trata-se de uma energia de uma voltagem muito alta. Assim como eu lhe disse que a serpente é um símbolo da kundalini, em alguns lugares o fogo também é um símbolo da kundalini. Esse também é um símbolo muito bom.

A kundalini queimará como um fogo dentro de você e as chamas subirão alto. Muitas coisas queimarão junto e uma certa secura poderá resultar do despertar da kundalini. Portanto, a personalidade deveria estar muito harmoniosa e alguns canais de qualidades "suculentas" deveriam ser desenvolvidos. Por exemplo: tome uma pessoa raivosa; se a sua kundalini despertar, ela enfrentará dificuldades. Ela é uma pessoa seca e grosseira; então, se um fogo queimar dentro dela, tudo ficará mais difícil. Uma pessoa amorosa tem uma profunda harmonia química; há uma fluência química dentro dela, e ela não será afetada de uma maneira adversa pelo despertar da kundalini.

O que foi dito se refere a todos esses detalhes. Tudo foi colocado de uma maneira crua porque a arte de expressão nos dias antigos não era muito desenvolvida e a abordagem era tosca. Mas o que foi dito é muito verdadeiro: a carne queimará e também o sangue e a medula, pois você mudará completamente; você será uma pessoa completamente nova. Todos os seus padrões e a sua composição precisam passar por uma mudança. O meditador precisa manter isso em mente e se preparar adequadamente.

9

Profundidades ocultas
da kundalini e da espiritualidade

Questão:

Você disse que as práticas da ioga – ássanas, pranaiamas, mudras e bandhas – foram descobertas no estado de meditação. Em diferentes estados de meditação, diferentes posturas são formadas pelo corpo, a partir das quais pode ser deduzida a profundidade da meditação do meditador. De uma maneira inversa, o mesmo estado interior pode ser ocasionado ao se formar as necessárias posturas? Nesse caso, a meditação pode ser obtida pelo uso de várias ássanas, pranaiamas, mudras e bandhas? Quais são os seus usos e importâncias?

Primeiro veio a experiência de meditação e, com ela, a descoberta de que o corpo assume muitas posturas. Na verdade, sempre que a mente está em um estado particular, o corpo adota uma postura correspondente apropriada. Por exemplo: quando você está repleto de amor, sua face assume uma certa expressão, e, quando você está com raiva, sua expressão torna-se totalmente diferente. Na raiva, você range os dentes e fecha os punhos e o corpo está pronto para lutar ou para fugir. Quando você está em um estado de ânimo de perdão, os olhos estão suaves e as palmas das mãos abertas; quando uma pessoa está repleta de perdão, seus punhos nunca se fecham. Assim como o fechar os punhos é uma preparação para a luta, a soltura do punho e o abrir as palmas das mãos é uma indicação da ausência da ânsia de lutar; trata-se de uma confiança na proteção. O fechar os punhos é para amedrontar a outra pessoa.

A natureza do corpo é a de que ele funciona de acordo com o estado da mente. O corpo segue a mente, ele sempre segue atrás. No todo, sabemos o que uma pessoa fará na raiva e o que fará no amor – também o que fará em um estado de confiança; mas não sabemos como ela reagirá aos estados mais profundos da mente.

Quando estados profundos são criados na mente, muita coisa também acontece no corpo. Vários mudras – gestos – e também muitas ássanas – posturas – podem ser observados, e eles revelam as mudanças interiores. Na verdade, os ássanas são formados na hora da preparação de estados interiores particulares; mudras são formados mais tarde e dão informação sobre o estado interior da pessoa.

Quando ocorrem mudanças no interior, o corpo precisa encontrar um ajuste equivalente a elas. Quando a kundalini desperta por dentro, o corpo terá de assumir todos os tipos de posições não usuais para dar passagem à energia. A espinha se curvará de muitas maneiras para deixar que a energia suba; a cabeça também toma diferentes posições quando a kundalini desperta; o corpo assume posturas que nunca adotamos antes. É como quando acordamos: o corpo assume a posição ereta e, quando dormimos, o corpo precisa se deitar – ele não pode ficar em pé ou sentado.

Suponha que haja uma pessoa que não saiba o que é dormir desde que nasceu: ela nunca se deitará. Se, após trinta anos, ela quiser adormecer, ela se deitará pela primeira vez. Pela primeira vez a condição de sua mente terá mudado a esse respeito, e ela dormirá. Entretanto, ela ficará muito intrigada pela nova postura, já que seu corpo jamais a assumiu. Até então, ela costumava se sentar, ficar em pé, caminhar, mas nunca se deitou. Agora ela tem de se deitar para criar as condições necessárias dentro de si para dormir. Quando o corpo está deitado, a mente acha mais fácil deslizar para uma condição particular. Mas pessoas diferentes têm maneiras diferentes de se deitar, pois o estado mental de cada um é diferente.

Por exemplo: um homem de uma sociedade tribal não colocará um travesseiro sob a cabeça, mas uma pessoa civilizada achará impossível dormir sem um travesseiro. O membro de uma tribo pensa tão pouco que o fluxo do sangue em sua cabeça é muito menor. Para dormir, é essencial que o fluxo sanguíneo para a cabeça seja o menor possível. Se ele for demais, você não será capaz de dormir; se os neurônios do cérebro não relaxarem, será difícil para você relaxar, pois o sangue continuará a fluir para lá. Então, você adicionará um travesseiro a mais e depois um outro. Quanto mais uma pessoa for educada, civilizada e culta, maior o número de travesseiros que ela precisa sob a cabeça. Para diminuir o fluxo do sangue em direção ao cérebro, o pescoço deveria estar praticamente na vertical.

A postura do corpo corresponde ao estado mental da pessoa. Assim, com o despertar da energia interior e com os seus movimentos de várias maneiras, ássanas começam a se formar. Os diferentes chacras também levam o corpo a diferentes ássanas, e, dessa maneira, várias posturas são criadas. Quando um estado particular começa a se formar por dentro, a aparência exterior das mãos, da face e dos olhos muda. Isso acontece na meditação. Como resultado, perguntamos se o contrário também é verdadeiro, isto é, quando executamos esses ássanas, é possível entrar em meditação? É necessário entender isso.

Esses processos se dão na meditação, mas, mesmo assim, não são inevitáveis. Em outras palavras, todos os meditadores não passam pelos mesmos processos corporais. É preciso ter uma condição em mente: o estado corporal e mental de cada meditador é diferente do de outros; portanto, nem todos passarão pelos mesmos ássanas. Por exemplo: se o fluxo sanguíneo for menor em direção à cabeça de um meditador e se um fluxo maior for requerido para o despertar da kundalini, ele imediatamente, sem saber, entrará em shirshasana, a postura de ponta-cabeça. Nem todos os meditadores assumirão esse ássana, porque a taxa na qual o sangue flui em cada meditador é diferente; cada um tem necessidades diferentes. Assim, os ássanas se formarão de acordo com a necessidade de cada meditador.

Quando nós selecionamos ássanas e os praticamos, não sabemos que ássana em particular nos é útil ou necessário. Os ássanas podem tanto ser prejudiciais como úteis. Se eles não forem requeridos no caso de um meditador específico, podem se revelar prejudiciais; se forem necessários, serão de ajuda. Uma dificuldade é que isso é algo incerto, e uma outra dificuldade é que, quando algo está acontecendo no interior e, simultaneamente, algo começa a acontecer também exteriormente, então a energia se move para fora. Quando executamos um ato a partir do exterior, ele pode permanecer meramente físico.

Ora, como eu disse, na raiva os punhos se fecham automaticamente, mas não é necessariamente o caso de você induzir a raiva pelo fechar dos punhos. Podemos fazer uma demonstração de raiva enquanto não há nenhuma raiva interior. Se desejarmos estimular a raiva interior, o fechar os punhos pode ser de ajuda, mas não poderemos dizer, com certeza, que a raiva acontecerá. Se tivermos de escolher entre fechar e não fechar os punhos, a possibilidade de estimular a raiva definitivamente é maior com eles fechados, e essa ajuda está disponível.

Quando uma pessoa está tranquila, suas mãos assumirão o mudra necessário. Mas, se uma pessoa assume a formação desse mudra das mãos, não se pode dizer com certeza que sua mente atingirá a paz. Mesmo assim, atitudes particulares do corpo ajudam a mente a ficar tranquila. O corpo mostrará sua prontidão em cooperar; então, cabe à mente fazer o necessário. Porém, mudar o corpo não significa que a mente mudará, e a razão é que o estado da mente precede o estado do corpo. É por isso que, quando a mente muda, o corpo segue o exemplo. Entretanto, uma mudança inicial no corpo pelo menos pode criar a possibilidade de uma mudança na mente, mas isso não é uma certeza.

Assim, sempre há o perigo de ilusão. Uma pessoa pode continuar a executar ássanas e mudras e achar que fez tudo. E isso tem acontecido. Por milhares de anos, as pessoas vêm fazendo ássanas e mudras achando que estão praticando ioga. Então, gradualmente, perdeu-se na ioga o conceito de meditação. Quando se fala em ioga sadhana, o que vem à mente é ássanas, pranaiamas e coisas do gênero. Se você perguntar a alguém o que é ioga, ele pensará em ássanas, pranaiamas... Dessa maneira, sempre insisto que, se os requisitos de um meditador forem adequadamente entendidos, certas posições corporais poderão se revelar uma ajuda para ele, embora isso não possa ser inteiramente confiável. É por esse motivo que sempre sou a favor de trabalhar a partir do interior, e não do exterior.

Se algo começar do interior, poderemos entender seu significado. Suponha que um meditador se sente em meditação e sinta que, interiormente, quer explodir em choro, mas se segura. Posso perceber que, se ele chorar por dez minutos, também começará a se mover e a catarse se dará. Contudo, ele tem medo de que possa explodir em choro, então ele se segura. Ora, se lhe disserem para não se segurar, mas para chorar, ele no começo apenas fingirá chorar, mas em dois ou três minutos as lágrimas se tornarão genuínas, já que o impulso de chorar estava querendo se manifestar a partir do interior. O choro quebrará a barreira, e o que precisa fluir para fora assim o fará.

Um outro meditador sente vontade de dançar, mas se segura. Se lhe dissermos para dançar, no início ele apenas representará, já que a dança ainda não veio do interior. Uma vez que ele comece a dançar, isso dará à dança uma oportunidade de se manifestar. Logo isso começará e a dança interior se fundirá com a dança exterior. Entretanto, se não houver a ânsia interior de dançar e dissermos ao meditador para dançar, ele continuará a dançar, mas nada acontecerá.

Assim, muitas coisas precisam ser consideradas. Há muitas, muitas condições ligadas a tudo o que lhe disse. Se você mantiver isso em mente, entenderá. Se não quiser ficar sobrecarregado com tudo isso, o melhor é começar a partir do interior e deixar as coisas acontecerem espontaneamente. Não interrompa o acontecimento exterior, não lute contra ele, e, assim, as coisas acontecerão por si mesmas.

Questão:

Nos experimentos de meditação que você está atualmente conduzindo, quais são as diferenças físicas e psíquicas ocasionadas pelo sentar e pelo ficar em pé?

Faz uma grande diferença se você estiver sentado ou em pé. Como lhe disse anteriormente, bem no fundo, toda condição do corpo está conectada com um estado mental correspondente. Se dissermos a alguém para ficar acordado quando ele está deitado, será difícil para ele assim o fazer; se lhe dissermos para ficar alerta quando ele estiver em pé, isso será fácil; se lhe dissermos para dormir quando ele estiver em pé, isso será difícil; se lhe dissermos para dormir enquanto estiver deitado, isso será fácil.

Sempre há o medo de que o meditador possa adormecer ou ficar sonolento. Se ele ficar em pé, isso ajudará a desfazer esse medo; se ele ficar em pé, será menor a possibilidade de sonolência.

A segunda parte do experimento é a atitude de testemunhar – a da consciência. Inicialmente, é difícil manter a consciência enquanto deitado; mais tarde, será fácil. Sempre é fácil continuar a testemunhar quando você está em pé. O processo inicial da hipnose que o levará ao transe é, ao contrário, muito retardado pelo ficar em pé.

Há dois ou três pontos a mais. Quando você fica em pé, os movimentos do corpo são livres; quando você se deita, seus movimentos não serão tão livres; quando você se senta, metade do corpo não será capaz de participar. Suponha que suas pernas queiram dançar e você está sentado: então as pernas não podem dançar. Você nem saberá o que elas necessitam, já que os pés não têm como se expressar; há sinais sutis que falhamos em captar. Se você estiver em pé, os pés começarão a se erguer e você saberá que eles querem dançar, mas, se estiver sentado, eles não podem lhe dar sinais do que querem fazer.

Na verdade, a tradição de se sentar para a meditação foi especialmente estabelecida para suprimir todos os movimentos subsequentes do corpo. Siddhasana, padmasana e sukhasana precisavam ser praticados extensivamente antes de a meditação ser ensinada, a fim de que os movimentos corporais pudessem ser interrompidos. Assim, desde o início há a possibilidade de a energia se erguer no interior, e muitas coisas acontecem como resultado. Você sente vontade de dançar, de cantar, de saltar, de correr... Essas ações emocionais estão sempre associadas com a loucura. Os loucos choram, riem, dançam ou pulam, e, quando o meditador faz o mesmo, parece louco.

Siddhasana, padmasana e outras posturas sentadas foram praticadas intensamente para assegurar que o corpo estivesse em pleno controle e o meditador não parecesse louco para o mundo. Ora, essas posturas sentadas farão com que suas pernas fiquem rígidas. Seu peso é maior perto do chão, e, quanto mais longe do chão, menor ele fica. Sua parte inferior fica pesada como um templo ou uma pirâmide: larga na base, estreita no topo. A possibilidade de movimento é mínima, praticamente nula.

O movimento máximo é possível quando você está em pé – quando não há nada que o mantenha fixo. Quando você cruza as pernas e se senta, forma uma base imóvel; uma grande parte de seu corpo fica presa pela gravidade. Então, você coloca sua mão de tal maneira que a possibilidade de movimento é minimizada. A espinha dorsal também é mantida reta e fixa. Antes que lhe fosse permitido entrar em meditação, esse tipo de ássana precisava primeiro ser perfeito após um longo período de prática.

Minha abordagem sobre o assunto é justamente a oposta. Em minha visão, não há uma diferença muito fundamental entre nós e os loucos. Somos todos loucos reprimidos; a nossa é uma insanidade suprimida. Você pode dizer que somos insanos de uma maneira normal ou que somos "normalmente insanos". Há muito em comum entre nós e os insanos. Aqueles que vão um pouco além em sua insanidade se encontram em dificuldade, mas a insanidade repousa dentro de todos nós e tenta encontrar seus próprios escapes.

Quando você está com raiva, fica temporariamente insano. Numa hora dessas, você faz coisas que nunca sonharia em fazer quando está na posse completa de suas faculdades. Você grita ofensas, atira pedras, quebra móveis... Você até pode saltar do telhado; você pode fazer qualquer coisa. Se uma pessoa insana fizer tais coisas, poderemos entender, mas, quando uma pessoa "normal" faz isso, diremos meramente que ela está irada. Se essas coisas não estivessem dentro de nós, não teriam saído, e tudo isso está dentro de nós e todos nós as estamos guardando. Meu entendimento é que, antes de entrar em meditação, deveríamos nos livrar delas. Quanto menos estivermos sobrecarregados com essa insanidade, mais leves estarão nossas mentes.

Portanto, enquanto o velho método do siddhasana levava anos para produzir resultados, esse novo método executa a mesma tarefa em alguns meses. O velho método vinha a frutificar apenas após muitos renascimentos; esse pode levar apenas meses. A loucura interior precisa ser liberada, mas, com o velho método, a catarse era posta em prática pelo corpo etéreo, em vez do físico. Ora, isso é algo completamente diferente, pois a risada, o choro, a dança e coisas assim estão todas dentro de você, e é absolutamente necessário eliminá-las.

Se você treinou rigorosamente seu corpo físico para ficar absolutamente imóvel por horas seguidas, então realizará a catarse em seu corpo etéreo. Ela não será visível aos outros, mas só para você. Você agora se protegeu da sociedade; agora ninguém saberá quando você dança ou canta, já que só fará isso interiormente. Essa dança e esse cantar serão como um sonho; você dançará por dentro, chorará por dentro, rirá por dentro, mas seu corpo físico não dará evidências do que está acontecendo. Ele se sentará quieto sem nenhum traço do acontecimento interior.

Minha opinião é que não é necessário passar por tantos problemas por uma coisa tão pequena. Não faz sentido fazer com que um buscador passe anos em disciplinas físicas antes de levá-lo à meditação. Há também outras considerações. Se uma pessoa se tornar muito eficiente em controlar o corpo e conseguir reprimir completamente o corpo físico, haverá a possibilidade de que nenhuma vibração surja no corpo etéreo, e ele poderá ficar absolutamente inerte. Sob tais condições, é possível que nenhum processo mais profundo se dê em seu interior, e essa pessoa conseguirá se sentar como uma estátua. Sob tais condições, quando todos os processos forem suprimidos no interior, há o receio de o indivíduo ficar insano.

No passado, os meditadores ficavam insanos. Entretanto, o método que adoto, se praticado até mesmo por um louco por um ou dois meses, o livrará da loucura. Não há nenhuma probabilidade de uma pessoa normal ficar louca quando praticar esse método, já que, com o meu método, não estamos suprimindo a insanidade dentro de nós, mas jogando-a fora. Os velhos métodos de meditação transformavam muitos em loucos, e esse fato era encoberto com belas palavras. Dizíamos sobre tal pessoa: "Ele está extasiadamente louco, está intoxicado por Deus, tornou-se um santo". Mas o fato permanece: ele ficou absolutamente maluco. Ele reprimiu algumas coisas em si mesmo a tal ponto que perdeu o controle sobre elas.

Ao usar meu método, você pode fazer duas coisas. Em primeiro lugar, por meio da catarse, você pode jogar fora todo o lixo que está dentro de você. Primeiro você precisa ficar leve – tão leve que nem o menor traço de loucura permaneça em seu interior; então, você viaja para dentro. O que parece loucura nesse método é intrinsecamente um processo de torná-lo livre de toda loucura. Prefiro que o que estiver dentro de você seja jogado fora e, com isso, os fardos, as tensões e a ansiedade...

O fato mais interessante é que, quando a loucura lhe vem, você não tem controle sobre ela, mas você é o mestre da loucura autoinduzida. Uma vez que tenha ciência desse fato, a loucura nunca poderá se apoderar de você.

Observe uma pessoa dançando, cantando, rindo ou gritando por vontade própria; ela está fazendo tudo o que um louco faria, e há apenas esta diferença: o louco não tem controle sobre suas ações, enquanto o meditador as está conduzindo. Sem a completa cooperação do meditador, essa loucura não pode durar um minuto; ele pode interrompê-la no momento que quiser. Ora, essa pessoa nunca poderá enlouquecer, pois viveu a loucura, percebeu a loucura e se familiarizou com ela. Ela pode ligar e desligar a loucura conforme sua vontade; a loucura está agora sob controle.

Nossa cultura nos força a acreditar que a loucura está além de nosso controle; ela tornou-se involuntária. Assim, quando ela nos acontecer, não poderemos controlá-la

Considero esse método muito valioso para o futuro da humanidade, pois, a cada dia, toda a civilização está se direcionando para a completa insanidade. Todos precisarão dessa técnica para livrar-se das loucuras; não há outra maneira.

Se uma pessoa jogar fora sua loucura dessa maneira durante uma hora de meditação, as pessoas gradualmente se acostumarão com isso e saberão que essa pessoa está praticando meditação. Contudo, se uma pessoa fizer um ato semelhante na calçada, será trancafiada; se ela liberar sua raiva entre as pessoas, todos os seus relacionamentos ficarão afetados e esfacelados.

Essa loucura precisa sair de uma maneira ou de outra, senão a pessoa ficará em dificuldade. Se tal pessoa não deixar que ela seja liberada voluntariamente, essa loucura encontrará centenas de maneiras de se manifestar. Às vezes, a pessoa se embriaga para liberar sua loucura; às vezes, expressa sua loucura em uma louca dança frenética. Mas por que passar por todas essas revoluções? As novas maneiras de dançar que emergiram nas últimas décadas, como o tuíste, o *hip-hop* e outras, não são desenvolvimentos acidentais. Por dentro, o corpo deseja se mover, e não damos nenhum espaço para o movimento. Então, ele se sacode espontaneamente de uma maneira mais elaborada.

A meditação é um meio de expressar a loucura sem todas essas revoluções. Na meditação, estamos meramente aliviando aquilo que sabemos estar dentro de nós e precisa ser liberado. Se ensinarmos esse método de catarse para as crianças como parte de sua educação, haverá uma brusca diminuição do número de loucos. A loucura pode ser removida para sempre, mas, em vez disso, percebemos que ela está aumentando a cada dia. À medida que nossa sociedade progredir, ela ficará mais e mais extravagante.

Nossa cultura nos ensina a reprimir; a etiqueta não nos permite chorar ou rir alto, não nos permite dançar ou gritar quando queremos. De todos os lados ela coloca pressão sobre nós para reprimir tudo o que precisa acontecer dentro de nós. Então, um dia, explode a pressão acumulada dessas emoções e a situação sai do nosso controle. Assim, a catarse é o primeiro passo em nosso método de meditação, e, por meio dela, aliviamos todas as nossas emoções encurraladas.

É por esse motivo que aconselho a ficar em pé durante o experimento, porque então você ficará ciente do mais leve movimento interior e será capaz de se mover livremente. O meditador deve estar em um quarto fechado; ele não apenas deve ficar em pé, mas tirar toda a roupa, de tal modo que nada possa prendê-lo. Ele deve estar absolutamente livre para deixar que todos os movimentos aconteçam; não deve haver o menor obstáculo em nenhuma áreade sua personalidade que interfira em seus movimentos. Dessa maneira, ele fará rápidos progressos, e aquilo que leva anos e mesmo vidas para acontecer por meio da hatha ioga e de outras iogas acontecerá no curso de alguns dias por meio desse método.

As prolongadas práticas da ioga não servirão para o mundo; agora as pessoas não têm dias ou mesmo horas para desperdiçar. Precisamos de métodos que produzam resultados rápidos. Se uma pessoa desenvolver uma programação de sete dias, ao final desse período ela deveria começar a sentir que algo lhe aconteceu, deveria se tornar uma pessoa diferente nesse período de sete dias. Se um experimento der resultado apenas em sete nascimentos, ninguém jamais se aproximará desse experimento. Os velhos métodos afirmavam dar resultado após muitos nascimentos: "Medite regularmente nesta vida e o resultado fatalmente virá em uma outra vida". Aquelas pessoas eram muito pacientes e perseverantes; elas praticavam meditação, muito embora o resultado fosse prometido para vidas posteriores. Agora não encontraremos nenhuma pessoa assim. Se o resultado não for atingido hoje mesmo, ninguém desejará esperar mesmo até amanhã.

E quem pode confiar no amanhã? Quando as bombas atômicas caíram sobre Hiroshima e Nagasaki, nosso amanhã desapareceu. Milhares de moças e rapazes americanos se recusaram a ir para a faculdade; eles diziam: "O mundo permanecerá intacto quando terminarmos nossos estudos? Nunca se sabe o que pode acontecer amanhã!" Eles acharam que estudar era perda de tempo e fugiram da escola, argumentando com os pais: "Após seis anos de universidade, o mundo ainda existirá? Vocês garantem isso? Por que não deveríamos fazer completo uso desses seis preciosos anos de nossa vida?"

Quando o amanhã se torna tão incerto, não faz sentido falar em termos de muitas vidas. Ninguém está disposto a ouvir, ninguém ouve. Assim, digo para praticar hoje e para sentir o resultado imediatamente. Se uma pessoa estiver disposta a me dar uma hora para esse experimento, ela deveria sentir algum resultado após essa uma hora. Somente então ela será capaz de me dar uma hora de seu tempo amanhã; sem isso, não é certo que ela amanhã voltará. Nesta época, as necessidades mudaram. No mundo dos carros de boi, tudo se movia lentamente, e a meditação também se movia muito lentamente. Estamos agora na era do jato; agora a meditação não pode se dar ao luxo de ser lenta. Ela precisa ganhar velocidade.

Questão:

No que diz respeito à energia da kundalini, por favor, explique a importância e o significado do seguinte: prostrar-se no chão em reverência a uma pessoa santa, tocar seus pés com a cabeça ou com as mãos, venerar lugares sagrados, as bênçãos de pessoas divinas dadas ao tocar a cabeça ou ao tocar as costas de um buscador, o cobrir a cabeça pelos siques e muçulmanos ao entrarem em mesquitas.

Há muitas razões para essas coisas. Como disse anteriormente, quando estamos repletos de raiva, sentimos vontade de bater em alguém, sentimos vontade de ter sua cabeça sob nossos pés. Como isso não é possível, fazemos o que está mais próximo disso: atiramos um sapato nele. É muito difícil colocar um homem sob nossos pés, então atiramos um sapato em sua cabeça para mostrar o quanto estamos com raiva dele. Mas ninguém jamais questiona o que há por trás desse ato de atirar sapatos. E ele não é praticado por apenas uma seita ou um país; é universal. Sempre que um homem está com raiva de outro, seu forte desejo é subjugá-lo, colocar os pés sobre sua cabeça.

Quando o ser humano ainda era primitivo, talvez ele descansasse apenas após colocar o pé sobre a cabeça de seu oponente, já que o ser humano não tinha sapatos. Assim, quando você está no estado de raiva, sente vontade de colocar seu pé sobre a cabeça de alguém. Contudo, o oposto também é verdadeiro: quando você está repleto de confiança e reverência, sente vontade de colocar sua cabeça aos pés de alguém. Há muitas razões para essas duas vontades.

Há momentos em que você sente necessidade de se prostrar, e esses são os momentos em que sente a energia vital fluindo de alguém em sua direção. Na verdade, sempre que quiser receber algum tipo de fluxo, você precisa se curvar. Se quiser encher seu jarro em um rio, deverá se curvar. A pessoa precisa se curvar para receber o fluxo de alguma corrente, porque todas as correntes fluem para baixo. Dessa maneira, se você sentir que algo está fluindo de alguém, quanto mais a sua cabeça estiver curvada nesse momento, mais receptivo se tornará.

Em segundo lugar, a energia flui a partir das extremidades pontiagudas da pessoa, por exemplo: dos dedos das mãos e dos pés. A energia não flui de todos os lugares. A bioenergia, a energia do shaktipat ou qualquer energia que flui para fora do corpo, flui pelas pontas dos dedos das mãos e dos pés. Ela não flui de todo o corpo, mas apenas das extremidades pontiagudas. Assim, aquele que precisa receber a energia colocará a cabeça aos pés do mestre, e aquele que quer dar a energia colocará as mãos sobre a cabeça daquele que for receber.

Esses são temas muito ocultos e profundamente científicos. É natural que muitos imitem a ação: milhares de pessoas colocam a cabeça aos pés dos outros sem nenhum propósito, e há milhares que colocam as mãos sobre a cabeça de outros sem que isso signifique coisa alguma. Assim, um princípio muito profundo tem gradualmente se tornado uma mera formalidade. Quando uma formalidade continua por um longo período, fatalmente as pessoas se rebelarão contra ela e dirão: "Que bobagem é essa? Qual o sentido de colocar a cabeça aos pés de alguém? E o que acontece quando alguém apenas toca sua cabeça?" Em 99 por cento das vezes isso é pura tolice; entretanto, em um por cento, ainda é significativo.

Houve um tempo em que foi 100 por cento significativo, porque era um gesto espontâneo. Você não tinha de tocar os pés de alguém por achar que deveria. Quando você sentia, você tinha de cair aos pés de alguém, e você não se segurava, pois sentia! E não era *obrigação* da outra pessoa colocar a mão sobre a cabeça recipiente. Há momentos em que a mão fica muito pesada e que algo está pronto para fluir dela. Se o outro estivesse pronto a receber, somente então a mão era colocada sobre a cabeça. Mas, após um longo período, tudo se transformou em um mero ritual sem sentido. E, quando se torna sem sentido, é criticado. Essas críticas passaram a ser dominantes, pois perdeu-se a ciência por trás da tradição. Esse é um gesto muito significativo, mas é significativo apenas quando houver um mestre vivo e um discípulo receptivo.

Uma pessoa cai aos pés de um Buda ou de um Mahavira e experimenta um deleite único; ela sente jorrar graça sobre si. Ninguém será capaz de vê-la de fora porque esse é um acontecimento completamente interior, mas é uma realidade para aquele que já o experimentou. Se outros pedirem prova dele, nenhuma prova poderá ser oferecida. Na verdade, esta é a dificuldade com todos os fenômenos ocultos: o indivíduo tem a experiência, mas não tem prova dela para apresentar aos outros. Então, essa pessoa parece ter uma fé cega; ela diz: "Não posso explicar, mas algo aconteceu". Os que não compartilham sua experiência se recusam a acreditar nela, pois não sentiram nada; eles acham que essa pobre criatura foi iludida.

Se uma pessoa dessas cair aos pés de Jesus, nada lhe acontecerá e ela começará a proclamar em voz alta que isso é uma tolice: ela colocou a cabeça aos pés de Jesus e não aconteceu nada. É como um jarro que se curva para absorver água; no seu retorno, ele diz: "Curvei-me e fui preenchido". Um outro jarro com uma tampa pode fazer o mesmo para tentar isso, e pode entrar fundo no rio, mas voltará vazio. Depois ele sustentará que tudo aquilo era falso e que ninguém fica preenchido ao ser imerso no rio; ele dirá: "Eu próprio me curvei, eu próprio mergulhei no rio, mas voltei vazio".

Esse é um acontecimento duplo. Não é suficiente que a energia flua a partir de uma pessoa; é igualmente importante que você esteja vazio e aberto. Muitas vezes, o fluxo de energia vindo de alguém não é tão importante quanto a sua preparação, a sua abertura para recebê-lo. Se você estiver suficientemente aberto, então, mesmo que a energia esteja ausente na pessoa diante de você, fontes mais elevadas de energia começarão a fluir em sua direção e o alcançarão. O fato mais surpreendente é que, se você deixar seu coração aberto mesmo diante de uma pessoa que nada tenha a oferecer, receberá energia dela. Mas a energia não vem dela; ela é apenas um veículo e está completamente inconsciente do fenômeno que se deu.

A segunda parte de sua pergunta é sobre entrar em uma mesquita com a cabeça coberta. Muitos faquires preferem cobrir a cabeça e então praticar meditação, e isso tem os seus usos. Quando a energia desperta, sua cabeça pode ficar muito pesada. Se você a cobrir com um tecido, isso impedirá que a energia flua para fora e criará um circuito dentro de você e, assim, intensificará sua meditação. Em função disso, cobrir a cabeça pode ser muito útil; se você meditar com a cabeça coberta, imediatamente sentirá a diferença. Então, o que poderia levar quinze dias para se concluir, poderá ser concluído em cinco.

Quando a energia alcança a cabeça, há uma chance de ela poder ficar difusa e dispersa. Se ela puder ser confinada e se um circuito for então formado, sua experiência será muito mais profunda. Mas, hoje em dia, esse cobrir a cabeça nas mesquitas é uma mera formalidade; agora isso não tem sentido. Entretanto, o fato permanece: sempre houve muito significado por trás desse costume.

É compreensível que alguma energia possa ser recebida ao tocar os pés de alguém ou por meio da imposição das mãos em uma benção. Mas uma pessoa se curvando diante de uma sepultura ou diante de uma imagem em um templo... O que ela ganhará com isso? Também aí há muitas coisas a serem compreendidas. Por trás da criação de imagens e de ídolos repousa um significado muito científico.

Suponha que eu esteja para morrer e que haja algumas pessoas à minha volta que me amem, que perceberam algo em mim, que procuraram e encontraram algo em mim. Ora, essas pessoas podem me perguntar de que maneira poderiam se lembrar de mim. Assim, antes de eu morrer, podemos decidir o que deveria me simbolizar após minha morte. Poderia ser uma imagem, uma pedra, uma árvore, mesmo uma plataforma, minha sepultura, o local onde foram colocadas minhas cinzas, uma peça de roupa, meus chinelos ou qualquer outra coisa. Mas isso deveria ser decidido de antemão entre nós; esse é um entendimento que temos. Isso não pode ser decidido só por uma parte; eu deveria ser uma testemunha. No que diz respeito ao símbolo, são necessários minha aceitação e meu endosso. Então, posso dizer que, se elas estiverem diante de meu símbolo e pensarem em mim, estarei presente em um estado incorpóreo. Preciso dar essa promessa e continuar o meu trabalho em conformidade com essa promessa. E isso é absolutamente verdadeiro.

Há templos que são templos vivos e há templos que são mortos. Os templos mortos são os criados apenas por um lado; não há garantia do outro lado. Ele é o nosso desejo de fazer um templo de Buda – mas esse será um templo morto, pois Buda não fez nenhuma promessa a esse respeito. Há templos vivos que têm uma garantia do outro lado, e seu fundamento está baseado na declaração de alguma pessoa sagrada.

Havia um lugar no Tibete em que a promessa de Buda foi cumprida nos últimos 2.500 anos. Entretanto, agora esse lugar está em dificuldade. Havia um grupo, um comitê de quinhentos lamas, e, quando um deles morria, era muito difícil substituí-lo. Esse número de quinhentos era constante, e não poderia ser nem mais nem menos. Quando um deles morria, um outro era escolhido, mas só com a aprovação dos 499. E, se mesmo um desses se recusasse a aceitá-lo, a escolha poderia não ser ratificada. Esse comitê de quinhentos lamas se reunia em uma determinada montanha durante a noite do Buda Poornima – a noite da lua cheia de maio, em que era celebrado seu aniversário – e, na hora exata, a voz de Buda era ouvida. Esse evento não acontecia em nenhum outro lugar nem com outras pessoas. Ele acontecia exatamente de acordo com o que fora prometido.

É como se você tomar uma resolução à noite, antes de dormir, afirmando que acordará no dia seguinte às 5 horas. Você não precisará de despertador para acordar; às 5 horas em ponto você, de repente, acordará. Isso é algo surpreendente – e você pode conferir pelo relógio. O relógio pode estar errado, mas você não. Se sua resolução for firme, certamente você acordará às 5 horas.

Se você tomar uma firme resolução de morrer em um certo dia de um certo ano, nenhum poder sobre a terra poderá detê-lo: você morrerá no momento decidido. Se sua resolução for muito profunda e intensa, poderá cumprir uma promessa mesmo após a morte. Por exemplo: a aparição de Jesus após a morte foi o cumprimento de uma promessa. Isso confundiu os cristãos, pois eles não sabem o que aconteceu depois e, assim, não estão certos se Jesus ressuscitou ou não. Essa foi uma promessa feita por ele a certos discípulos e foi cumprida após a morte.

Na verdade, locais em que certas promessas ainda estão sendo cumpridas por mais de mil anos lentamente se transformaram em tirths, em locais sagrados de peregrinação. Entretanto, à medida que o tempo passava, as promessas eram esquecidas. Só uma coisa permaneceu na memória das pessoas – que elas tinham de ir e visitar esses locais; isso era tudo.

Há promessas que Maomé fez, há promessas que Shankara fez, também há promessas feitas por Buda, Mahavira e Krishna, e essas estão ligadas a locais especiais, a momentos especiais e a um tempo especial. Mas ainda podemos estabelecer um relacionamento com eles. Assim, você terá de se curvar novamente nesses locais e se render completamente, e somente então poderá estabelecer essa ligação.

Locais sagrados, templos, samádis, todos têm os seus usos, mas, como outras coisas, no final, esses locais úteis passam a fazer parte da tradição, tornando-se mortos e inúteis. Eles precisam ser demolidos para que novas promessas possam ser feitas, as quais darão surgimento a novos locais de peregrinação, novas imagens e novos templos; o velho precisa ser derrubado porque morreu. Não sabemos mais que processos ocorrem por meio deles.

Havia um iogue no sul da Índia, e um viajante inglês foi a ele. Na hora da partida, ele disse ao iogue: "Estou partindo agora e talvez nunca volte à Índia. Mas, se eu quiser vê-lo, o que deverei fazer?"

O iogue pegou uma fotografia de si mesmo e, entregando-a a ele, disse: "Sempre que você se fechar em um quarto e se concentrar por cinco minutos nessa fotografia sem piscar, eu estarei ali".

O pobre homem não podia se conter durante toda a viagem; ele estava possuído por um pensamento: tentar o experimento o mais breve possível. Ele não acreditava que uma coisa dessa pudesse acontecer, mas aconteceu. A promessa dada foi cumprida astralmente; não há dificuldade nisso. Uma pessoa desperta pode cumprir sua promessa mesmo depois de morta. Portanto, pinturas se tornaram importantes e também estátuas. A razão para sua importância é que, por meio delas, algumas promessas podem ser cumpridas. Assim, havia uma ciência completa por trás da criação de imagens e de ídolos.

Um ídolo não pode ser feito de qualquer maneira; certos métodos precisam ser usados. Se você observar as imagens dos 24 tirthankaras dos jainistas, ficará perplexo, pois eles são todos iguais; apenas seus símbolos são diferentes. Mahavira tem um sinal, Parshwanath um outro, Neminath ainda um outro, e assim por diante. Se esses símbolos forem removidos, será impossível distinguir um tirthankara de outro. Contudo, eles não poderiam ser todos iguais, mas é possível que tirthankaras subsequentes tenham usado a imagem do primeiro como protótipo. Assim, não houve necessidade de fazer imagens diferentes; havia uma imagem de tirthankara que foi usada por todos.

No entanto, isso não satisfez os devotos dos diferentes tirthankaras, e eles pediram que seu tirthankara particular tivesse pelo menos um sinal, uma indicação para diferenciá-lo dos outros. Por isso, foram criados diferentes símbolos para cada um, mas a imagem permaneceu a mesma. Um tem um leão, outro um objeto, e assim por diante. Esses símbolos diferenciadores são parte de uma promessa dada. Conectado com o símbolo, somente o tirthankara específico poderia ser contatado.

Esses são símbolos combinados, e funcionam. Por exemplo: o sinal de Jesus é a cruz; isso funciona. Entretanto, Maomé se recusou a ter uma imagem de si mesmo. Na verdade, tantas imagens foram criadas durante o tempo de Maomé, que ele preferiu dar a seus seguidores um tipo inteiramente diferente de símbolo. Ele lhes disse: "Não façam uma estátua minha. Eu estabelecerei um relacionamento com vocês sem uma imagem. Me farei presente a vocês sem uma imagem ou uma estátua". Esse foi um método muito profundo e corajoso, mas as pessoas comuns achavam muito difícil estabelecer contato com Maomé.

Desse modo, após sua morte, os muçulmanos construíram mausoléus e tumbas para milhares de seus santos. Eles não sabiam como estabelecer conexões com Maomé diretamente, então as fizeram ao construir uma tumba de algum santo muçulmano. Em nenhum lugar do mundo há tumbas e sepulturas tão extensivamente veneradas como as muçulmanas. A única razão foi que eles não tinham nada de Maomé para estabelecer contato com ele diretamente. Não podiam fazer uma imagem dele, então tiveram de criar outras imagens e começaram a estabelecer relacionamento por meio delas.

Tudo isso é um processo totalmente científico. Se for entendido cientificamente, os resultados poderão ser miraculosos, mas, se seguidos de maneira cega, poderão ser desastrosos.

Questão:

Qual é o significado oculto do processo executado durante o prana pratishtha, a instalação de um ídolo?

Isso tem grande significado. O próprio termo prana pratishtha– instalação oculta de um ídolo – significa que criamos uma nova imagem baseada em uma velha promessa. Precisamos agora descobrir, por meio de indicações, se a velha promessa foi devidamente cumprida. De nossa parte, deveremos seguir o velho arranjo com confiança; não deveríamos considerar um ídolo como um mero ídolo, mas como uma entidade viva; deveríamos tratá-lo como trataríamos uma pessoa viva e, então, começaremos a obter indícios e sinais se a instalação oculta do ídolo foi aceita. Mas esse segundo aspecto desapareceu completamente de nosso conhecimento. Se esses sinais não estiverem presentes, então a instalação do ídolo não foi bem-sucedida. Deve haver provas, na forma de indicações especiais ocultas, de que a instalação do ídolo foi bem-sucedida. Se esses sinais aparecerem, poderemos estar certos de que ela foi aceita por forças ocultas e que ele agora é vivo e ativo.

Suponha que você tenha instalado um novo rádio em sua casa... A primeira coisa é que o próprio rádio deve estar em boas condições; todos seus componentes devem estar adequadamente instalados. Então você o liga e descobre que ele não pega nenhuma estação, e isso significa que ele não está funcionando. Ele é um instrumento morto e terá de ser consertado ou substituído. O ídolo também é um tipo de ponto receptivo por meio do qual um iluminado fisicamente morto cumpre a promessa que fez aos outros. Mas, se você mantiver uma imagem e não conhecer as indicações que confirmam se a instalação foi bem-sucedida, então nunca saberá se a imagem é viva ou morta.

O processo de instalação de um ídolo tem duas partes. A primeira é executada pelo sacerdote. Ele sabe quantos mantras precisam ser repetidos, quantas linhas precisam ser amarradas, que condições são requeridas para a sua adoração, que tipo de veneração deve ser executada e assim por diante. Isso é metade do trabalho. A segunda parte dessa cerimônia só pode ser executada por uma pessoa do quinto plano; quando essa pessoa declara que a imagem está viva, somente então ela se torna viva. Nos tempos modernos isso se tornou praticamente impossível; portanto, nossos templos não são templos vivos, mas locais mortos.

É impossível destruir um templo vivo, pois esse não é um evento comum. Se ele for destruído, isso simplesmente significará que aquilo que você considerava como vivo não o era, como, por exemplo, o templo Somanath. A história de sua destruição é muito estranha e demonstra a ciência existente por trás de todos os templos. Havia quinhentos pujaris – sacerdotes – a seu serviço, e eles estavam seguros de que a imagem dentro do templo era viva e não poderia ser destruída. Os sacerdotes fizeram sua parte na instalação, mas ela não foi terminada, pois não havia ninguém que pudesse verdadeiramente descobrir se a imagem era morta ou viva.

Um dia, reis e príncipes vizinhos enviaram mensagens ao templo avisando-os da vinda do invasor muçulmano, Gajanawi, e lhes ofereceram proteção; mas os sacerdotes recusaram a ajuda, dizendo que o ídolo que a todos protegia estava além da proteção deles. Os príncipes pediram desculpas e partiram – mas esse foi um erro, pois o ídolo era um ídolo morto. Os sacerdotes tinham a ilusão de que um grande poder se posicionava atrás da imagem e, como a consideravam viva, estava errado até mesmo pensar em protegê-la. Gajanawi veio e, com um golpe de sua espada, partiu o ídolo em quatro partes. Mesmo então não ocorreu aos sacerdotes que o ídolo era um ídolo morto. Isso não pode acontecer com um ídolo vivo; se a imagem interior fosse viva, nenhum pedaço poderia ter caído. Se o templo fosse um templo vivo, ele seria intocável.

Mas, geralmente, os templos não são vivos porque há grandes dificuldades em mantê-los vivos. É um grande milagre um templo tornar-se vivo; trata-se de uma ciência muito profunda. Hoje, não há ninguém vivo que conheça essa ciência e que possa executar suas várias exigências. Hoje em dia, a classe de pessoas que dirigem os templos como lojas tornou-se tão grande que, se houvesse alguém que conhecesse essa ciência, ele não teria permissão nem de entrar no templo. Os templos são agora tratados como negócio, e é interesse dos sacerdotes que eles permaneçam mortos. Templos vivos não são benéficos para um purohit, um sacerdote. Ele quer um deus morto no templo, a quem possa lacrar e manter consigo a chave. Se o templo estiver conectado com poderes superiores, será impossível para o sacerdote permanecer lá. Dessa maneira, os sacerdotes são instrumentos da criação desses templos mortos, já que isso lhes fornece um negócio lucrativo. Na realidade, os templos vivos são poucos.

Foi feito um grande esforço para manter os templos vivos, mas o número de sacerdotes em todas as religiões e em todos os templos era tão grande que tornou-se impossível. Isso sempre acontece no final, e essa é a razão de haver tantos templos; se fosse diferente, não haveria necessidade de tantos. Se os templos e os locais de peregrinação criados no tempo do Upanixade ainda estivessem vivos na época de Mahavira, não haveria necessidade de Mahavira construir novos templos. Mas os templos e os locais sagrados estavam completamente mortos naquele tempo e à volta deles havia uma rede de sacerdotes que não podia ser quebrada. Não se podia entrar nesses templos, então não havia outra maneira, exceto construir novos templos. Hoje, mesmo os templos de Mahavira estão mortos, e o mesmo tipo de rede de sacerdotes os envolve.

Se os princípios vivos da religião tivessem sido salvos, não teriam surgido tantas religiões no mundo. Mas eles não podem ser salvos porque são violados até perderem todo o seu potencial. Então, quando são quebradas as condições de um lado, a promessa do outro lado também é quebrada. Trata-se de um acordo mútuo feito por duas pessoas. Temos de manter nossa parte do acordo para que o outro responda; senão, a promessa não será cumprida e o assunto termina aí.

Por exemplo, se ao deixar meu corpo físico eu lhe disser "Lembre-se de mim e eu estarei presente", e você nunca pensar em mim; ou se você jogar minha imagem na lata de lixo e se esquecer de tudo isso, por quanto tempo nosso acordo durará? Se você falhar em manter a sua parte desse acordo, não haverá necessidade de eu manter a minha. Dessa maneira, esses acordos são sempre quebrados.

O processo oculto da instalação de um ídolo tem sentido, mas o seu significado está baseado em vários testes e indicações que determinam se a instalação do ídolo foi ou não um sucesso.

Questão:

Em alguns templos, naturalmente goteja água sobre as imagens. Esse é um sinal de que tal templo está vivo?

Não. A validade de um templo vivo nada tem a ver com isso. A água gotejaria de qualquer maneira, com ou sem uma imagem sob ela. Essas são provas falsas para nos levar a considerar que um templo é vivo. Onde nenhuma gota de água cai, ainda há templos que poderiam ser – e são – templos vivos.

Questão:

Na busca espiritual, deeksha – iniciação – ocupa um lugar muito importante. Suas cerimônias especiais são realizadas sob condições especiais. Buda e Mahavira costumavam dar iniciação. Quantos tipos de iniciação existem? Qual é a sua importância e utilidade e por que ela é necessária?

Será útil uma pequena fala sobre a iniciação. Deeksha, a iniciação, nunca é dada; ela se dá, trata-se de um acontecimento. Por exemplo: uma pessoa fica com Mahavira e anos se passam antes de sua iniciação acontecer. Mahavira lhe diz para permanecer, para ficar com ele, para caminhar com ele, para se posicionar de tal maneira, para se sentar de tal maneira, para meditar de tal maneira. Então, chega um momento em que a pessoa está completamente preparada, e Mahavira é apenas o médium. Talvez nem seja adequado dizer que ele é o médium; em vez disso, em um sentido muito profundo, ele permanece apenas como testemunha e a iniciação se dá à sua frente.

A iniciação sempre é do divino, mas ela pode acontecer na presença de Mahavira. A pessoa a quem ela está acontecendo vê Mahavira a sua frente, mas ela não pode ver o divino. Sua iniciação acontece em frente de Mahavira, assim, naturalmente, a pessoa fica grata a ele – e isso também é apropriado. Mas Mahavira não aceita sua gratidão; ele só poderia aceitá-la se admitisse que a iniciou.

Assim, há dois tipos de iniciação. Uma é a que acontece e a qual chamo de "correta" iniciação, pois isso o capacita a estabelecer o seu relacionamento com o divino. Então, sua jornada pela vida toma uma nova direção: agora você se torna uma outra pessoa, agora você não é mais o mesmo que era; tudo dentro de você é transformado. Você percebeu algo novo, algo novo lhe aconteceu, um raio entrou em você e agora tudo é diferente por dentro.

Na iniciação real, o guru fica de lado como uma testemunha e confirma que a iniciação aconteceu. Ele pode perceber todo o processo, mas você percebe apenas a metade, você pode perceber só o que está lhe acontecendo, e ele percebe de onde a iniciação está vindo. Desse modo, você não é uma testemunha completa do acontecimento; tudo o que você pode dizer é que uma grande transformação se deu. Mas, se a iniciação aconteceu ou não, se você foi aceito ou não, isso você não pode dizer com certeza. Mesmo depois de você ser iniciado, você ainda se perguntará: "Fui aceito? Fui escolhido? Fui aceito pelo divino? Posso agora considerar que sou dele? De minha parte, me entreguei, mas ele me tomou para si?" Isso você não pode saber de imediato e virá a saber depois de um tempo, mas esse intervalo pode ser muito longo. A segunda pessoa, a quem chamamos de guru, pode saber disso porque observou o acontecimento de ambos os lados.

A correta iniciação não pode ser dada nem tomada; ela vem do divino, e você é meramente o recipiente.

Agora, o outro tipo de iniciação, a qual podemos chamar de falsa iniciação, pode ser tanto dada como tomada. O divino está completamente ausente aí; há apenas o guru e o discípulo. O guru dá, o discípulo toma, mas o terceiro, o fator real, está ausente.

Onde há apenas dois presentes – o guru e o discípulo –, a iniciação é falsa. Quando três estão presentes – o guru, o discípulo e aquele de onde a iniciação vem –, tudo muda. A falsa iniciação não é apenas imprópria, mas também perigosa, fatal, pois a iniciação correta não pode acontecer enquanto você está iludido, achando que ela já aconteceu; você viverá sob a ilusão de que a iniciação se deu.

Um buscador que foi iniciado por alguém veio a mim e disse: "Fui iniciado por tal guru e vim a você para aprender meditação".

Eu lhe perguntei: "Então, por que você foi iniciado? E, se você nem atingiu a meditação, o que obteve de sua iniciação? Tudo o que você recebeu foi vestimentas e um novo nome. Se você ainda está procurando a meditação, qual foi o propósito de sua iniciação?"

A verdade é que a iniciação só pode acontecer após a meditação, e a meditação após a iniciação não tem sentido. É como uma pessoa que declara ser saudável e ainda bate à porta do médico e lhe pede remédio. A iniciação é a aceitação obtida após a meditação; ela é a sanção dada de sua aceitação – um consentimento. O divino foi informado sobre você e aconteceu a sua entrada em seu reino, e a iniciação é apenas a confirmação desse fato.

Tal iniciação já não existe agora, e sinto que ela deveria ser revivida: a iniciação na qual Deus, e não o guru, é o doador, e o discípulo não é um tomador, mas o recipiente. Isso pode acontecer, deveria acontecer. Ao ser uma testemunha da iniciação de alguém, não me torno seu guru; seu guru é o divino. Se a pessoa for grata, esse é um assunto dela, mas não faz sentido exigir gratidão nem aceitá-la.

Foi criada uma rede de pretensos gurus para dar uma nova forma de iniciação. Palavras são sussurradas nos ouvidos, mantras são dados, e ninguém inicia ninguém. E não há garantia de que o próprio guru tenha sido iniciado, não se sabe se o divino o aceitou. Talvez ele também tenha sido iniciado da mesma maneira; alguém sussurrou em seu ouvido, ele sussurra no ouvido de alguém, e esse, por sua vez, sussurrará no ouvido de uma outra pessoa.

O ser humano cria mentiras e trapaças em tudo; e, quanto mais misterioso for um acontecimento, mais fraudes existirão, pois não há prova material.

Pretendo usar esse método da "correta" iniciação. Cerca de dez ou vinte pessoas estão se preparando para ela; elas receberão iniciação do divino. Os que estiverem presentes serão testemunhas, e a sua função será a de confirmar se a iniciação foi aceita pelo divino; isso é tudo. Você sentirá algo, mas não será capaz de reconhecer de imediato o que aconteceu. Isso é pouco familiar para você; como reconhecerá que algo aconteceu? A confirmação pode ser feita pela presença do iluminado. Só isso garante a sua validação.

O guru supremo é o paramatma – o próprio Deus. Se os gurus intermediários dessem um passo para trás, a iniciação seria mais fácil, mas o guru intermediário não arreda o pé. Seu ego se exulta ao fazer de si um deus e se exibir. Muitos tipos de iniciação são dados em torno desse ego, mas eles não têm valor, e, em termos de espiritualidade, são todos atos criminosos. Se, algum dia, começarmos a castigar crimes espirituais, esses não deveriam ficar impunes.

O buscador confiante toma como certo que foi iniciado e vai embora orgulhoso do fato de que recebeu sua iniciação, que recebeu seu mantra e que tudo o que tinha de acontecer com ele de fato aconteceu. Sua busca pelo acontecimento correto cessa.

Quando alguém abordava Buda, ele nunca era iniciado imediatamente; às vezes levava anos... Buda insistia em protelar, ao lhe dizer para executar essa ou aquela prática. Então, quando o momento vinha, Buda lhe dizia para se posicionar para a iniciação.

Havia três partes na iniciação de Buda. Quem vinha para ela passava por três tipos de entrega. Primeiro ele dizia: "Eu me entrego a Buda – *Buddham sharanam gachchhami*". Com isso, a pessoa não queria dizer Gautama Buda; isso significava se render ao acordado.

Certa vez, um buscador foi a Buda e disse: "Eu me entrego a buda". Buda escutou e permaneceu em silêncio.

Depois alguém lhe perguntou: "Esse homem disse 'eu me entrego a buda', e você apenas o escutou?"

Buda replicou: "Ele não está se rendendo a mim, ele está se rendendo ao acordado, e sou uma mera desculpa. Houve muitos budas antes de mim, haverá muitos após mim. Sou apenas uma desculpa, sou apenas um pretexto. Ele está se rendendo ao acordado, então quem sou eu para interrompê-lo? Se ele se rendesse a mim, certamente eu deveria interrompê-lo, mas ele disse três vezes que está se rendendo ao acordado".

Depois há a segunda entrega que é ainda mais maravilhosa. Nessa, a pessoa diz: "Eu me entrego à congregação dos acordados – *Sangham sharanam gachchhami*". O que significa essa congregação? Geralmente os seguidores de Buda consideram que ela significa a congregação de Buda, mas não é esse o significado. Essa congregação é a reunião de *todos* os acordados. Não foi apenas um Buda que acordou; houve muitos budas antes e haverá muitos depois. Todos eles pertencem a uma comunidade, a uma coletividade. Os budistas acham que esse termo significa uma associação de budistas, mas isso está errado.

A primeira invocação em que, como Buda explica, o buscador se entrega ao acordado e não a ele como pessoa, deixa tudo claro. A segunda invocação deixa tudo ainda mais claro. Nessa, a pessoa se oferece à comunidade dos acordados.

Primeiro ela se curva ao acordado que está bem ali à sua frente. Como ele está bem ali, é fácil abordá-lo, é fácil falar com ele. Depois ela se entrega à irmandade dos acordados que despertaram há algum tempo e que ela não conhece, e também se entrega aos que ainda vão despertar no futuro e que ela também não conhece. A pessoa se entrega a todos eles e dá um passo além em direção ao sutil.

A terceira entrega é ao dhamma – à religião. Na terceira vez, o buscador diz: "Eu me entrego ao dhamma – *"Dhammam sharanam gachchhami"*. A primeira entrega é ao desperto, a segunda é à irmandade dos acordados, e agora a terceira entrega é ao estado supremo do despertar – ao dhamma –, ou seja, à nossa natureza, onde não há nenhum indivíduo e nenhuma comunidade, onde há apenas o dhamma, a lei. Ele diz: "Eu me entrego ao dhamma".

A iniciação era reconhecida só após essas três entregas terem sido completadas, e Buda era apenas uma testemunha desse acontecimento.

Assim, mais tarde, Buda também dizia ao buscador: "Não acredite no que digo apenas porque sou desperto, não acredite no que digo apenas porque sou famoso, porque tenho muitos seguidores ou porque as escrituras o confirmam. Acredite agora apenas no que sua compreensão interior lhe disser".

Buda nunca se tornou um guru. Na hora de sua morte, quando lhe pediram para dar sua última mensagem, ele disse: "Seja uma luz para si mesmo. Não vá atrás dos outros, não siga os outros. Seja uma luz para si mesmo. Essa é a minha última mensagem".

Uma pessoa como Buda não pode ser um guru; tal pessoa é uma testemunha. Jesus disse muitas vezes: "No dia do julgamento final, serei sua testemunha". Em outras palavras, no último dia ele testemunhará: "Sim, esse se esforçou para tornar-se um acordado. Essa pessoa queria se render ao divino". Isso é falar por meio de símbolos, e o que Cristo queria dizer era: "Sou sua testemunha, e não seu guru".

Não há guru; portanto, tome cuidado com a iniciação em que alguém se torna seu guru. A iniciação em que você se torna imediata e diretamente conectado com o divino é a única iniciação. Lembre-se: após essa iniciação, você não terá de deixar sua casa e partir, não terá de se tornar nem hindu, nem muçulmano, nem cristão, e não terá de se ligar a alguém. Você permanecerá em perfeita liberdade, onde estiver, e a mudança se dará apenas no seu interior. Mas o tipo falso de iniciação o prenderá a uma religião: você será um hindu, um muçulmano ou um cristão, será parte de um empreendimento. Alguma crença, alguma ordem religiosa, algum dogma, alguma pessoa, algum guru se apoderará de você e matará a sua liberdade.

Essa iniciação que não traz liberdade não é iniciação, e só a iniciação que lhe dá absoluta liberdade é a correta.

Questão:

Você disse que Buda entrou no sétimo corpo, mas que também virá novamente na forma humana e será conhecido como Maitreya. Como é possível tomar a forma humana após alcançar o nirvana? Por favor, explique.

Isso é um tanto difícil, e por isso não falei sobre esse assunto antes. Ele requer uma explicação mais detalhada do que a que lhe vou dar agora.

Não é possível retornar após atingir o sétimo plano, não há renascimento após o sétimo corpo. Trata-se de um ponto de não retorno; não se pode voltar de lá. Mas também é verdade que Buda disse que voltaria na forma de Maitreya. Ora, essas duas coisas parecem contraditórias: digo que não se pode retornar após o sétimo corpo, e Buda prometeu voltar. Buda atingiu o sétimo corpo e se fundiu com o nirvana – então, como é possível? Há outra maneira, e agora você precisará saber e entender alguns pontos.

Quando morremos, apenas o corpo físico se desfaz, deixando-nos com seis corpos. Quando uma pessoa atinge o quinto plano, os primeiros quatro corpos se desfazem e só permanecem três – o quinto, o sexto e o sétimo. No quinto corpo, uma pessoa pode tomar a resolução de manter seus segundo, terceiro e quarto corpo e, se a resolução for muito intensa e profunda, ela poderá ser bem-sucedida. E, para uma pessoa como Buda, isso foi fácil; ele foi capaz de deixar para trás indefinidamente seu segundo, terceiro e quarto corpo. Como uma massa de energia, esses corpos de Buda ficaram se movendo no espaço.

Todos os sentimentos que Buda adquiriu em suas infinitas vidas são propriedade de seu segundo corpo, o etéreo. E as impressões de todos os carmas que Buda obteve em suas vidas anteriores estão acumuladas no terceiro corpo, o astral. O quarto corpo contém todas as conquistas da mente de Buda. Todas as suas aquisições além da mente foram expressas por ele por meio da mente, já que todas as expressões são dadas por meio da mente. Sempre que uma pessoa deseja divulgar suas aquisições do quinto plano, ou mesmo do sétimo corpo, precisa fazer uso do quarto corpo – porque o veículo de expressão é o quarto corpo. Assim, quem escutou Buda mais do que ninguém ou do que qualquer coisa está em seu próprio quarto corpo. Tudo o que ele pensou, viveu ou conheceu está coletado em seu quarto corpo.

Esses primeiros três corpos se desintegram muito facilmente. Quando uma pessoa entra no quinto corpo, esses três corpos são destruídos. Quando uma pessoa entra no sétimo corpo, todos os seis corpos anteriores são destruídos. Mas, se uma pessoa do quinto plano desejar, poderá deixar todas as vibrações desses três corpos no espaço. Você pode compará-las com estações espaciais: esse conjunto do segundo, terceiro e quarto corpo de Buda ficará se movendo no espaço até se manifestar em um indivíduo com o nome de Maitreya.

Quando nascer uma pessoa do porte exigido para Maitreya, esses três corpos de Buda entrarão nela. Até então, eles esperarão a sua vinda. Quando esses três corpos entrarem nessa pessoa, ela atingirá o nível de Buda, pois eles são o acúmulo de todas as experiências, de todas as emoções, desejos e atividades de Buda.

Por exemplo: suponha que deixo meu corpo aqui e ele seja bem preservado...

Nos Estados Unidos, as pessoas estão providenciando para que seu corpo seja preservado até o tempo em que a ciência descubra o segredo de trazer um corpo morto de volta à vida. Milhões de dólares são gastos para preservar corpos, de tal modo que eles não se deteriorem. Os corpos são preservados por processos científicos. Se conseguirmos reviver o morto, esse corpo será trazido de volta à vida, mas a alma será diferente; ela não pode ser a mesma.

O corpo será o mesmo: seus olhos, sua cor, suas feições, sua maneira de caminhar e todos os seus hábitos físicos serão os mesmos. Em certo sentido, a pessoa que está morta estará representada no corpo. Se a pessoa estiver à volta de seu corpo físico – e ela deve estar, senão não teria esse forte desejo de preservar o corpo –, sem nenhuma ideia dos outros corpos, uma outra alma poderá agir para ela. Ela agirá exatamente da mesma maneira que o morto, e os cientistas dirão que a mesma pessoa voltou à vida. Todas as suas recordações e lembranças, que estavam armazenadas no cérebro físico, despertarão mais uma vez: ela será capaz de reconhecer as fotos de sua mãe e de seu filho que morreram há muito tempo, reconhecerá a cidade onde nasceu, apontará o lugar em que morreu, dirá os nomes das pessoas presentes à sua morte. A alma será diferente, embora o conteúdo do cérebro seja o mesmo.

Os cientistas afirmam que deve ser possível transplantar o cérebro com todas as suas memórias. Ora, se eu morrer, minhas lembranças e memórias se perderão comigo em sua totalidade, mas esses cientistas dizem que deve ser possível salvar todo o mecanismo de minhas memórias na hora da minha morte, da mesma forma que preservamos os olhos para transplantes. Amanhã alguém será capaz de ver por meio de meus olhos; e não é mais verdadeiro dizer que só eu posso amar com o meu coração – amanhã uma outra pessoa poderá amar com o meu coração. Agora não é mais possível prometer "Meu coração é seu para sempre", pois esse mesmo coração poderá fazer o mesmo juramento a uma outra pessoa em um futuro distante.

Da mesma maneira, a memória também será transplantada. Levará tempo para realizar isso, pois se trata de algo muito delicado e sutil. Mas, no futuro, como doamos olhos a um banco de olhos, também deveremos ser capazes de doar nossas memórias a um banco de memórias. Minha memória será transplantada para uma pequena criança que, então, saberá tudo o que eu soube. Ela crescerá já sabendo muitas coisas, pois minha memória será parte de sua estrutura cerebral. Meus pensamentos serão dela, minhas recordações serão dela, e, em certos assuntos, ela pensará da mesma maneira que eu, pois terá o meu cérebro.

Buda experimentou em uma direção diferente – uma direção não científica, mas oculta. Por alguns métodos, foram feitos esforços para preservar seu segundo, terceiro e quarto corpo. Buda já não existe; a alma que viveu dentro dele se perdeu no sétimo plano, mas, antes de a alma se fundir ao sétimo, foram tomadas providências para que esses corpos – o segundo, o terceiro e o quarto – não morressem. Os impulsos da determinação e da promessa de Buda foram instilados neles. É como se eu fosse jogar uma pedra com força suficiente para ela percorrer 50 quilômetros e eu morresse logo depois de jogar a pedra. Mas a minha morte não pode interferir no movimento da pedra; ela tem a força que lhe dei para percorrer 50 quilômetros e fará isso esteja eu presente ou não. A força que exerci manterá o movimento da pedra.

Buda deu um impulso a esses três corpos, e eles viverão, e também revelou por quanto tempo eles poderão permanecer. Já está na hora de Maitreya nascer. Esse mesmo experimento foi realizado para J. Krishnamurti, de tal modo que obtivesse os três corpos de Buda. Primeiro ele foi realizado em Nityananda, o irmão mais velho de Krishnamurti, mas ele morreu no processo. Esse é um processo único, e é difícil passar por ele.

Foi feito um esforço para separar o segundo, terceiro e quarto corpo de Nityananda e substituí-los pelos de Maitreya, mas Nityananda morreu. Então, esse mesmo experimento foi feito em Krishnamurti, mas, novamente, sem sucesso. Depois isso foi tentado em mais uma ou duas pessoas: George Arundale foi submetido ao experimento por alguns que conheciam o seu mistério. Entre eles, madame Blavatsky a mulher mais perspicaz do século no que se refere à ciência oculta; Annie Besant, que era outra conhecedora; e Leadbeater, que também tinha bastante entendimento nos assuntos ocultos. Poucas pessoas tinham esse entendimento.

Essas poucas pessoas sabiam que o poder por trás dos três corpos de Buda estava para diminuir. Se Maitreya não renascesse, esses corpos não seriam capazes de se manter por mais tempo; eles se dispersariam; seu impulso estava para se acabar. Alguém deveria estar pronto para absorver esses três corpos agora. E, de uma certa maneira, quem os absorver causará o renascimento de Buda. A alma de Buda não voltará, mas a alma do indivíduo tomará os corpos de Buda e atuará de acordo. Essa pessoa imediatamente se envolverá na missão de Buda.

Nem toda pessoa pode atingir esse estado. Seja quem for, ela deveria pelo menos ter um nível de consciência quase tão elevado como era o de Buda. Só assim será capaz de absorver seus três corpos; do contrário, ela morrerá. O experimento não foi bem-sucedido porque havia muitas dificuldades no processo, mas esforços ainda são feitos. Mesmo hoje, há pequenos grupos esotéricos que estão tentando baixar esses três corpos de Buda, mas não há mais divulgação a respeito, pois isso se revelou prejudicial.

Havia uma possibilidade de esses três corpos descerem em Krishnamurti. Ele era digno do evento e isso foi largamente divulgado. Essa propaganda foi espalhada de boa fé, de tal modo que, quando acontecesse o advento de Buda, ele seria rapidamente reconhecido. Uma outra razão era reavivar a memória das vidas passadas daqueles que estavam vivos e que viveram na época de Buda, para que eles pudessem reconhecer que esse era o mesmo homem. Mas essa propaganda se revelou prejudicial ao processo; ela criou uma reação na mente de Krishnamurti, que tinha uma personalidade modesta, reservada e sensível. Era difícil para ele estar em uma multidão. Se esse experimento tivesse sido feito em silêncio e em locais isolados, se ninguém soubesse a respeito até que o acontecimento se desse, é muito provável que tivesse sido bem-sucedido.

Mas ele fracassou. Krishnamurti se recusou a abandonar seu segundo, terceiro e quarto corpo e a deixar que eles fossem substituídos pelos três corpos de Buda. Esse foi um grande golpe para a ciência oculta de nossa era. Um experimento tão vasto e intrincado nunca foi executado neste mundo, exceto no Tibete. Esse processo foi realizado no Tibete por muito tempo e muitas almas atuam por meio dos veículos de outros corpos.

Espero que você tenha entendido o que eu disse. Não há contradição nisso, embora às vezes você possa achar que há. É possível que você possa sentir algo contraditório, pois abordei o assunto a partir de um ângulo diferente, mas não é assim.

Osho International
Meditation Resort

O Osho International Meditation Resort é um excelente espaço para passar as férias e um lugar onde as pessoas podem ter uma experiência direta de uma nova maneira de viver, com mais atenção, relaxamento e diversão. Localizado em Puna, Índia, a aproximadamente 160 quilômetros a sudeste de Mumbai, ele oferece uma variedade de programas a milhares de pessoas que o visitam a cada ano, procedentes de mais de cem países.

Originalmente desenvolvida como um retiro de verão para marajás e colonialistas britânicos de alto poder aquisitivo, Puna é hoje uma próspera cidade moderna que abriga uma variedade de universidades e de indústrias de alta tecnologia. O *Resort* de Meditação se estende por mais de 40 acres, em um arborizado bairro residencial chamado Koregaon Park. Oferece acomodações na nova Casa de Hospedagem (*Guesthouse*) para um número limitado de visitantes, havendo também uma grande variedade de hotéis e de apartamentos privados próximos, disponíveis para permanências de alguns dias a vários meses.

Todos os programas do *resort* estão baseados na visão de Osho, de um tipo qualitativamente novo de ser humano, capaz tanto de participar criativamente da vida do dia a dia como de relaxar no silêncio e na meditação. A maioria dos programas é realizada em acomodações modernas, com ar condicionado, e inclui uma variedade de sessões individuais, cursos e *workshops* que abrangem artes criativas, tratamentos holísticos de saúde, processos de transformação pessoal e terapia, ciências esotéricas, a abordagem do zen nos esportes e na recreação e encontros com temas ligados a relacionamentos e a transições importantes na vida de homens e de mulheres. As sessões individuais e os *workshops* são oferecidos durante todo o ano, juntamente com uma extensa programação diária de meditação.

Restaurantes e cafés ao ar livre dentro do *resort* servem tanto comidas indianas tradicionais como uma variedade de pratos internacionais, todos feitos com vegetais produzidos organicamente na própria fazenda. O *resort* tem seu próprio suprimento de água filtrada de boa qualidade. www.osho.com/resort.

Para mais informações:

www.osho.com

Esse é um amplo *website* em várias línguas que inclui uma visita *on line* ao *Resort* de Meditação, calendário com os cursos lá oferecidos, catálogo de livros, vídeos e áudios, lista dos centros de informação de Osho pelo mundo e uma seleção de seus discursos.

Osho International
Nova York
e-mail: oshointernational@oshointernational.com
www.osho.com/oshointernational

Índice remissivo